湖南省哲学社会科学基金重大委托项目"记住乡愁——湖南十村十记"的阶段性成果

中国传统村落实证研究
——坪坦村

吴 灿 著

中南大学出版社 ·长沙·
www.csupress.com.cn

图书在版编目（CIP）数据

中国传统村落实证研究. 坪坦村／吴灿著. —长沙：
中南大学出版社，2019.12
ISBN 978 - 7 - 5487 - 3908 - 1

Ⅰ.①中… Ⅱ.①吴… Ⅲ.①村落－研究－通道侗族
自治县 Ⅳ.①K928.5

中国版本图书馆 CIP 数据核字（2019）第 287097 号

中国传统村落实证研究——坪坦村
ZHONGGUO CHUANTONG CUNLUO SHIZHENG YANJIU——PINGTAN CUN

吴灿 著

□责任编辑	谢金伶	
□责任印制	易红卫	
□出版发行	中南大学出版社	
	社址：长沙市麓山南路	邮编：410083
	发行科电话：0731 - 88876770	传真：0731 - 88710482
□印　　装	长沙市宏发印刷有限公司	

□开　　本	710 mm×1000 mm 1/16	□印张 18.5	□字数 320 千字
□版　　次	2019 年 12 月第 1 版	□2019 年 12 月第 1 次印刷	
□书　　号	ISBN 978 - 7 - 5487 - 3908 - 1		
□定　　价	298.00 元		

总　序

　　作为湖南省哲学社会科学基金重大委托项目"记住乡愁——湖南十村十记"，本系列图书试图对湖南极具地域与民族特色的传统村落展开极具普遍性又具鲜明的个案特色的研究。这在湖南地方文化研究上也是首次。基于此，经反复研究，遴选了会同县高椅乡高椅村、通道侗族自治县坪坦乡坪坦村、江永县兰溪瑶族乡勾蓝瑶寨、永顺县大坝乡双凤村、绥宁县关峡苗族乡大园村、辰溪县上蒲溪瑶族乡五宝田村、绥宁县黄桑坪苗族乡上堡村、永兴县高亭司镇板梁村、桂阳县莲塘镇大湾村、花垣县排碧乡板栗村作为研究对象，并组建了十个相应的课题组，从事专门的研究。虽然只有十个村寨，但它们散落在三湘四水，颇具地域特色，又涵盖了汉、苗、瑶、侗等湖南主要民族，富有民族历史文化的特质性和代表性。对它们的系统性研究，或许最能体现湖湘传统村落及其文化的特色，立体还原出湖南传统村落文化的多维性与区域文化的特质性及其价值，进而呈现出湖湘文化的特质性和本源性，为保护湖南乃至中国传统村落文化做出贡献。

　　在内容上，我们要求对传统村落文化展开系统性的多维研究。在框架设计、研究思路、主要内容、基本观点等方面，都体现出研究者创新的学术思想、独到的学术见解和可能取得的突破。尤其在研究方法上，我们强调要重"记"重

"研"、"记""研"并举，既要整体兼顾，又要突出重点。"记"重有三：图像记录、文字记述和文化记忆。

第一是"图像记录"。图像记录是指把村落中的固态文化及活态文化，通过影像的方式保留下来，并作为信息传递给外界，强调记录对象的纪实性、直观性和形象性，在绝对真实的前提下，亦追求其唯美性。开始于1839年的摄影术，带给了近代一场视觉意义上的革命。之后，摄影迅猛发展起来，几乎无所不包，并和在它之前发展起来的印刷术相结合，进而拥有了广阔的传播空间。摄影术的出现，于民俗、建筑、文物的记录也同样具有划时代意义。它能够直观地再现事物在拍摄瞬间的真实状况，其记录已经成为今天研究这一时段历史的重要依据。在近代中国，最早拍摄的村落及其文化的照片，多出自涌入国门的外国学者之手，如葛学溥、伊东忠太、关野贞、塚本靖等人。19世纪末20世纪初开始，大批的日本学者考察中华风物，足迹遍布中国的大江南北，研究领域涉及了人类学、考古学、美术学、建筑学等诸多领域，留下了大量的图像记录。他们相机里记录的中国风土人情，为今天的研究者们提供了珍贵的历史信息。在今天这样一个图像时代，数码摄影技术高度发达，普通人几乎不需要接受专业训练就能拿起手机或相机拍照。对于专业的村落文化研究者来说，更需要运用好这一手段，用现代摄像的形式记录下传统村落及其原住民的生产生活状况，于当下这个快速发展的社会，或许尤为有意义因而变得十分重要。因为我们今天用镜头记录的真实场景及场景中的人与事，明天可能就永远地消失不见。通过影像的记录，我们可以为后续的研究者保留今天这些传统村落的文化信息。

第二是"文字记述"。文字记述是人类用之最为久远的记述手段与方法。凭借于此，我们可以察古观今。对传统村落中原住民的内容丰富的各种文化信息进行记述，要求既真实准确又生动感人。在真实客观的文字记述基础上，我们试图对传统村落的文化传统与精神世界、传统村落的堪舆规划、建筑营造与保护、传统村落民俗与非物质文化遗产、传统村落原住民与自然环境关系、传统村落道德教化与乡贤文化、传统村落的经济发展与综合治理、传统村落氏族文献与少数民族研究资料、传统村落与地域文化圈的宗教信仰与遗存等诸多方面，展开多学科交叉的系统性研究，以还原出这些传统村落文化的多维性、复杂性及自成体系性，而不是某一文化的孤立现象。我们从这种文化的多维性和自成体系性中，或许可以找到这些极具地域民族特色与特质的传统村落文化历千年之久而生生不息的深刻内在原因。

第三是"文化记忆"。文化记忆是指对传统村落的文化历史进行追溯，包括村落的建制和变迁、原住民的迁徙经历等内容，尽可能完好地保留这些传统村落的文化记忆。具有悠长久远文明历史的中国，就是由无数个这类传统村落的文化记忆组成的。传统村落是研究中国文化记忆的丰沃土壤。不同于世界其他地区文明断裂或消失的经历，中国是唯一将自身的文明延续至今的国度，这使得其文化记忆研究具有极为难得的样本意义。国家的文化记忆，从某种视角来看，其实就是由不同的社会群体、民族、宗族甚至个人的文化记忆构成的总和。国家、社会、族群，往往也和个人一样，会在发育成长的过程中，养成回忆和记忆的能力。说到底，所谓文化记忆，本质上其实就是一个民族或国家的集体记忆。它所要回答的就是"我们是谁"和"我们从哪里来、要到哪里去"的文化认同性问题。文化记忆的内容通常是一个社会群体共同拥有的过去，其中既包括传说中的神话时代，也包括有据可查的信史。它在文化构成的时间上具有绝对性，往往可以一直回溯到远古，而不局限于三四代之内的世代记忆的限制。在文化的构成内容上，其往往又富有原创性和借鉴融合的相对性，理所当然地具有其文化的特质性。特质性代表的往往是民族文化的个性；借鉴与融合，往往能代表文化的主流共性与文化发展的规律性。在交流形式上，文化记忆所依靠的是有组织的、公共性的集体交流，其传承方式可分为"与仪式相关的"和"与文字相关的"两大类别。文化记忆可以让一种文化得到持续发展，传承不衰；而一旦文化记忆消失了，也就意味着文化主体性消亡了。在传统村落文化的传承中，文化记忆起到了重要的功能。各种材质的书面文献、碑文、乡约、家谱、建筑物、仪式和节日等，构成了文化记忆的一系列制度性表征，它是一套可反复使用的文本系统、意象系统和仪式系统。文化记忆对于传统村落社会的存在价值，不仅在于村落原住民集体性探究过去的成果有了更为牢固和精确的储存与记录方式，更在于它对维护传统村落文化的代代传承具有的重要作用。甚至毫不夸张地说，保护和保存这种记忆，是保护和保存了国家的历史文化记忆，因为这是构成国家历史文化的基石。

以此"三记"为基础，我们借助于交叉学科的视野与手段，对具体的传统村落及其文化，展开有广度和深度的系统研究。我们共形成了十部专著，每本皆包含了30万字左右的文字以及100帧以上的图片。从研究手法到记录、记述的形式与内容，可谓各具特色，形态多样。

朱力教授的研究对象是高椅村。他是以广角全息式的视野来审视这个村落的。他不仅对高椅村的建筑、礼仪、信仰、手工艺以及民间艺术等方面有详细描述，更是将高椅村融入中国传统村落研究的大框架中，运用分形的理论，寻找传统与现代的连接点。在研究方法和内容上，他尝试将社会学、文化人类学、民族史学、景观文化分形学、建筑学等诸学科理论结合起来，进行实证叙事和分析，并吸收了传统村落研究的部分研究方法和成果，在更广泛的层面上观照、研究了高椅村，以加深读者对高椅村历史文化现状的认知。最后作者就将来如何运用"村落智慧"来保护中国传统文化这一主题进行了探讨性研究。

刘灿姣教授对勾蓝瑶寨的研究，不仅体现在她长期醉心于这个富有文化特色的古老瑶寨的文化表象上，更反映在她理智严谨的研究中。她融合历史学、文化人类学、宗教学、社会学、民俗学、建筑学、经济学及传播学多个学科的研究方法，以记录、记述、记忆为基础对永州市江永县兰溪瑶族乡勾蓝瑶寨开展了全方位、多视角、深层次的综合研究。她从勾蓝瑶寨的历史沿革、地理环境、迁徙历史、村落布局与建筑、生产与商贸、生活与习俗、组织与治理、文化教育与道德教化、精神信仰、非物质文化遗产和文化遗产遗存等方面，勾勒出了其文化的全景图样。

谢旭斌教授以辰溪县上蒲溪瑶族乡五宝田村落为研究对象，从建筑堪舆、氏族文献、建筑营造、地域文化圈的宗教信仰与遗存、文化传统与精神世界、建筑装饰语言、乡贤文化、民风习俗、经济发展与综合治理等方面进行研究。他主要从艺术学、社会学的角度进行探讨，让传统村落留存的历史、文化艺术景观、传统的那些文化景观因子以一种美的方式呈现在人们的面前，让读者懂得传统村落文化具有独特的历史价值、艺术价值和文化价值，它的内部蕴含着大量值得传承的文化因子。

李哲副教授从宏观层面（自然与文化背景、族源与语言、宗教信仰与精神世界）、中观层面（道德教化与乡贤文化、民俗文化与非物质文化遗产、堪舆规划与村落空间、建筑形式与装饰艺术）及微观层面（局部建筑形式及营建技术、民族文献）等三个层面，全面研究了永顺县大坝乡双凤村这一民族地区传统村落的文化特征，探寻了土家族文化的核心。

王伟副教授以湘西土家族苗族自治州花垣县排碧乡板栗村为调研对象。他及其研究团队对板栗村进行了深入细致的田野调查，在充分掌握第一手材料的基础上，参考和吸收了前人和当代有关村落文化研究的学术著作和研究成果，用科学实证的方法，对板栗村的各个方面进行了比较深入的研究。该书着重论述了板栗村的民俗文化和民俗艺术。在撰写过程中，作者始终强调对板栗村传统村落文化的图像记录、文字记述和文化记忆，并借助交叉学科的视野与手段，对板栗村的传统村落文化展开了有广度和深度的系统研究，兼顾了学术性与可读性的统一。

吴灿博士曾长期驻守于他所研究的怀化市通道侗族自治县坪坦村。通过多学科交叉研究的新手段，他将坪坦村放置到民族文化圈中加以审视，在查阅和研读了大量历史文献的基础上，对该村的建村历史、居住、饮食、服饰、节日、娱乐、信仰、乡约、经济、教育、婚育等多角度的社会文化生活进行了客观真实的全面描述及人类学研究，从而勾画出了一个由各相关要素系统组合起来的侗族传统村落。他希望能从坪坦村具有典型地域与民族文化特色的具体事物与事件出发，放眼民族地区村落发展，运用从局部到整体、小中见大的理论扩展方式，勾勒出传统村落活态的文化样貌。该书没有按照通常的学术论著的方法写作，而是注重它的可读性与普及性，深入浅出，以富有文采的语言传递出深厚的人文历史感。

李方博士将上堡村作为实地田野考察的样本和理论论述的具体例证，试图针对"湖湘传统村落文化"这一宏大主题，做一次既有经验和物证支撑，而又不乏理论性的个案研究，并以此为基础，对"湖湘传统村落文化"所涵盖的主要内容进行概要而不失全面性的理论阐述。该书从上堡村的历史沿革、自然环境、建筑规划、民风民俗、精神信仰、文化艺术、传承保护等方面进行研究。作者是在获得了具有典型区域特色又能很好地反映湖湘文化特征的"湘村"田野考察经验及相关物证之后，再进行相关的理论研究的。理论上的研究基于上堡村，但又不囿于这一个村落。作者希望以"小"见"大"，做到有"点"有"面"、"点""面"结合，试图以这种方式窥探出"湖湘传统村落文化"的基本构成。

杨帆博士研究的对象是具有湘南地域文化特色的大湾村。他通过对湘南桂阳县大湾村的田野调查，结合历史人类学的相关理论，对大湾村夏氏的来源、发展做了长时间的考察。在论述的过程中，不局限于大湾村这个具体村落，而是以更开阔的视野，将其放在更为宽广的区域历史中，去理解村落的发展和变迁。该书对大湾夏氏的迁徙过程、选址建筑、生产习俗、宗族人物、传说故事、文化发展等内容首次做了全面的梳理，并突显了大湾村村落的典型性和普遍性。

陈冠伟博士对大园村的历史、地理、经济、治理、文化教育、风土人情、民族艺术、宗教信仰和神话传说等方方面面进行了详尽的介绍，既有宏观的概括与分析，也有微观的记录与考究。得益于在大园村较长时期的田野考察，作者遍考文献，从历史学、社会学、文化人类学、建筑学等多角度进行考察，研究过程中注重时间与空间上的层次感，既有村落不同时期状貌的比较性分析，也有村落与周边地区联系的考察。在对大园村文化进行图像与文字记述之外，书中也指出了当下大园村发展过程中存在的一些问题，试图为大园村和其他传统村落的文化传承与发展提供参考意见。

王安安在板梁村的研究中付出了巨大的努力。从荣卿公开派立村始，板梁古村落已有六百多年的历史。在"湖湘传统村落文化"这一宏大的主题下，王安安将这一古村落作为实地田野考察的样本和理论论述的个案，进行深入研究。该书分为三部分：初识板梁、进入板梁、发展板梁。由浅入深、由表及里、由感性发现到理性分析、由宏观到微观地对古村落的地域环境、物象表征、历史沿革、建筑规划、宗族社会、土地制度、民风民俗、商业发展、村落建设、文化教育、保护开发等各个方面进行研究分述，构建整体村落的系统性文化理论框架，并由此出发，突破单一村落"点"的限制，将传统村落文化研究扩展至与其类似的地域性村落范围之内。

由于谢旭斌教授及王伟副教授的专著已经先行出版，因此，此次出版的书单中，未再重复刊出。

湖湘传统村落作为社会最基本的聚落单元，孕育了丰富多彩、博大精深的湖湘文化，见证了湖南历史文化的演绎变迁，记录了农耕时代遗留下来的各类历史记忆和劳动创造，承载了我们的乡愁。

我们认为，湖湘传统村落文化是湖湘传统文化的"根"与"源"，是湖湘地区宝贵的物质文化和非物质文化遗产资源，是世界人类文化遗产极其重要的组成部分。对其进行系统研究，是对湖湘传统文化研究领域的新拓展，是乡土文化研究的新需要，因此具有重要的学术意义。对其进行全面深入的研究，不但可以为湖湘文化研究的可持续发展拓展出新的领域，而且可以为传承发扬中华民族优秀传统文化提供丰富的可供借鉴的经验，使优秀传统文化成为新时代鼓舞人民前进的精神力量，因此更具有深远的历史意义。在现代社会经济高速发展的形势下，特别是湖南省当前处于社会转型期，城镇化建设和社会主义新农村建设进程日益迅猛，对湖湘传统村落文化进行有效保护和深入研究，也是现代城乡规划、旅游规划和开发的需要，因此有着积极的现实意义。

这批以湖湘传统村落为研究对象的著作，都是以扎实的田野考察为基础，首次对湖南的传统村落进行的学术研究，由此构建了一个湖南省传统村落的研究框架及其文化探寻的范式，为今后的深入系统研究奠定了基础。同时，也丰富、完善和拓展了中国传统村落及其文化的保护和实践体系，为当下传统村落保护与发展提供了学术依据；构建了以文字和图像为载体的传播媒介，让社会各界"知爱其土物，乃能爱其乡土、爱其本国"，从而达到唤起社会各界的文化认同以及保护传统村落文化意识的目的。

吾身往之，吾心思之，吾力用之。是为序。

胡彬彬

2018 年 12 月

目 录

第1章
建村

在地球上，任何一个物种的生存，都离不开水。人类更是如此。水养活了人类，在此基础上，人类繁衍生息，创造出多种多样的文化。无论是人类早期的文化遗址，还是今天的都市与乡村，都是因水而生，伴水而居。

水，为人类的生存与创造提供了源源不断的养分。

河流，是水这种物质存在的重要形式。作为农耕文明历史深厚的国家，中国与河流的关系极为密切。因此，我们常常说，黄河和长江是中华民族的母亲河。前者孕育了北方的文化，后者孕育了南方的文化——这是对于整个中国而言的。

实际上，中国的每一个地方文化，尤其是内陆地区，都离不开河流的影响。人们依河流而居，繁衍子孙，创造文化。因此，一个省有一个省的母亲河，一个市有一个市的母亲河，一个乡也有一个乡的母亲河。河流对于人类群体，就如同血液对于每个个体。河流是一个国家或者村落的血管。

坪坦村，一个位于通道侗族自治县的小小的侗族村寨，就坐落在一条河边。这条河叫作坪坦河。坪坦村与坪坦河，前者是人所建造的，后者是自然形成的。此外，坪坦也是这个乡的命名。坪坦河、坪坦乡、坪坦村，它们共用一个名字。

毫无疑问，是先有这条河，才有了这个村与乡。但我们很难知道，在命名上，到底是先有坪坦河，还是先有坪坦村。在中国，名字中带有"坪坦"的村落有很多，它们都位于南方的山区，如湖南慈利县的溪口镇及嘉禾县的坦坪乡、湖北巴东的野三关镇、安徽宿松的凉亭镇、江西婺源的沱川乡、云南永平的龙门乡及昭通昭阳区的旧圃镇等。但是侗族村寨的坪坦村，现在只有这一个。需要说明的是，后文若无特别说明，"坪坦"均指该村。

但很多当地人并不将这条河称为坪坦河。我问当地的一些老人和妇女：你们后面的山叫什么山，前面的河叫什么河？他们很吃惊地说，后面的山就是山，前面的河就是河。他们世代在这里生活，上山砍树采药，老人去世埋在山上的土里，去河里洗衣服、洗生活用具、捞鱼，夏天去河里洗澡，从来没有想过要给它们取一个名字。或者说，因为只有这么一条河，所以也不需要命名，当地人说到"河"的时候，就是指这条坪坦河。正如在早期的中国文献中，"江"就是指长江，"河"就是指黄河。

官方的文献也没有给这些山命名。因为它们太微不足道了。不过，在民国时期编写的《三江县志》中记载说："林溪山，在治北八十里，即林溪乡之西北，与湖南通道县交界。山有仓门隘，民十四年川军熊克武入境，曾取道于此。"这

● 坪坦河边的建筑

一片的山大概可以统称为"林溪山"。

同是在怀化，溆浦因为屈原的一句"入溆浦余儃徊兮，迷不知吾所如"而进入中国文化的视野，黔阳则因为王昌龄的到来而闻名天下，但是坪坦没有这样的幸运，从来没有哪一位历史名人涉足其间。

在坪坦以北几十公里，万佛山以其独特的丹霞地貌而受到越来越多的关注。但是，坪坦附近的山，植被茂盛，终年郁郁苍苍，其地质地貌并无特别之处。

20 世纪 50 年代的时候，这里有华南虎的活动踪迹，但是这也没有什么值得夸耀的，因为那个时候中国南方的山区，差不多都可以见到这种如今已经在野外灭绝的大型猫科动物。它们经常伤及人畜，被视为一种极具危险性的动物。20 世纪 50 年代和 60 年代，华南虎被作为"四害"之一，遭到持续的大规模捕杀。

坪坦地处偏远，这些山并非战略要地。1930 年 12 月，邓小平和张云逸率领中国工农红军第七军从广西右江向中央苏区进军的时候，经过了坪坦，但一晃而过，并未停留，随即进入了绥宁地界。1934 年 12 月的红军"通道转兵"，算是让通道在历史上具有了特殊的意义。但是，这个重要的历史事件，并不是发生在坪坦。

坪坦的山，在坪坦人还没有进入的时候就在这里了。坪坦人进入之后，它们仍然默默地守候在这里，护佑一方平安。它们是如此平凡，连一直生活在这里的人都没有想过要给这些山取一个名字。

不过，"坪坦"这个名字，应该是官方的命名。村落的命名差不多都是如此，开始只有当地人对其进行称呼。这个时候，只有语言上的命名，若将其行诸文字，会有各种不同的写法。如坪坦河下游的皇都村，原来其实是叫"黄土村"，《三江县志》上面写的也是"黄土村"。出于旅游发展的需求，"黄土村"写起来太"土"，所以改成"皇都村"。坪坦村大概也是如此，《三江县志》上就写作"平坦村"（当时的程阳乡也有一个"平坦村"）。坪坦村寨所处的位置，在这一带确实是地势平整，非常平坦。但最终，在官方的文献中，它被写作"坪坦"。

而通道侗族自治县（简称通道县）整理的《通道文化遗产图典》中的资料则显示，这一命名已经带上了精英士人的观念。很久以前，百越的一支"掸系"侗族来到这片田坝上生活，将此地称为"掸寨"。不久，另外一支侗族，也就是今天生活在这里的侗族同胞，也迁入这里。掸系侗族顾及彼此的关系，把土地让给了后来者，自己迁出另寻好的去处。后来者迁入的那一年正好是农历己未年，属"天上火"。侗寨的房子都是木结构，地方小，房屋密集，容易着火，很不吉利。后来者经过慎重考虑，觉得可以用土来克火，于是就将"掸"改成了"坦"，这才有了今天的坪坦这个名称。这一说法只说明了"坦"字的来历，而且非常牵强。

侗寨大小不一，大的可达几百户甚至上千户，贵州黎平肇兴侗寨有八百多户，榕江县古州镇北车江和忠诚坝区的侗寨，共有三千多户。小的则只有几户人家，散落在大寨旁边的山坳里。研究侗族的学者，按照村寨所处地理位置的不同，将其分为平坝型、山麓型、山脊型和山谷型四种。

平坝型侗寨，地平线相对来说较为开阔，傍水，但是并不依山。寨子的四周，有田坝围绕，利于水稻的种植。它们布局合理，各项功能设施都趋于完善，是最先形成的侗寨，也是最适宜居住的侗寨。

山麓型侗寨，是通道境内最主要的类型。它们与平坝型侗寨相比，大部分相似，最大的不同就是依山而建。

山脊型侗寨，一般是后来迁入，或从平坝型、山麓型寨子分迁而成。它们的形成时间较晚。此时，位置较好的地方都已经没有了，只能在山脊上建房子，而稻田则分布在山脊两边的山冲里。

山谷型，也称混合型侗寨。它们在一个山谷里形成，既有山麓型的自然村，又有山脊型的自然村。不过，这种类型的侗寨数量，在通道并不太多。

坪坦村是典型的平坝型侗寨。它位于湖南省通道侗族自治县南部，为坪坦乡政府驻地。中华人民共和国成立之初，属广西三江县林溪区。1954 年，划入湖南通道。它的主体村落建筑，依附在坪坦河边，周围是一大片良田，种满了水稻。东面和西面，则是连绵起伏的群山。

坪坦河是坪坦村的一部分，不可分割。没有这条河，就没有坪坦村。但是，坪坦河却不仅仅属于坪坦村。这条河发源于广西三江，进入湖南通道的南部地区，第一个接纳它的乡镇就是坪坦乡，然后经黄土乡，在通道县城与另外一条河马龙河汇聚，称为双江，继续向北流向洋溪河，成为渠水的支流，并自洪江市的托口镇注入沅水，最终由沅水汇到洞庭湖，融入浩浩长江，东流入海。

坪坦河自南向北，绵延将近五十公里，一路流淌，沿岸三里一个小寨，五里一个大寨，大大小小超过了二十个侗寨，形成了著名的百里侗文化长廊。其中，马田鼓楼、阳烂银饰、坪坦芦笙、皇都侗歌等，早已蜚声中外。

横跨在坪坦河上的侗族风雨桥，更是姿态万千，如同一道道彩虹，历经几百年风雨而依旧巍然屹立，将坪坦河两岸紧紧地联系在一起。2006 年 5 月，国务院公布了全国第六批重点文物保护单位，坪坦河上的永福桥、回福桥、永定桥、文星桥、普济桥、迥龙桥、中步头桥、中步二桥、观月桥，共计九座，被称为"坪坦风雨桥"。

● 坪坦河流域示意图（自绘）

● 坪坦村全景

从地质构造上来看，通道县属新华夏构造体系第三隆起带。所谓"新华夏"，就是指中生代以来亚洲大陆边缘及毗邻海域的、自燕山运动以来形成的一套巨型多字形构造体系，主要由各种规模的北北、北东走向的褶皱带、挤压带、压扭性断裂带构成。它的主体则是由总体走向为北北东的三条巨大隆起带和三条巨大沉降带所构成。

其中，第三隆起带自北而南，由大兴安岭，太行山脉，湘鄂以西以及川东、滇东黔东境内北北东走向的诸山脉组成。通道所处的位置，正好在我国二、三级阶梯地形的云贵高原西部边缘地带。

通道县的地貌，大体轮廓为北部隆起，中部凹陷，地势向西北倾斜，山地夹丘陵谷地。当地人形象地说："九山半水半分田，半分水面加庄园。"从谷歌地图上搜索，我们能看到通道如同一个抬着头张嘴唱歌的老人，坪坦刚好位于咽喉的部位。

坪坦河流经的地形，如同一条狭长水槽。在这条水槽内，有一段从通道县城到坪坦的083县道，基本上是沿河而建。河流的两岸，夹着茂密的森林。自坪坦之后，县道向东，在陇城镇跟209国道连接起来，向南经甘溪乡进入广西境内的三江侗族自治县。

坪坦河实际上又是由两条更小的河流汇聚而成的，汇聚的地点则是坪坦。

自坪坦到双江镇的这一段就是坪坦河。这两条小河，西边的叫作高步河，主要流经高步村，高步河是坪坦河的主干道；东边的叫作耕耘河，主要流经通道县南部的陇城乡。

距陇城乡政府四公里左右，是一道由八座斗形山坡叠连组成的长约两公里的山峦，如同一座南北走向的屏风，隔开了湖南和广西两个省、自治区，被称为"八斗坡"。其中的最高峰，海拔九百多米。八斗坡是长江水系和珠江水系的分水岭。山的南面，所有雨水都注入珠江水系支流的浔江；山的北面，集水汇合，注入长江水系沅水上游的支流渠水中。而渠水的支流在陇城乡的这一段，就是耕耘河。

沿着耕耘河溯源，与之并行的是 961 乡道，但这条乡道到高上村也就打止了。从高上村直到耕耘河的源头，它在通道境内都没有大的道路同行，而且也几乎都没有什么村寨。即使是在精密的卫星地图上，也找不到人活动的痕迹。

直到进入广西三江侗族自治县林溪乡的高秀村，才有一段村道沿河而建，通往高友村。我没有亲自走过这一段，但我想，在下雨的时候，它肯定是泥泞不堪的。事实上，在通道县城通往坪坦的这条县道上，在雨天开车也不太好走。大货车经过时，经常会陷在泥中。

像任何一条河流一样，越到上游，就越是寂静，坪坦河的上游高步河也是如此。如果沿着它走，能够听到的声音大概只有鸟叫和虫鸣。它的大部分路程都是孤独的。今天尚且如此，在上千年的时间里，它的孤独就更加令人望而却步了。

这样一条小小的河流，在一个国家的地图上，几乎是被忽略的。哪怕是翻阅通道县的县志，也找不到它的存在。如果把长江和黄河比作大动脉，那坪坦河不过是一条微不足道的毛细血管。

但是，正是因为有无数条类似于坪坦河这样的小河流，才汇聚成长江黄河这样的大江大河，并将整个中国广袤的土地都联系起来了。而且，尽管对于长江来说，有没有这条坪坦河，无关紧要，但是，对于坪坦村、坪坦乡乃至整个通道来说，坪坦河的地位都无可替代。

坪坦河是坪坦的母亲河，也是通道的母亲河。它不仅孕育着通道境内灿烂的侗族文化，也养育着大半个生活在县域内的人们。

通道处于亚热带季风湿润性气候区，夏天凉爽，冬天也不会太寒冷，但是却也四季分明。在今天，大部分中国城市的人们都感觉到只有冬夏两个季节的时候，生活在坪坦的人们却并未体会到这种突变。只有外出打工的村民才会发现，外面的世界跟坪坦相比，显然有所不同。所以，在广东地区打工的妇女，通常在夏季都会回到家乡。她们受不了华南地区炎热的气候，即使收入减少也要回村避暑。

● 坪坦古侗寨寨门

● 坪坦村基本布局

在坪坦河流过的地方，气温的变化是缓慢的。春季，回升的气温较其他地方慢了半拍，而自秋天进入冬天的时候，则早早就降温了。雨量的季节性分配不均匀，四月到七月，有三个月时间都处于降水的季节，可以达到1000毫米以上，占了全年降水量的70%以上。

但是，75%以上的森林覆盖率弥补了降水量不均的缺憾。各种树木在降水量充沛的夏季攒劲生长，将多余的雨水用庞大的根系积蓄在土壤之中，在较为干燥的秋冬季节，又回过来将积攒的雨水慢慢释放。这使得坪坦河一年四季都能够保持着稳定的流量。

坪坦河所集纳的雨水，不仅为生活在两岸的侗族人们带来了生活用水，还灌溉农田，喂养牲畜。坪坦乡的十一个行政村中，有九个都分布在坪坦河的两岸：高上、高本、克中、高升、高团、阳烂、坪坦、坪日、横岭。大约有一万坪坦乡的人都离不开坪坦河的水。而在它的下游的整个通道县城，则至少有四万多人在接受坪坦河源源不断的馈赠。

坪坦村，无疑是坪坦河的受益者之一。这个大约一千一百人的侗族村落，自建寨伊始，就跟他们在这段流域中开辟的七百多亩①水田一样，得到坪坦河的赐福，也许已有一千多年了。

不过，任何一条河流在给河两岸的人们带来滋养与方便的同时，也偶尔会像一个喜欢恶作剧的孩子一样，以其独有的力量摧毁一切。坪坦河流量并非一直都是稳定的，在某一年的夏季，宽阔的河道不能容纳突如其来的水量，就必然要蔓延过河堤。坪坦村最近的一次大洪灾，距今不过三十年时间。当时，两岸的商铺民居全部被冲垮了，几百亩良田全部淹没在水中，损失惨重。

我们不知道这样的灾难有多少回了。家园毁坏了，重新再建。他们原谅坪坦河，敬畏坪坦河。毕竟，坪坦河对他们的恩惠大于灾难。坪坦村的人对于坪坦河一直都有依赖，自祖先迁入之后，他们就世世代代居住于此。与这片土地联系最紧密的，就是这些不同姓氏的侗族同胞。

坪坦村现在的居民主要有五个姓氏。最早入住的，是石姓先祖，时间据说是在宋代，但由于缺乏文字材料，也许并不可靠。当地一位石姓老人告诉我，在祖先在这里定居之前，此地是一片广袤的原始森林，人类的足迹尚未踏足坪坦

①　1亩 = 666.7平方米。

河区域。

很显然，当年的坪坦，自然条件是极为恶劣的。《三江县志》收录的一篇《摄生论》，反映出整个南方的丛林地区都是不适合人生活的："南方地卑湿而土薄，土薄故阳气当泄，地卑故阴气当盛。阳气泄故四时常花，三冬鲜雪……左右两江，以及昭梧诸郡，居平原者犹或差胜。若城依照岩谷，或地近卑泾，崎岖陷塞，有迎午方见日者，至若蛮溪獠峒，草木蔚，荟虺蛇出没，江水有毒，瘴气易侵，商旅氓隶，触热征行，与夫饮食起居不节者，每为所中，调摄之功宜加慎焉。"

石姓先祖在寻找家园的途中，在坪坦遇到了一棵巨大的古树，按照侗族人信奉的万物皆有神灵的传统，他认为这棵古树已经具备了极高的灵性，于是向大树祈福，希望获得保佑。古树给他的启示是，这片土地肥沃，适宜耕作，足以让他的子孙代代繁衍。石姓先祖于是下定决心不再前行，在此建寨。

随着开垦出来的土地渐渐增多，在接下来的若干年里，杨姓、吴姓、李姓、陈姓、冼姓也都逐渐迁入坪坦。这些姓氏不同的侗族人，在这片深山之中和谐相处，千百年来都没有发生过大的争端。随着交流的扩展，银姓、蒋姓也在村中定居。

这确实是一个非常团结的民族。虽然在婚姻、丧葬等家族大事中，他们的房族观念也十分严重，但是在平时，我跟坪坦村的任何一个成年人交流，向任何一个成年人采访，他们首先说的都是"我们侗族人……"，他们不会说"我们坪坦村人如何如何"，也不会说"我们某姓如何如何"。

《三江县志》上载："侗族人，其始多居溪洞，亦称侗峒人，体貌多魁梧，肤略黑，性勇猛诚朴，较瑶为纯厚，尤富于团结、互助、自治、爱群、建筑、植牧、自足、自强之性能。"这种团结协作，对侗族人在这崇山峻岭中抵御野兽、抗击土匪等方面起到了重要的作用。

由于战争、饥荒、生存环境恶化等原因，整个人类都处于一个不断迁徙的过程中。在坪坦村考察的日子里，我一直在思考的一个问题是：坪坦村最初的侗族居民来自哪里？

这个问题，不仅仅是在溯源一个空间的源头，同时也是在追寻一个时间的源头。

在中华人民共和国成立前，侗族没有与自己的语言相适应的文字。侗族的历史都只能依靠口头代代相传。从一个人的口中传到另一个人的口中，很难忠实地保持原样。因为每一个人在转述故事的时候，都会根据自己的立场和理解，对其进行修改整理。经历过几代以后，最初的事实就会慢慢成为神话传说。可是，在没有文献资料的情况下，唯一的依据就只有这些口头流传的神话传说了。

坪坦的一位老人跟我讲了一个有关人类起源的神话故事。跟女娲造人或者盘古开天辟地这种从零开始的传说不同，这个故事一开始就已经有四兄弟，分别为千里眼、顺风耳、张长手、李长腿。四人本领超强，又孝顺母亲。有一天，母亲想吃天上的雷公肉。四兄弟经过商量，想了一个办法。他们把煮熟的糯米倒进阴沟，喊雷公出来。

雷公被四兄弟捉住后，关在四兄弟的牛圈里。邻居张妹偷偷把他救了出来。为了报答张妹，雷公把一颗南瓜种子给了张妹，说：这颗种子寅时播种，卯时生根，亥时开花，午时结果。张妹和她的哥哥张良就按照雷公的方法，将南瓜种子种下去。兄妹俩收获了一个南瓜之后，忽然天降大雨，到处都是一片汪洋。

张良将南瓜挖了一个洞，二人躲进了南瓜里。三天之后，才停了雨。天上出现了十二个太阳，烤干了洪水之后，隐去了十一个，只剩下一个。除了张良、张妹之外，世上已经没有其他人了。一只乌龟爬出来，让他们兄妹俩成亲，好繁衍后代。经过一番斗争，他们听取了乌龟的意见，之后张妹生下了一个无头无手无脚的肉球。土地公从土里钻出来，让他们将肉球砍成肉片，洒落在大地上。落在高山上的肉片变成了苗族人和瑶族人，落在河边的肉片变成了侗族人，落在大路边的肉片就变成了汉族人。

这个故事也在通道侗族自治县的其他地方流传。张良、张妹，应该是姜良、姜妹，有的也写作丈良、丈妹，这都是因为最初在流传的过程中只有语言没有文字的缘故。其有关洪水和太阳的情节，在其他民族的神话中也有所反映。不过，这个在坪坦人之间口耳相传的故事显得较为温和，洪水淹没世界只是轻描淡写地一笔带过，十二个太阳晒干了地上的洪水之后，又自动隐去了十一个——而在汉族神话中，其他多余的太阳是被后羿射下来的。

这个故事体现了侗族人不好争斗的性格，所以在神话的最后，苗族、瑶族、汉族和侗族都来自张妹生下的肉球，四个民族本来就是同根同源，正如侗族谚语所说的："苗侗是近邻，情如兄弟亲。""跟着汉人行，走的地方平。"

故事的最后还反映出了这几个民族居住的特征。苗族和瑶族喜欢住在山里，侗族一般都住在河流边，而汉族大部分住在平地上。

广西三江的侗族学者杨保愿根据自己祖上是祭祖师的特殊身世，整理出了一部分侗族的神话史诗——《嘎茫莽道时嘉》。在侗语中，"嘎"是"歌"的意思，"莽莽"是"远古祖先"的意思，"时嘉"则是"那时"的意思，"嘎茫莽道时嘉"就是"远古祖先那时的歌"。有时候，又将之称为《侗族远祖歌》。

跟很多民族史诗一样，《嘎茫莽道时嘉》是从开天辟地说起的：

> "远古那时光，
>
> 天地苍茫茫，
>
> 无孔也无缝，
>
> 混沌而洪荒。
>
> 天地紧粘连，
>
> 处处凄凉凉，
>
> 黑暗又寒冷，
>
> 无热也无光。"

侗族史诗中的造物主，是一位女性，被称为"祖婆萨天巴"。她的智慧和法力都是最强大的，是千母之母，千王之王。萨天巴之后，才有了天地、诸神和万物。

萨天巴用白泥造人，先是侗族人的男性始祖松恩，之后是女性始祖松桑。男性早于女性，在全世界的人类起源神话中都是如此。松恩与松桑谈情说爱，结成夫妻，制造石锹和石斧，在山上凿洞建造住房。他们的孩子一代一代繁衍，直到姜良和姜妹。

姜良和姜妹的神话故事，发生在史前大洪水时代。姜良和姜妹共六兄妹，兄妹二人感情很好，但其他的四个哥哥一直不和。萨天巴赐封的雷执掌风雨云电，与其他的三兄弟龙、虎、蛇争吵不休。雷发动自己的法力，致使大地上洪水肆虐，天下陷入一片汪洋。姜良和姜妹依靠躲进一只大葫芦，在水面上四处漂流，才保全了性命，并救下了许多物种。雷又放出十个太阳，将洪水蒸干。经历过洪水之后幸存的万物，很多都又被十个太阳烤死了。

姜良和姜妹派出一只黄蜂，将九个太阳一一射下来，但黄蜂自己却被烤成了黑炭，并饿成了细腰，成了细腰蜂。如果说，大洪水的故事存在于全世界的民族中，在侗族史诗中出现也不奇怪，那么黄蜂射下九个太阳的故事，则跟汉民族中耳熟能详的后羿射日的故事有着异曲同工之妙。这至少说明，民族之间的交流与融合一直没有间断过。

萨天巴封细腰蜂为农神卫士，守护天下的庄稼食粮。姜良和姜妹又与燕子商量，采集来各种植物的种子，在山上广植森林，在田地里大种粮食。

森林的木材用来盖房子，田地里的粮食用来果腹。为了繁衍人类，姜良和姜妹只好结成夫妻。不久，姜妹怀孕，生下来一个肉团。两个人大为惊恐，祈求萨天巴。萨天巴将肉团剁碎，碎肉洒上天，落下无数的婴儿，定下三百六十种姓氏，分居四方。

其中的六十种姓氏，落在浑水边。他们在仙鹤的抚育下，成了最早的侗族先民。此后的故事，就是各种各样的战乱，以及无穷无尽的迁徙。仿佛他们永远都没有安定，永远都在头人的带领下，寻找幸福的家园。

早期的领袖王素，本领高强，一呼百应。在他的提议下，其他的九十九位头人一起商量，达成意愿，要带领大家去大雁南飞处，寻找幸福，扎根下来。六十种姓氏跟随王素，爬山越岭，圈地立界，修建新的大寨。但是，就在他们准备安居乐业的时候，毒蟒带着妖兵，冲进寨子烧杀掠夺。王素与毒蟒进行了一场恶战，最后赢得了战争，但是毒蟒的毒水也在地上泛滥，土地已经无法耕种了。

于是，王素又率领部落迁到太阳升起的地方。太阳升起的地方是神鹰的地盘，为了争夺领地，神鹰和侗族人的战斗又开始了。最终在萨天巴的调解下，双方达成了和解，但王素不得不带领部落离开。经历过无数日夜的颠簸，他们漂洋过海，又在一处地方建立起一个新的寨子。侗族人度过了一段蜜糖般的生活。

又不知经历了多少个世代，侗族的首领公曼逝世了。人们说，就像是鼓楼失去了柱梁。为了争夺天下，南边的部落和东边的部落开始了新的战争。为了避开战乱，侗族人不得不再次离开他们的家园。他们推选出公召和公志，作为新的族长，挥泪作别家园。

在漫长的迁徙途中，公召去世了，公志则不负众望，终于率领部落在一处新的地方暂时安定下来。经过三年的苦干，本以为好日子来了，但是突然一场大旱，颗粒无收，大家只得再次踏上征途。在亚热带湿热的原始丛林中，公志带领侗族人披荆斩棘，最后在一处叫作姑祝平坝的地方定居下来。

定居以后，勤劳的侗族人立刻开荒垦田，生活越来越好，但是这种生活在一次接纳了逃难的人之后被打破了。这批逃难的人其实是朝廷派来的垦军，在跟侗族人相处之后，就开始露出凶相，抢夺粮食。侗族人说，他们比蛇还毒，比虎豹还凶。侗族人和这批垦军，进行了三年的战争，直到首领公志去世。接任公志的，是金嘉。

为了防范这批垦军来犯，金嘉带领侗族人又迁徙到一个叫约助的地方。他们的生活，惹来了樱王的嫉妒。樱王与女巫联合起来，向金嘉的领地约助入侵。侗族人的寨子被围了七天七夜。金嘉在鼓楼击鼓，将众人召集起来，商议如何对付樱王。众人的力量在这里得到了体现，最终金嘉集合智慧，巧施金蝉脱壳之计，取得了胜利，樱王气得倒地身亡。

但是，约助这个地方已经不能继续居住了。金嘉只好率众，继续寻找安居之处。在离约助千里之外的黄龙坝，金嘉带领侗族人在一处名叫芙蓉仲庆的地方居住下来。侗族的另一支，则由公甘带领，来到了包三顺，也就是今天湖南、贵州、广西交界处的"三省坡"。此后的故事，也无非就是这样的不断重复。

《嘎茫莽道时嘉》中这些有关侗族先民四处迁徙的传说，一方面说明了侗族生存条件的恶劣，另一方面则说明了侗族不屈不挠的精神。

相对于其他民族的史诗来说，《嘎茫莽道时嘉》并不太长。藏族的《格萨尔王》已经整理出来的，超过了一百万行；柯尔克孜族的《玛纳斯》，长达二十余万行；蒙古族的《江格尔》，也有十万行以上；而杨保愿整理出来的侗族史诗《嘎茫莽道时嘉》，只有九千五百行，连一万行都不到。但是，侗族先民世世代代所经历的艰辛历程，却在史诗中得到了生动而形象的反映。

也许不只是侗族人，对于整个人类来说，迁徙都是一种常态，定居不过是暂时的。

从历史渊源来看，侗族人是百越人的一支，这一点已经是不刊之论。"百越"是秦汉时期中原对长江中下游及其以南地区所有种族的泛称，其分布区域十分广泛。百越的内部也"各有种姓"，杂居于现今中国南方各地。文献上也称之为"百粤"，"越"和"粤"是相通的。

在中国历史上，整个广大的江南之地，甚至今天的越南，在秦汉以前都是百越族的居住地。他们所使用的古越语，与中国北方所使用的古汉语也相差极大，彼此间不能通话。

宋朝人罗泌的《路史》中说："越常、骆越、瓯越、瓯皑、且瓯、西瓯、供人、目深、摧夫、禽人、苍吾、越区、桂国、损子、产里、海癸、九菌、稽余、北带、仆句、区吴，是谓百越。"

现在居住在中国南方属于壮侗语系和苗瑶语系的各个民族，不论是在语言上，或者是在文化习俗上，都与古代的百越族有一定程度的渊源关系。此外，也有某些学者认为，在现今中南半岛的一些民族，包括泰国的泰族、老挝的佬族、缅甸的掸族、越南的京族和芒族，都和百越族有相当程度的密切关联。

侗族源于百越，尽管到处迁徙，但他们并未像其他的百越族人一样散落在各处，而是始终抱成一团。通过地图，我们能看到整个侗族的居住区域基本上都集中在贵州、湖南和广西三省、自治区的交界处。

侗族的民歌里，有很多关于迁徙的故事。黔东南州文艺研究室编的《侗族祖先哪里来》中收录了大量的有关侗族来自哪里的叙事诗，诗中表明其有两个源头，一个是江西，一个是广西。《我们的祖先江西来》一诗指出他们来自江西泰和县："葛麻顺藤找根，斑竹沿根寻笋。吹侗笛就会想起杨顺，金銮殿上才有皇帝和大臣。天宽没有我们住的地方宽，江长没有我们祖先根源长。追忆我们侗家的祖宗，来自那古老又遥远的地方。那里叫作江西吉安泰和县，祖宗就是从那个地方发源。像田塝发出的水头，浸透了大田和小田。像一蔸茂盛的南瓜，千朵黄花开满园。后来人丁大发展，村村寨寨都住满。后生坐满长板凳，姑娘站满板壁边。当初祖宗命运真可怜，三年两旱遭荒年。公奶们只得丢下田和地，携儿带女往外搬。"

在张人位编的《侗族文学史》中，收录了《祖先原在吉安府》，则具体到了一个巷子："咱们老祖先，原在江西吉安府，官家有登记，家住朱石巷。后来又有变故，背井离了乡。行程上万里，来到这地方。迢迢坎坷路，才到度难塘。"显然，这是侗族某一支的来源。

我们更倾向于认为，坪坦的侗族人就来自临近的广西。坪坦虽然现在属于湖南，但在历史上却一直属于广西。南北朝之前，坪坦属于潭中北境蛮地，中央政权尚未进入此地。南北朝时期，坪坦为齐熙郡地。隋代至初唐坪坦属融州。宋代，坪坦属广西南路之桂州。元代，坪坦属广西融州的怀远县。明代，坪坦先属广西三江镇巡检司管辖，设三江县以后又归三江县管辖。清代，坪坦属三江林溪五塘地区的大营峒。民国时期，坪坦归广西三江县平江区横岭乡管辖。直到1953年5月27日，经中央人民政府批准，三江县的高步和横岭两个乡划归湖南省通道县管辖。随即，通道县政府将高步、横岭改建为六个乡镇：高步、横岭、黄土、岭南、长坡和坪坦。直到今天，坪坦跟广西三江之间，还有大量的往来。坪坦村老人协会的杨会长，向我们介绍的时候也说："我们这里原来归广西管。"在他们的民族记忆里，更倾向于认为自己是广西人。

在《侗族祖先哪里来》中收录的一些诗歌中，就反映了侗族人从广西迁徙的经过。《祖源歌》中说："要问我们侗族的祖先，当初住在什么地方？当初我们侗族的祖先，住在那梧州一带；当初我们侗族的祖先，住在那音州河旁。梧州地方田坝大，音州地方江河长。可惜真可惜，天地都在高坎上，引水不进田，河水空流淌。茫茫大地棉不好，宽宽田坝禾不旺。女的吃不饱饭，男的缺衣少裳。怎么办呀怎么办，公奶商量定主张。这个地方不能住，另外去找幸福的村庄。男的上山砍树造船，女的在家收拾行装。百事千般准备好，沿着胆村把江上。"《祖公上河》则说："侗族祖先住广东，侗族祖先住广西。那里人群发得猛，山川广阔也难容。梧州地方虽然好，水在低处田在高。我们祖先不会做水车，低水难就高处苗。种田禾不壮，种地棉不好。劳累一年汗洒尽，穿不暖来吃不饱。日子实在太难熬，苗侗祖先相邀往外逃。逃往何处去？还是上游好。"

这两首诗中透露出一个细节，就是棉花种植。棉花不是中国本土的物种，而是从域外引进的。大约在南北朝时期，边疆地区就开始种植棉花了，但是当时主要是将其当成观赏植物而栽培。宋末元初，棉花才作为纺织作物，通过陆路和海路两种途径，被引入甘肃、陕西、福建和两广地区栽培。元代初年，朝廷把棉布作为夏税（布、绢、丝、棉）之首，向人民征收棉布实物，每年多达10万匹，当时，棉布已成为主要的纺织衣料。明代初年，朱元璋用强制的方法向全国推行棉花种植，强力征收棉花棉布，出版植棉技术书籍，劝民植棉。这个时候，棉花种植已经在全国普及了。宋应星的《天工开物》中所记载的"棉布寸土皆有""织机十室必有"，就是这种现象的体现。

在诗歌中，稻谷种植与棉花种植已经有了并列的地位，前者是为了吃，后者是为了穿。按此推算，这两首诗中所反映的情形，当在明代，最早也不超过元代。这也就意味着，很多地方的侗族人从广西迁出来的时候，已经到了元明时期了。坪坦村人的祖先，大概也是在这个时期迁入的。

今天我们所说的坪坦村，是一个行政村落。它由大大小小的自然村落组成。在行政管理上，其划分成了不同的村民小组。坪坦村共有十六个村民小组。人类学家潘年英在通道侗族自治县考察的时候指出："我们今天理解的村寨，是一个行政区划概念。然而，历史上的侗寨，是非常自由发展的，往往是一个大寨子，旁边许多小寨，但它们其实是一处寨子。为什么呢，因为侗族人的性格，喜欢小国寡民，不爱争斗。寨子小，便于分配田地，便于劳动，矛盾更小，更方便管理。因此，许多大寨发展到一定程度，就有人家搬走。当然，在农耕文明时代，为了争夺土地，保护寨子，村寨的人口也不会过少。标准的侗寨一般是300到500户人。"

我们所说的坪坦古侗寨，是有村委会驻地的第一组。它位于坪坦河的东边，有两座鼓楼、两座萨坛。在河的西边也散落着一些寨子。另外，在河东的山坳里分布着一些散落的民居，其中有一些是在 20 世纪 70 年代搬到山上开垦田地的。

经过坪坦乡政府，在南边的山坳里沿着一条溪流走上几里路，就是吴柳妮家的老房子。他们家是在 20 世纪 70 年代搬上来的，当时，父亲白手起家，用自己的双手搭建起了这栋小木屋，并在旁边开垦田地。吴柳妮家的几姐妹都在这里出生，长大出嫁。后来，又陆陆续续搬上来几户人家。这几户人家，属于坪坦村第七组。现在，很多人又搬回了坪坦河边的大寨中。

山上其他人家的房子都紧关着，有的已经快倒塌了。不过，吴柳妮的父亲仍旧时不时光顾一下自己的老宅子。因为田地都在这附近，每天一大早，他就从新家出门，走上十多里路，到这里割草、喂鱼、养鸭、打理庄稼。中午不能回去，就在老宅子里吃个饭。每年新收割的稻子，也在这里晒干、入仓。因为都是山路，车子没法开进来，只有等空闲的时候，动用最原始的人力才能将粮食一点一点地搬下山去。

沿着县道，穿过相邻的坪日村，再走几里山路，在山的背面，有一个拥有十多户人家的山寨，这也是坪坦村的地界。吴柳妮的几个舅舅就住在这里。有的已经在坪坦大寨子里新建了房子，比如杨建堂，就在大寨中自己原来的土地上建了一栋三层的木房，开起了家庭旅馆。但是他家的田地都在这里，所以每天一大早，他都要过来。因为已经修了一条水泥路通往这里，所以他通常是骑着摩托车过来的。吴柳妮的另外几个舅舅，包括原来当过村支书的那位，仍旧住在这里。夏天的夜晚，蚊虫都很少。四周是黑黝黝的大山，只有一点点灯火从窗户中透出微弱的光，显得异常宁静。

这些曾经在山上住过很多年的坪坦村人，大概可以视为坪坦先民选择坪坦河边这块土地垦荒的一个翻版。他们的祖先也是这样，在荒无人迹的大自然中，将土地从大自然的手中一点一点地争夺过来，凭着自己的勤劳与智慧，种植庄稼，修建房子，最终变成养活自己的家园。正是因为有这种筚路蓝缕以启山林的精神，才有了坪坦村美丽的今天。

● 村口的荷花池

● 坪坦的傍晚

第 2 章

居 住

2006 年，坪坦村的普济桥被国务院公布为第六批全国重点文物保护单位。2010 年，坪坦古建筑群被通道侗族自治县人民政府批准为第四批县级文物保护单位。2012 年，坪坦侗寨被正式列入"世界文化遗产预备名录"。2013 年，坪坦侗寨被列为"中国历史文化名村"。2014 年，坪坦又被列入"中国传统村落"名单。2016 年 4 月，湖南省民族团结进步行动组委会对湖南省第二届最美少数民族特色村镇最终确定名单进行了公示，坪坦村成为十个湖南省第二届最美少数民族特色村镇之一。这些荣誉的获得，坪坦的传统建筑功不可没。

这些建筑，包括了民居、寨门、鼓楼、风雨桥、孔庙、南岳庙、飞山宫、萨坛、戏台、驿道、土地庙等。侗族的传统建筑都是木结构的干栏式建筑。现存最早的建筑为清代的，是侗族传统建筑技艺的重要体现。也因为这些建筑，坪坦侗寨正在得到越来越多的重视。《三江县志》载："侗族人长于建筑，就今而论，殆非他族所及也。"

坪坦侗寨的建筑，就是一部侗族建筑的史书，包含了所有侗寨所具备的共同特征，同时也具有自身的特质，并印证了民族之间交流融合的史实。

侗族的建筑被称为干栏式建筑。《魏书·列传·卷八十九》记载当时的侗族先民，"依树积木以居其上，名曰干栏。干栏大小，随其家口人数"。《旧唐书·列传·卷一百四十七》记载："部落四千余户，土气多瘴疠，山有毒草及沙虱、蝮蛇。人并楼居，登梯而上，号为'干栏'。"可见，干栏式建筑的名称有着很久的历史。坪坦的建筑是典型的侗族干栏式，按照功能来看，可以分为五种类型：民居建筑、生产建筑、生活建筑、纪念建筑和祭祀建筑。这五种建筑类型各有不同特征，也具有各自的装饰风格，但又统一在侗族建筑这个大的体系之中。

坪坦侗寨的建筑极富特色，比如它的四座寨门。进入侗寨，首先要经过的就是寨门。寨门是侗寨的门户。大的姓氏，虽然跟其他姓氏一同居住在同一个寨子里，但通常都有自己的寨门。按照传统的习俗，哪一个姓氏举行红白喜事，则从外面请来的客人就从自己家族的寨门出入。其他的公共性建筑如孔庙、飞山宫、萨坛等，都与坪坦人的信仰生活息息相关，所以我将放在后面的章节中来谈。本章具体谈论的，是民居建筑，以及以鼓楼、风雨桥为主的公共建筑。

1. 民居

坪坦的传统民居是典型的干栏式建筑，共有 236 栋。除了极少数为砖木结构之外，绝大部分都是用杉木建造的。屋顶上大部分都盖着青瓦，只有住在山里面经济困难的人家盖的是杉木皮和茅草。另有一些人家的小杂屋也盖着树皮。

坪坦民居的样式是与整个侗族建筑样式相统一的。根据其结构特点，可以分为很多种形式。

如从民居屋面的流水形状来看，其可以分为一字形和八字形。一字形又称为人字形，就是用一根木料（称为流水木）从中柱架到檐口，上面按照一定距离摆放桁木，再在下面安上几根垂直地面和斜拉的支撑木，增加其承受能力。八字形是指屋脊的第一步下到最后一步水，每一步翘起一点，逐步到檐口，如同一个"八"字，它还有一个名字叫鹅毛翘。"翘"是有讲究的，因为翘得太起了水会流进屋内。"翘"占多大比例？按照侗族木工师傅的经验就是："檐四中五六，水从檐口出。"

●盖房子的树皮

从民居屋面的前后对应来看，其可以分为抬头屋和伞形屋。抬头屋的屋面前面短，后面长，这样便形成前面檐口高，后面檐口低的造型，如同一个巨大的虎口，又称为虎口屋。这种房屋光线强，较为通透，所以深受山里人的欢迎。当地人认为，山里多老虎，鲁班仙师就造出这种虎口屋来压制自然界中的老虎。伞形屋的屋面前后长度一致，前后的檐口也就一样高，如同一把伞。其前后距离相同，房间的结构和大小一致，十分平稳。兄弟分家的时候，也容易处理。

从柱脚来看，其分为平基屋和错基屋。前者是建在平整的土地上，后者则适宜建在高低不一样的山区。

从柱子个数来看，其可以分为奇柱屋和偶柱屋。由于柱子类似于动物的爪子紧紧抓着地面，它又被称为"爪"，因而奇柱屋也称单爪屋，偶柱屋称双爪屋。奇柱屋的每排柱子为奇数，奇数为阳，最为多见。偶柱屋的每排柱子为偶数，中间的柱子一般是不落地的，有的人认为这种屋子缺乏主心骨，不吉利，也有人认为由于中柱不落地，屋子的中间可以留出过道，出入方便。

● 坪坦民居

从廊檐来看，其又可分为行礼屋、号帕屋和轿子屋。行礼屋的廊檐在屋前，如人拱手行礼。号帕屋就是屋前没有廊檐，屋后有，如同老人去世的时候宾客头上戴的号帕。轿子屋就是屋前屋后都有廊檐，甚至四个方向都有廊檐，形如轿子。在杨氏侗族里面，轿子屋是很常见的。当地有一句俗话："赵家天子杨家将。"杨家人有坐轿子的传统。从廊檐的装饰来看，可以分为一字廊檐屋、品字廊檐屋和双廊檐屋三种。一字廊檐屋是指支撑廊檐的柱子用齐腰高的板壁或者栏杆连接成一条直线；品字廊檐屋是指两侧的房间板壁伸出，与廊檐的柱子相连，中堂的大门则凹进去，形如"品"字；双廊檐屋有两层廊檐，里一层外一层，是一字廊檐屋和品字廊檐屋的结合。

从民居屋面的倒水来看，其分为两面倒水屋、三面倒水屋和四面倒水屋三种。"两面倒水"的另一个名称是"歇山式"，雨水从屋顶的前后两个方向排出去，是一种非常常见的样式。三面倒水屋是屋顶三面排水，前后两个面，再加上左边或者右边一个面。有的是在屋脊处就分出了三面，有的是在半途分出的三面。前者称为全三面倒水，在坪坦村没有发现；后者称为"半三面倒水"，坪坦的很多民居都是这种样式。四面倒水屋是指屋顶的水可以从前后左右四个方向排出去。四面倒水屋也分两种，左右倒水的柱子不落地，即"占天不占地"，称为"吊脚倒水屋"，是最为古老的干栏式建筑；左右两边柱子落地的称为"偏厦屋"，以火塘或者灶房最为常见。

从屋脊是否成一条直线来看，其可以分为平梁屋和二梁屋。平梁屋的屋脊成笔直的一条线，二梁屋则是屋脊有高矮两层，矮一点的称为钻厥屋。二梁屋适合房间较多的户型，一般是四间或六间相连，最右边的一间就作为钻厥屋。这与民间流传的观念相关，即左边是青龙，右边属于白虎。龙虎争斗的时候，龙必须占上风才吉利，就是"宁愿青龙高万丈，不让白虎来抬头"。

当然，还有其他几种分类的方式。但是上面列举的几种，已经足以看出坪坦民居建筑的多样性了。

侗族木工师傅在建造房屋的过程中，从来不用图纸。建房前，先测量地形，再根据地势的高低、形状的方圆、面积的大小进行谋划，整座房子的图像就在脑子里有了一个轮廓。不过，这并非很出奇的地方。中国民间的传统民居建筑师傅，从来也没有绘制图纸的习惯。不过，侗族的房屋都是木结构，主要的建筑师就是木工师傅。他们把建房需要用到的柱子、方条，不论高矮长短，都绘制在半边竹竿上，称为"香杆"。香杆是侗族建筑师的建筑图。侗族建筑师的智慧，是一代一代积累下来的，有很多令人惊叹的地方。

比如，在没有水平仪的情况下，侗家的房子还是能够建造得平平稳稳的。一位有着多年建房经验的老师傅提供了两种方法。其一，用一块较长的枋片，砍平抛光之后，在一头凿一孔，嵌进去一块小的枋片，使得两块枋片成90°的直角。再在短枋片的一侧也弹上与长枋片垂直的墨线。短枋片的上端钉上钉子，用长线系上重物。当系重物的长线与短枋片上的墨线重合的时候，就表示长枋片的两端是水平的。这是侗族木工师傅所制作的土天平，使用十分方便而且准确。其二，在房屋施工的时候，在每根柱子的底部离地面五尺①的距离，画一圈

---

① 1尺 = 33.3 厘米。

墨线，即"五花墨"。用墨斗线将四个方向的柱子绕一遍，再拉对角线，如果五花墨线都在所拉的墨线上，则表示每根柱子都成水平了。这些方法都非常简单，但是充分反映出了侗家匠人的智慧。

在建造房屋的过程中，有许多重要的仪式。比如，建房之前，先请人看好风水。跟汉族一样，侗族人对于风水也极为讲究。侗族人在确定居住之处的时候，先拿水土称量，选择重的一处建寨。入村的道路选择东面，因为太阳从东边升起在西边落下。从大的方面来看，一个寨子的选址要讲究风水。坪坦村的风水林在村子的北边，原来有很大一片。大炼钢铁的年代，许多大树都被砍掉了。现在留下的只有不到 100 平方米的面积，很多都是新栽种的小树。不过，坪坦人相信虽然树没了，但是这个地方的风水仍然还在，所以就在这里建起了坪坦乡中心小学。

如果周围的环境发生了变化，也要想办法来改善风水。离坪坦不远的皇都侗寨，处于坪坦河下游的低矮之处。后来，县城通往坪坦的公路修建之后，从寨子的正面山坳穿过。皇都人认为，这会导致寨子漏风，财气外流。于是，皇都人就在挖开的缺口处修建了一座高的鼓楼，挡住了风口。

大的村寨是如此，从小的方面来看，每一户人家的房屋建筑更是要看风水。侗族人的宅地以形状为基础，其形像什么就以什么命名，如虎形、牛形、鸟形、船形、葫芦形、塔形等。如果是动植物形状，就以其习性以及与其他物种之间的关系来推理；若是人造物或者其他无生命的物体造型，则以相生相克的关系来分析。听上去虽然并不科学，但实际上却反映了侗族人的自然观和世界观。

在普济桥头的城隍庙对面，有一口古井，坪坦人称之为"状元井"。井上面盖着一座木构凉亭，每天都有人在这里挑水、洗菜。状元井边有一座小木房子，村里人说是当地名人杨权教授的老家。杨权出生于 1934 年，1952 年毕业于中央民族学院并留校工作，担任过该校的民族语言文学系主任、少数民族语言研究所副所长、壮侗研究所副所长等职，在侗族史、语言文化等方面有开拓性的研究，出版了《侗族简史》《侗族文学史》《侗族史诗——起源之歌》等与侗族文化相关的著作。在交通不便的二十世纪四五十年代，要走出怀化的这些大山可不容易，尤其是能够在北京的高校任职。所以坪坦人认为，这是因为杨权的父辈选择了一块风水好的土地建房，所以其家族的后人才这么有出息。杨权的童年，肯定也是经常喝这口井的水。时至今日，人们称之为状元井，也是寄托了一种期望。

选址之后，再确定房屋的朝向。按照方位，共分为二十四向，其中，子午向是坐南朝北，一般民居不会采用，只有庙宇祠堂之类的建筑才偶尔可见。应该说，不同的地形，就需要不同的朝向。有的只适合一个朝向，如牛形；有的适合两个朝向，如人形；而罗盘形或者鼓形，则任何朝向皆可。具体原因为何，当地的风水先生自有一套完整的理论来解释，外人很难知晓。

房屋地址选定之后，就择定吉日开工。侗族人认为时运每年都在变化，而朝向一旦固定了就很难改。今年朝这个方向开门可能会大吉大利，而下一年这个朝向可能就不太合适了，所以有的人家就在家中开了很多道门，每一年都朝不同的方向打开。

另外，有时急需房子居住，而那一年的年份又不适合动工怎么办？侗族人就想出了很多办法来解决这些问题。比如，"大偷修日"就是其中一种。建房子的人家会趁着"凶神恶煞"在家休息的时候偷偷竖柱上梁，不举行任何仪式。"天地同流"是另外一种。天地同流就是这一天的年、月、日的天干、地支都一致，如甲子年、甲子月、甲子日。这种情况被认为是大吉大利的好日子，不受任何时间、空间和仪式的约束。不过，最好的日子或者最差的年份都不太常见。大多数年份中，都有很多日子是适合建房子的。

开工有一个专门的术语，叫作"发墨"。所谓发墨，就是主人家备好新的墨汁和墨线，让木工师傅按照吉时弹上开建的新房的左中排中柱，代表正式动工。发墨时，主人家摆出方桌，放置泡米饭、糖果、瓜子、花生等点心，供上三个酒杯、一碗清水、一个红包等物，再将木工师傅的工具，如墨斗、尺子、刨子、斧头等摆上，点上香火蜡烛。跟汉族一样，侗族的木工也将鲁班视为祖师爷。这位东周时期的鲁国木工，以其出色的技艺而被后人所尊重。后世许多木工所用的工具，如曲尺（也叫鲁班尺）、墨斗、钻子、锯子等，其发明权都可以追溯到鲁班。甚至是宋元时期才出现的刨子（也有人认为是明代由罗马传入），也被认为是鲁班所创。

两千多年以来，鲁班的形象逐渐神化，并具有全国性的影响，成为中国木工行业的祖师爷。这说明文化始终是在不断地交流与融合的。开工的时候，坪坦侗族木工都要祭祀鲁班，恭恭敬敬地端起一碗清水，念一段咒语："普安祖师太神宗，千军万马在掌中。不变思量变太岁，默念祖师在心中。天无忌，地无忌，年无忌，月无忌，日无忌，时无忌，鲁班仙师在此，百无禁忌。前头祖师某某某，大驾光临。"虽然咒语中说"百无禁忌"，其实建屋的时间和空间都是经过精挑细选而敲定的。所谓"百无禁忌"，只不过是怕有所遗漏罢了，所求的仍旧是一个心理安慰，也由此可见其慎重的程度。

念完咒语之后，木工就拿起斧头在木马的头上连着敲击三次，表示赶走一切"凶神恶煞"，以便于以后的工程能够顺利进行；再用刨子推一下，用墨线弹一弹，这些都是象征性的动作，仪式感很强。完成这些仪式之后，就进入下一个程序：发槌竖柱。发槌竖柱的前一天，由木工师傅造一个新的槌，用红纸包好两端，再用彩色的丝线捆扎。第二天，正式举行仪式。基本仪式和发墨类似，只是主人需要准备一只雄鸡。根据师傅的唱词来看，这只雄鸡不是普通的"凡鸡"，而是可以用来驱煞降魔的"神鸡"。木工杀死雄鸡，将鸡血染在中柱和千斤枋上面，"滴血下地，大吉大利"，再拿起新槌朝中柱连着敲打三次，每一次都有一句唱词："一槌打开天门响，二槌打退凶神恶煞，三槌斗起——放炮！"话音刚落，鞭炮轰鸣，左中排的柱子升起，直到上梁的时候，再举行第三个仪式。

上梁意味着房屋的主体建筑基本完成。安放梁木的时候，亲戚朋友都要来祝贺观看，木工师傅在上面跳梁、抛梁。新柱子上贴着红纸写的对联："玉柱朝天天赐福，金梁盖地地生财。"中堂的二梁枋上面贴着红纸的横额："紫微高照。"中堂的楼桥过竿枋上，也贴着"鲁班在此，百无禁忌"的字条。梁木的选择有讲究，以香椿木或者同根而生的双株杉木为佳，漆上红色。

师傅用红布包好历书、毛笔、墨汁、茶叶、谷子等物，放在堂屋中备用。仪式举行前，同样需要一只雄鸡，因为要用到鲜红的鸡血。师傅的唱词与之前发槌竖柱时所唱的不同。发槌竖柱时为的是驱邪，上梁时为的是祈福。鸡血染在新的梁木上，就能使主人家"人发千庭，粮发万担"。接着，师傅拿起一根三尺长的竹棍，唱道："尺寸对，做得好，长短宽窄都不错。一阵仙风吹上中堂，升起，放炮！"鞭炮声中，女主人在中堂中架起锅子，生起熊熊大火，做油茶。

男主人则把长楼梯摆在中堂左边的中柱位置，木工师傅换上新的布鞋边登梯上梁，边唱赞歌，内容都是祝福语："脚踩云梯三步行，锄头落地现黄金。房前长出摇钱树，屋后变成聚宝盆。脚踩云梯九步升，手扳玉柱上青云。柱头朝天天赐福，新屋落成万年春。手拿五尺量量头，子孙万代出公侯。手拿五尺量量腰，子子孙孙着龙袍。手拿五尺量量尾，祝贺主人得富贵。五尺比，五尺长量，也不短，也不长，恰恰合适保家梁，保佑主家永吉祥。"唱词完毕，师傅已经到了梁上，将酒壶拿出，朝天上抛洒几滴，唱道："把酒洒上天，弟子喝口先。"喝一口再唱："好酒好酒，越喝越有。"

师傅喝完，将酒递给几位拉梁木的助手同喝，再洒几滴在地上："把酒洒下地，敬奉龙神和土地。"最后，一边唱着"主家富贵得太平，早落黄金晚落银"，一边将早先准备好的糍粑、硬币、糖果、泡米饭等物抛下来，等候在一旁的众人立马围着争抢。

但上梁只代表房屋完成了一半，房屋的完全竣工仪式要在财门落成之后举行。财门就是房屋的大门，村民为了讨个吉利，将其称为财门。正如所有的仪式都由木工师傅举行一样，财门落成也是如此。木工师傅在门里头，外面则有三人分别装扮成财星、寿星和文曲星。三人手中拿着不同的东西，财星捧的是做成"金银珠宝"式样的点心，寿星捧的是桃子和水果，文曲星则背着装有笔墨文书的袋子。整个仪式如同在演一出小型的戏剧。三人在门外唱着赞歌，和门里的木工师傅问答取乐，直到师傅打开门唱道："大门大门大打开，金银财宝一起来。"三星进门，将手中的礼物放在堂屋的桌上，唱道："手捧金银献上来，祝愿主人发大财。"

简单一点的财门落成仪式，则只有一位装扮成财神爷的人和木工师傅表演。财神爷在门外唱道："门前鞭炮啪啪响，我从天上下凡乡。今朝下凡无他事，拜望东家好楼房。"唱完之后使劲敲门："开门开门！"木工师傅则在门里唱："金斧造好大金门，门外站的是何人？除非天上财神到，否则不敢开财门。"财神爷回答他说："鲁班弟子你请听，我是天上大财神。今日下凡来献宝，特给东家开财门。"木工师傅大喊一声："打开大门！"财神爷进门，将礼物摆放在桌上，唱完最后一首诗："来到门前贺一声，恭祝东家万代兴。银子满堂金满斗，人才兴旺富连城。"

所有的仪式，都是一代一代相传下来的，为的是讨一个吉利。当然，它不仅仅是坪坦村独有的，周围的其他村寨乃至是中国其他汉族地区的农村，建房子也都有着类似的仪式。因此我们可以说，它反映了大部分中华民族的文化心理。

建成后的坪坦人家的传统民居，以两层和三层最为常见，其内部都有着独特的结构。两层的民居中，下面一层分别为堂屋、卧室、伙房、灶房、碓房及其他小杂屋，上面一层的前方面积最大，供红白喜事的时候摆放长桌，后面是谷仓、客房以及织布房。房间尺寸以鲁班尺为准，其数字尾数都是"八"。"八"与"发"韵母相同，其意义不言而喻，它意味着人丁兴旺、财源滚滚。

侗家的厨房一般称为伙房，是侗家人重要的活动场所。侗家人的火塘是平地铺设。侗族的姑娘在冬天纺纱的时候，经常三五个人一起围坐在火塘周围，一边劳动一边交流。有时候，青年男女还会成群结队地在火塘周围对歌，互相倾诉爱慕之情。侗家人最隆重的合拢宴，也在伙房里举行。可以说，伙房是侗族人交流的一个场所，具有客厅的功能，所以侗家的伙房通常都很大。

每一户人家的堂屋中都有家仙壁，供奉的是"天地君亲师"牌位（现在都改成了"天地国亲师"），下面则是土地神位。传统的家仙壁两边有真门和假门两个框套，二者的高矮和宽窄皆一致。木板的材料也不是普通的杉木，而是桐木。家仙壁的朝向与整个房屋的朝向一致。

我们以一个吴氏家族的家仙壁为例。所有文字均在红纸上书写，为主人所书。最顶上是"渤海堂"三个字。"渤海堂"是吴氏的一个郡望，据说诸樊、余祭、夷昧的后裔皆以此为号，而季札的后裔则为"延陵堂"。这也可以看出侗族受到了汉文化的影响。渤海堂的正下方是"天地国亲之位"，不仅传统的"君"改成了"国"，连"师"的位置也从牌位上移走了。左右是一副七字对联："金炉不断千年火，玉盏长明万岁灯。"中间分别夹着一行小字："是吾宗支，普天供养。"下方横着一块木板，上面摆着装香火的罐子。木板下方，是土地神位"三多堂"，也是红纸书写的。接下来写着"下坛土地神位"，左右是一副对联："土能生白玉，地可发千祥。"对联的中间是另外两位神灵的名号："招财童子""瑞庆夫人"。

● 家仙壁

堂屋的其他几个方向，都开着通往伙房和卧室的门，每一道门皆有不同的名称。堂屋两旁进房对应而开的门叫"姐妹门"。家仙壁两边的门一个叫作"真门"，一个叫作"假门"。房屋后壁开的门叫"后门"，中间墙壁开的门叫"间壁门"。前门、间壁门和后门不能对开，因为侗家人认为这会"漏财"，实际上仍然是风水观念的体现。门的大小尺寸都有规定，据说，符合规格的，家庭就能够进宝、官禄、兴旺；不合规格的，则可能招致退财、孤寡、病魔、离分。大门一般是上宽下窄，为的是能招财纳福；后门则刚好相反，是下宽上窄，意为大门所进的财富不会跑掉。

卧房是一个私密的空间，平时都是关着门的。过去，卧房除了摆放床铺和家具之外，还要放置织布机。侗家的未婚妇女，织布机是放在楼上的，而已婚妇女的织布机则要摆在卧房中。所以，卧房的窗户要开得比较大，让光线充足，这样织布绣花就能看清楚了。

三层的民居中，房间更多，所以使用更方便。最底层的除了留出上楼的通道和安装楼梯之外，一般只用来做鸡舍、猪栏、卫生间和堆放杂物，不住人。沟通上下层的楼梯，一般设在房屋的侧面。上层是堂屋、伙房和卧房，即人的生活区。最顶层，则可以作为堆放粮食的谷仓。

不过，现在坪坦的民居有些功能已经改变了。比如，牲畜开始和人分离，集中养殖。村里在村子后面盖了房子，养猪、鸡、鸭等，而养牛的牛圈则搬到了更远的山脚下，但偶尔也有些鸡鸭在门前屋后穿行。这也从一个侧面反映出坪坦的民风较为淳朴，因为这些牲畜即使远离主人，也从没有失窃过。集中养殖的好处是，村子变得较为干净了，走在村中的石板路上，也没有难闻的味道。它的一个不好的地方在于，有些老人七八十岁了，为了喂自己养的几头猪，每天都要从家里提着潲桶走上一两里路，来来回回至少需要六趟。当然，很多人都不养猪了。养猪场里的仅有的几头猪都是村中的几位老人养的。

随着时代的变化，坪坦的民居建筑材料也在发生变化。有一部分十年前修的房子，大都采取砖木结构。下层贴地的部分，以砖头为主。砖块跟木材相比，不会变形，而且耐潮湿。一般的木房经过几十年，材质就腐朽了，颜色变黑，而且发生倾斜形变。换了砖块之后，它的使用寿命就大大延长了。上层住人的部分，则仍旧是杉木材料。最近几年修的房子，则几乎全部是用砖砌墙，再在外部贴上杉木板。外观上来看，它仍旧是传统的干栏式建筑，但内部已经完全变了。

杨建唐家就以这种方式，建了三层的房屋，开了一个家庭旅馆。他家的厨房和堂屋都在底层,家仙壁正对着大门。神位不是用红纸书写的,而是从市场上请回的,就是在木板上喷漆,打上电脑字体,但格式仍旧保持传统。显然,这种样式的神位应该是大受欢迎的。从第一层到第二层的楼梯在左手边,第二层到第三层的楼梯则在右手边。第二层和第三层都是住人的,堂屋在正中间,两边分别有两个卧室,两层加起来有八间客房。杨建唐夫妇住在二楼左手边最外面的那一间,我们则住在右手边最外面的那一间。

不过,每间客房虽然面积较大,但都没有单独的洗手间。为了满足游客的需要,只在二层的客厅后面设了一个卫生间。不过,目前来看,客人很少。我在坪坦的那段时间里,尚无其他客人入住。

• 杨建唐的家庭旅馆

2. 鼓楼

"未立楼房,先立鼓楼。"进入任何一个侗寨,最显眼的可能都是寨中那些高耸入云的鼓楼。鼓楼又称"凉庭",也有"独角楼""高楼""罗汉楼""聚堂"等称呼。在侗族老人的口中,鼓楼也被称为"百""楼""堂卡""堂瓦"等。每到农闲或耕作之余,人们就三五成群地来到鼓楼,扎堆聊天、唱歌、讲故事,这是鼓楼最初的功能。鼓楼又称为"堂瓦",意为"公共场所",可以聚众议事、排解纠纷、申诉评理、接待宾客、摆席吃饭、赛笙"哆耶"、教歌练唱、请师办学等。还有人在此悬挂失物招领，施舍草鞋，即把草鞋挂在柱子上，供远行者任取。后来鼓楼顶放置了一个能震响四方的"桦鼓"，以召示侗民。

桦鼓是将一节大桦树中心掏空风干后，在两头蒙上牛皮而制成的。它由村中公认的德高望重的老人掌管。每当侗民制定和执行"乡规民约"，实施"法治"；或集合侗民决定战争、抗御外侮；或有人违反族规，进行"惩罚"；或有纠纷争斗，实行仲裁等时，乡佬就将桦鼓敲响，召集侗民前来集合，部署和商讨严肃而紧张的事情。

鼓楼是侗族独特的建筑艺术，是侗族文化的杰出代表。坪坦村现在有三座鼓楼。根据一个姓氏一座鼓楼的传统，这表示这个行政村有三个大的姓氏。最大的一座在芦笙广场旁边，挨着南岳宫，为中心鼓楼，始建于清代同治年间，为五重檐四角攒尖顶。在寨子后面靠山的地方，有一座厅堂式的鼓楼，规模较小，三层重檐式屋顶，顶部为歇山式，为高坪鼓楼。坪坦河西面，散落的民居中，有一座七层重檐鼓楼，为普济楼，看上去较高，但是底部面积很小。

中心鼓楼是一座干栏式建筑，全部为杉木。上部分像是宝塔，下部分像凉亭。内柱是主柱，直抵楼梁。外柱是较短的副柱，支撑着重檐。它的集会厅，也就是活动场所，设在二楼。二楼为方形的厅堂，四周由半米高的木板围起来，中间摆了木凳。底下一楼是架空的构造格式，村民的木头、柴火都堆在这里。有的时候，也有人将它当成车棚停车。中心鼓楼的平面为长方形，顶部为五层重檐歇山式。十四根木柱子支撑着底下的两层屋檐，再往上，就是梁枋支撑着几根短的木柱子和雷公柱，承起上面的几重屋顶。

它比较完整地保留着古代越人的干栏式建筑风格。站在鼓楼中往上看去，大小木条，横穿直套，结构严谨，毫厘不爽。所有的传统鼓楼都是榫卯结构，不用一颗钉子，显示出了高超的技巧。

另外，跟其他鼓楼装饰繁复不同，中心鼓楼显得十分朴素，保留着杉木本身的特质。上面一根横木梁，一端写着建楼的时间："大中华二〇一〇年十一月二日，岁次寅卯十月廿七日，重建工师陈卓华、杨俊凡、杨兴。"中间是五彩斑斓的吉祥包挂饰。另一端写着："皇图巩固，帝道殿昌；风调雨顺，国泰民安。首士，杨西荣、李士奇。"

鼓楼屋顶的中心，有一个葫芦形的尖顶。这种装饰在其他公共建筑的屋顶都有出现，如状元井、普济桥、寨门、坪坦乡中心小学大门等。按照侗家人的说法，在设置葫芦顶时，要先倒扣一口新铁锅，然后从下至上安放大小不同的陶

● 中心鼓楼

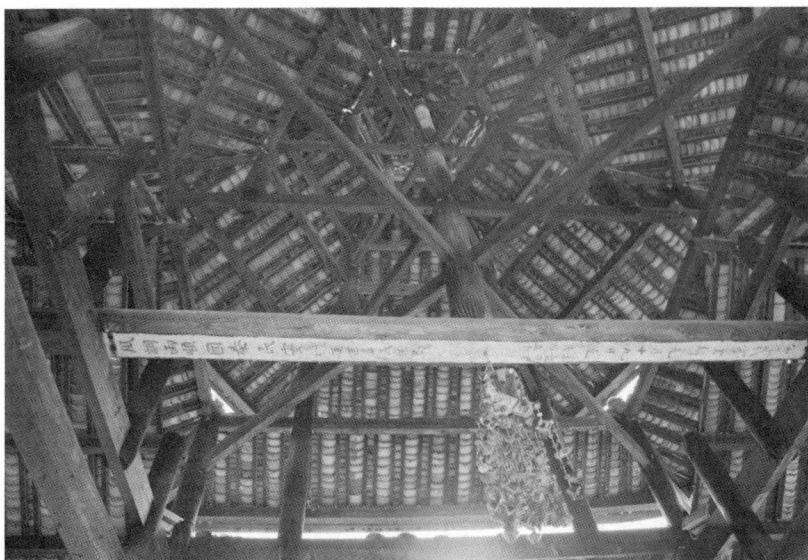

● 中心鼓楼上的横梁

钵。葫芦在汉语中谐音"福禄"，侗族人对于葫芦的崇拜，却有更深的意义。在其创世神话中，侗族始祖就是借着葫芦逃离大洪水的灾难的，因此，葫芦也有着护佑村民的意义。

鼓楼中间有火塘和固定的长凳。有学者认为，这体现出了太阳图腾崇拜的观念。鼓楼中的火塘，大都围成圆形，不仅仅是为了方便众人烤火。因为鼓楼的火塘，一年四季都不断火，家家户户轮流照料。所以，鼓楼的火塘象征着太阳，一年四季照耀村寨。

鼓楼的结构复杂，体积庞大，但建筑工匠也不用图纸，像建造民居一样。图形先在师傅的头脑中形成，然后师傅只需要动手将其变成现实中的楼。梁枋的数量、柱头的尺寸、凿眼和榫头的位置等，皆凭师傅默记在心，指导施工。所有的部件完工之后，即可树柱立楼。零件不多不少，尺寸不偏不斜，而且异常牢固，能在风雨中屹立几百年而不倒下。也正是因为没有图纸的参考的缘故，所以侗族的鼓楼中，找不出完全相同的两座来。侗族工匠的高超技艺，能在鼓楼中得到最好的体现。

侗族没有文字，因此鼓楼的来历，没人说得清楚。明代邝露的《赤雅》记载的罗汉楼，跟侗族鼓楼的样式十分相似："以大(一本作巨)木一株，埋地作独脚楼，高百尺，烧五色瓦覆之，望之若锦鳞矣(一本作然)。攀男子歌唱饮咮，夜归，缘宿其上，以此自豪。"清代金钺的《广西通志》以及李宗昉的《黔记》中，都有类似的描述。不过，现在遍及侗族区域的成千座鼓楼中，尽管在外面看屋顶高达数层，实际上内部都是空的，并不能"缘宿其上"。

坪坦河下游的皇都侗寨的一座鼓楼边上，立有一块碑，名为《鼓楼碑记》，说："相传鼓楼始于东汉时南夷之夜郎国，孟获犹[酋]长之邦。尽管时代变迁沿革，朝政殊易盛衰，而鼓楼仍为侗乡人民所沿用。古时建寨必先修鼓楼。凡出力者可紧密四周建房，以示属本楼之成员。设一大鼓置于楼上，公举一达者为寨主，上承谕示，下集众议，统领政事。急事将鼓密播，微事轻徐。集会议决。凡闲暇业余之时，人们聚集楼中谈天说地话丰收。逢年过节迎嘉宾，琵琶笙歌满楼情。"

这块碑立于 1993 年 2 月，文字所依据的自然是口头传说而非文献记载，并且文辞较为粗陋，可信度不高。不过，碑文中所说的鼓楼的功能作用，倒是十分贴切。另外，侗族中一些口头流传的故事，也从一个侧面反映出鼓楼在侗族人生活中的地位。这样的故事有很多，这里选取两个。

第一个故事说，很早的时候，有三兄弟在骆宁山下居住，他们伐木建屋，垦荒造田，十分勤劳。他们建起了一栋木楼，有五根柱子，三间房。三兄弟在这里娶妻生子，繁衍人口。后来，这三间房屋逐渐不够居住，于是又建起了新房，一个小的村寨就形成了。有一年，骆宁山下闹蝗灾，当年颗粒无收。他们只好到山上挖蕨根葛根，做成粑粑充饥度日。第二年蝗灾继续发生，万般无奈的时候，老大做了一个奇怪的梦。

他梦见一位老人给他唱了一首歌谣："骆宁山，骆宁坡，骆宁山下蝗虫窝。建寨不建鼓楼，时年九灾祸害多。"这个梦在启示老大，要在寨中建一个鼓楼，才能免灾。至于建在什么地方，玉峰仙寺一位精通易经的老人说："鼓楼是众上之屋，要符合天时地利人和，才能消灾。"兄弟三人遵照老人的要求，请来能工巧匠，建造了一座高楼。高楼共有四根中柱，象征着一年四季；十二根衬柱，象征着一年的十二个月；五层重檐，象征着五谷丰登。从此以后，蝗灾果然没了，年年都有好的收成。后来的人们在建新的寨子时，都要建鼓楼，有钱的出钱，有力的出力。

这个故事说明，鼓楼给了侗族人一种精神寄托。它带有神性，可以消灾祈福。它也从侧面反映出侗族的万物有灵观念，如果更深一层探究，则它的树崇拜、祖先崇拜、生殖崇拜等内涵也会凸现出来。

另一个有关鼓楼来历的故事，则说明了鼓楼是侗族人的一个重要的娱乐场所。传说，很久以前，侗族人夏天吹芦笙，冬天围着大树下的火塘讲故事。寨中的老人就说，村里缺少一个公共娱乐场所，不知道建成什么样才好。寨中有一户人家，三个儿女。老大想出了要建一个今天那种鼓楼样式的木楼的主意。老人们听了他的描述，一致表示赞同。不久，鼓楼就矗立在了寨子的中央，雄伟壮观。二妹的侗锦和老三的竹编也都挂了上去。老大又用牛皮做了一个大鼓放在楼中，于是人们就称它为鼓楼。

接下来的故事，则与青年男女的恋爱相关。寨子中有一个财主的儿子，长相丑陋；另一个青年长得不错，但家境寒贫。二妹爱上了没钱的小伙子，但财主的儿子将二妹抢回了家中。穷小伙到财主家的后花园吹笛子，二妹明白这是要救自己出去。果然，第二天晚上，穷小伙就想办法把二妹救了出来，准备带她私奔。二妹说，我们不跑，到鼓楼去。到了鼓楼，二妹就使劲击鼓，村中男女老少都持着刀枪跑了过来。

二妹看大家都到齐了，就在鼓楼中说："我今天敲鼓，是要跟大家商量一件大事。财主家的少爷把我抢了过去，逼我与他成亲。但我已经有了心上人，今夜就是他把我救出来的。大家替我做主，按照款约惩罚一下强抢民女的人。"众人一片响应。寨中的老人站了出来，说："根据款约，应该罚财主的儿子五百斤猪肉。"大家一致同意。鼓楼也因此成为寨中人商讨大事的地方。

这两个故事结合起来看，传统鼓楼的各种功能就一目了然了：护佑村寨、娱乐休闲、集会议事、传递信息等。不管怎么说，有侗寨就有鼓楼，建寨和建鼓楼几乎是同步的。这已经是一个传统。鼓楼是侗寨的标志性建筑，一般都坐落在村寨中醒目的位置。它是村寨中的公共建筑物，每个村民都能使用。因此，在选址修建的时候，寨中家家户户都要派人参加，一起商量相关事宜。一旦选定，就不再更改，也不准侵占。鼓楼只能在自己村寨中修建。大的侗寨中，一个姓氏的房族要建一个自己的鼓楼，但不能侵占寨中其他姓氏的领地。

"鼓楼"一词，说明这种建筑与鼓相关；而从鼓楼的历史来看，也有"建楼置鼓"的说法。村寨中有什么急事，就可以击鼓传递信号。村民听到鼓声，就会放下手中的活计赶到鼓楼，一起商讨应对方法。鼓用牛皮制成，悬挂在楼中，有的需要爬上搭台击鼓，有的则将鼓槌用绳索系好拉动击打。平时村里没有什么事，不得乱击鼓，否则要受到惩罚。不过，随着社会越来越稳定，很多侗寨鼓楼中的鼓已经不再被用于警示了。坪坦的三座鼓楼中，也见不到鼓的踪迹。

放到整个侗族文化的视野来看，坪坦的鼓楼不算很有名。已被列为吉尼斯世界纪录的贵州肇兴鼓楼群不说，就是通道坪阳乡田心寨的马田鼓楼，也已经是全国重点文物保护单位了，都比坪坦鼓楼的名气大得多。但是，对于每一个侗寨来说，寨中的鼓楼都是独一无二的。在坪坦村，其他两座鼓楼主要是人们休息的场所，而中心鼓楼则承担着更多的功能。

一是村里发生的矛盾纠纷，都在这里由德高望重的老人进行调解。侗族有着集体制定款约的传统。为了保护生命财产安全、促进生产，族人经常在鼓楼中商议制定各种款约。现在虽然款约已经成为一种传统文化，有调解不了的重要矛盾都会寻求法律援助，但是，一些小的民事纷争，当事人闹得不可开交时，还是可以请村里的老人在鼓楼中进行调解，其他村人也乐于在鼓楼中观察监督，从中得到警示和教育。大家齐心协力，尽量让调解的双方都心服口服，把事情平息下来。在维系村寨中群众的关系上，鼓楼有着不可替代的作用。

二是坪坦人经常在这里交流信息，促进感情。在鼓楼中，一年四季都有人在其中休憩聊天。老一辈的耕作种植经验，家庭主妇的家长里短，小孩在学校的学习情况，村寨里的奇闻趣事，世界形势国家大事，都在鼓楼中传递。青年结婚、老人去世、小孩满月等，都会在鼓楼旁边贴上告示，如2015年的大戊梁歌会活动的收支公告，就贴在鼓楼旁边。每逢有什么大事，村里的乐队就在这里集合，到齐之后再商定活动的程序。悠闲的村人，也时不时在这里打牌下棋。鼓楼是坪坦人交流感情、传递信息的重要场所。

三是鼓楼也变成了文化活动中心。每年春节，村寨之间成群结队互相庆祝新年，就在鼓楼里唱"哆耶"。秋天收获的季节里，鼓楼更加热闹。老人在这里唱歌教歌，小孩子跟着老人一起学习，传承着老一辈所创造的文化。做芦笙的时候，青年小伙子会把砍回来的笙竹放在鼓楼里，请有经验的师傅制作芦笙。芦笙做好之后，就在鼓楼中吹奏。姑娘们唱着歌，合着芦笙的节奏翩翩起舞。坪坦村很多对外的重大文化活动，也都在中心鼓楼与前面的芦笙广场中完成。

民国《三江县志》的"鼓楼"一条，对此有高度的评价："侗村必建此，已于前述居处详之矣。楼必悬鼓列座，即该村之会议场也。凡事关规约，及奉行政令，或有所兴举，皆鸣鼓聚众会议于此。会议时村中之承认皆有发言权，断事悬秉公意，依条款，鲜有把持操纵之弊，虽赴汤蹈火，无敢违者。故侗区内昔有道不拾遗夜不闭户之概。即今鱼塘之鱼，日夜长悬于村外之禾把，终年亦无盗。盖相习成风，是真能跻身于自治之域也。"鼓楼的意义不仅仅在于它的建筑之美，更在于它所体现的民族思想。通过鼓楼，侗族人的民风得以敦厚，品质得以提升。所以侗家人说："鲤鱼要找塘中间做窝，我们祖先要找好地方落脚。祖先开辟了村和寨，建起鼓楼就像大鱼窝。子孙后代像鱼群，红红绿绿进进出出多又多。"又说："鱼田有窝函，侗寨有鼓楼。"

鼓楼是整个侗寨的灵魂式建筑。

3. 风雨桥

前面关于侗族起源的故事中说过，侗家人是扔在河边的肉片变的。侗家人的房屋都集中在河边，连接河两岸的主要是桥。风雨桥也是最有特色的侗族建筑之一。它如一条巨龙横跨在河面上，又称为"廻龙桥"；它是吉祥的象征，所以被称为"福桥"；因为装饰精美，所以又被称为"花桥"。不管是哪一个名称，它都护佑着世世代代居住在村寨中的侗家人。所以桥中间的神龛里，都供奉有神像，每到逢年过节或者初一十五，就有侗家人在这里上香供奉。广西三江侗族地区流传的关于风雨桥来历的故事，表现的就是这一点。

传说很久以前，有一条河从侗寨中流过，在寨子旁边冲击形成了一个深潭。

潭中有一条青龙和一条乌蟒，青龙给庄稼施肥，乌蟒则危害庄稼。这两种动物的势力此消彼长，庄稼就有时候长得好有时候长得不好。有一年的中秋节，寨子里用一头牛和九桶酒祭祀河神之后，第二年的收成比较好。这其实是因为乌蟒贪杯，青龙趁着它醉酒制服了它。后来，八月十五就成为"溺牛节"。这一天，男女老少都穿戴一新，在河边过节。其中有一个叫银姑的姑娘，长得很美，歌也唱得好，还非常能干，种的棉花也长得很好。不但寨子里的青年爱慕她，连乌蟒也十分垂涎。

乌蟒化身为一个俊俏的后生，挑着花篮，给正在摘棉花的银姑和她的同伴唱情歌："风锤棉叶响沙沙，不知是鸡还是鸭？是鸡就该寨里叫，是鸭河里打浪花。"银姑的胆子很大，劈头就唱："哪里来的后生哥，卖竹篮还是卖花？来到这里有何事？请你不要说假话。"乌蟒一下就把持不住了，嘴角流涎，向姑娘们不停地挤眉弄眼。银姑和同伴们唱歌讽刺乌蟒："花篮花样扮花哥，粪桶粪箕当铜锣。想吃想喝你想去，油桐油茶下油锅。"乌蟒灰溜溜地回到了潭中。

不久，银姑来到潭中一边浣纱一边唱歌，乌蟒又变成一条红鲤鱼，正想跃出水面咬住银姑的裙子，被青龙发现，迅速变成一条墨鱼吐出墨汁，挡住乌蟒的视线。银姑正要离开，乌蟒突然蹿出水面，张开血口吐出舌头挡在银姑面前。青龙变成一个青年，举剑劈向乌蟒。银姑这才得以脱身，但是惊吓过度生病了，常常梦见那个救了自己的英勇青年。化身为青年的青龙来到寨子，用珍珠磨成粉给银姑服下，救了银姑。

乌蟒更加气急败坏，作法使得风雨交加，山洪暴发，淹没山寨。忽然，东边霞光四射，一座长桥向着人群移动，大家爬上桥，顺着到了高处。大家脱险之后，对突然出现的这座桥心生感激，也存有疑虑。

过了一阵，青龙又化身成青年来到寨子里。寨中老人将银姑许配给他，青龙无奈，只好道出原委，并说他已经与乌蟒结下了不解之仇。他要求三天以后再来答复大家。三天之后，青龙告诉大家，他与乌蟒达成约定，正月三十午时展开决斗，青龙死了就由乌蟒占据深潭，乌蟒死了就由青龙占据深潭。寨子里的人决心帮助青龙，在岸边擂鼓助阵，并架起了几座铁炉，预备将烧红的铁投进潭中烫死乌蟒。这时，青龙已经有了必死的决心。

龙蛇大战，场面自然是十分惊险。青龙的正直抵不过乌蟒的狡猾，被乌蟒咬死。银姑号召大家将烧红的铁块投进潭中。乌蟒身受重伤，但仍没有绝命，这时候铁已经全用完了。紧急关头，银姑冲向炉边，抱起一块烧红的白火石，一起跳进潭中，正好压在乌蟒的身上。乌蟒顿时毙命，尸体浮到了水面上。

此后，潭水恢复清澈，浪静波平。每到雨后，天空中就有一道长虹。人们认为，这就是青龙的化身，彩虹两边镶嵌的就是银姑的绸花带。为了纪念善良勇敢的青龙，表明侗家人崇善憎恶的诉求，于是寨子中建起了一座座庄严坚固的桥。桥身就象征着青龙在洪水中救助侗家人的形象。中间的神龛壁上，都画着栩栩如生的龙神，既表达了侗家人追念和尊敬青龙的神情，也寄托着侗家人祈祷龙神保佑四方、年年风调雨顺、国泰民安的美好祝愿。

正如在饮食一章已经谈到的那样，棉花传入中国并大规模种植已经是很晚的事情了，所以这个故事产生的年代，应该在明代以后。一方面，它反映出侗家人对于风雨桥的观念，就是它并不只是一座连接河的两岸的简单建筑，而是带有浓厚的侗族文化心理情结，即希望风雨桥能够给一个寨子带来福气；另一方面，青龙和银姑的交往，也体现出侗家人对于青年男女之间你情我愿的爱情是持有一种肯定赞扬的态度的。

坪坦村的一位老人给我讲的关于风雨桥的故事中，男女的爱情已经成为主题，而且它涉及的主人公不仅限于侗族本身。这个故事说，一条河的两岸有两个寨子，一个是侗寨，一个是瑶寨。两个寨子仇恨很深，互不往来。侗寨有一个姑娘叫培娇，美丽能干。瑶寨有一个小伙子叫阿高，英俊勇猛。这两个人互相喜欢对方，总是隔着河传递情意。阿高听到培娇的歌声，不管家里有没有水，都要挑着水桶往河边走；培娇听到阿高的木叶歌，也随手提着篮子拿着布往河边走。

有一次，培娇拿出一块侗锦，包着一块石头扔过河，阿高刚拿在手里，就被瑶寨的头人发现，挨了一顿骂，并被警告不准拿仇人的东西。培娇扔侗锦的事情，也被侗寨头人的儿子勐洞发现。勐洞对培娇说，瑶家人是我们的仇人。其实，他是自己在打培娇的主意。培娇和阿高两个人只好对着河不断地倾诉彼此的思念。

培娇担心勐洞来抢亲，就跟阿高约定到上游去相会。但是，两个人在私奔的时候，被勐洞带人追赶。阿高和培娇被勐洞的乱箭射死，沉到了河底。两个人化成了龙，龙身横在河面上，龙头直立在桥中间，龙尾连着两个寨子。每到夜晚，两岸的青年就到桥上相会。两寨的头人也想到桥上去看看，刚刚走到桥中心的时候桥就垮掉了，他们也因此掉到河里淹死了。故事的最后说，两寨的头人淹死以后，风雨桥就一直架在河岸上，再也没有消失过。

在这个故事里，用20世纪一度流行的语言来说，就是民族矛盾被阶级矛盾所代替了，所以这个故事产生的时间不会太晚。两个民族村寨的头人象征着老一辈生活的谢幕，两个青年男女则代表着年轻一代对于新生活的追求。不可否认的是，风雨桥确实也为侗族青年男女谈情说爱创造了空间。桥的中间有长凳，人们可以在其中休息交流。每到休闲的时候，风雨桥中总是有很多人。

普济桥是坪坦村的代表性桥梁，也是独一无二的建筑形式。普济桥始建于清乾隆二十五年（1761年），现存的桥梁为光绪二十一年（1895年）所重建，民国三年（1914年）维修了一次。普济桥为单孔伸臂梁式廊桥，桥长31.4米，桥宽3.8米，由11廊间连接成一体，木质四柱三间排架结构。

桥的两岸各有一个半空心石墩，伸臂梁插在石墩内，以大卵石弹压，直至两岸伸臂合拢，连成相通的桥身，形成上平下拱的形状。这种形式的风雨桥的桥下净空较高，方便小型的船只在下方穿行。桥梁专家认为，普济桥是目前仅存的"实物木拱桥"，是"远古桥梁的活化石"。侗族的风雨桥成千上万，但普济桥这种形式的十分少见。在桥的内部，有很多设计都是出于休闲功能的考虑。

在桥拱的西面，砌筑有十五级青石台阶，直达桥廊。桥廊为四柱三间排架木结构，共十一间，可以遮风挡雨。桥的东面原来紧挨着坪坦侗寨沿河的老街道，所以用青砖围合，向北面开门，有十一级砖砌台阶。跟所有的坪坦传统建筑一样，桥廊的屋面上也盖着青瓦，一条主脊贯穿东西。挂廊檐装白色封檐板。桥廊的北面用开槽密槛板壁的传统工艺封实，可以抵御来自河面的寒风。桥廊的南面装着齐腰高的板壁，上部开通长直棂窗。所有显露的悬梁木构件处，均开槽密槛刷白封板，这样做既掩饰了木构件，同时又起到了装饰桥体外表的作用。

尽管历代不断维修，但由于多年风雨的侵蚀，普济桥已经岌岌可危。针对普济桥的现状，2014年12月，当地政府设计了一套维修方案。维修公司来自长沙。2015年7月份我去的时候，普济桥还在维修，村里老人协会的会长杨雄义老先生告诉我，桥头原来是有一副对联的，但是大家都不知道，只有他有这个资料。他掏出一个小小的笔记本，小心地翻开，上面记载道："2013年11月16日，立群送对联来：普力同修，桥梁永固；济人利物，彼岸同登。"对联不俗。他说桥修好了，要把对联挂上去。2015年10月，普济桥维修正式完工，坪坦为此举行了盛大的庆祝活动。

不过，侗族的风雨桥实在太多了，坪坦的普济桥，我们现在看的时候，觉得

● 普济桥

它的建筑结构是如此的完美，其实在当时并不那么起眼。《三江县志》收录的与坪坦有关的风雨桥，是"平坦大桥"，只有寥寥十个字的介绍："在横岭乡平坦街，清末建。"因为当时的坪坦老街就在今天的普济桥边上，所以"平坦大桥"指的应当就是普济桥。"普济桥"这个名字，是后来才有的，取"普度众生、济世救苦"之意。值得指出的是，中国其他地方也有很多桥都取名为"普济桥"。

　　普济桥的下游几百米处，在今天的平坦街边，还修了一座新的风雨桥。它正对着坪坦乡中心小学的校门。外观仍然是传统样式，但是材料已经换成了水泥钢筋。桥面宽阔，可以通车。边上有长长的条凳，坐在这里，上可以遮风挡雨，下可以听水流潺潺。村民经常聚集在此。关于坪坦的很多信息，我都是通过在这里休闲的人们所了解的。我在坪坦的时候，有几个高校也组织学生在这里考察。他们都选择在这座风雨桥中分发问卷调查表格。

　　侗族有一首诗歌，较为完整地反映出了侗族人对于风雨桥的热爱：

风雨桥是神仙桥，过桥男女寿无疆。
桥下游鱼戏清波，桥边桂花送清香。
桥的这头有神树，神树阴凉适宜人。
桥的那头有井水，井水可口味长存。
桥上两侧有长廊，可躲风雨可歇凉。

第3章

饮 食

坪坦人吃饭的习惯，是一日三餐。对于他们来说，早餐必须要吃得很饱，上午才有力气干活，所以早餐也是正餐。关于吃饭的时间，石婶进行了介绍："我们每一餐都是吃饭，早上煮饭，上午出去干活，中午回来就吃冷饭。干活的时候一点半两点吃午饭，七点多还在地里干活，八点多才吃晚饭。"

在坪坦人的食谱中，保留着大量农耕文明和渔猎文明的信息。他们的主食是稻米，而菜肴则五花八门，几乎什么都吃。比如，他们会将稻田里的蝌蚪捞起来，倒入容器中用手用力捏，将蝌蚪的肚子弄破，再用水冲洗干净，拌上茶油炒熟，加水和籼米煮开，直到变成粥状，就做成了蝌蚪羹；再拌上少许盐、姜末和葱花，就可以吃了。做蝌蚪羹的时节在农历三月，吴柳妮描述蝌蚪羹的味道时说："很香，清凉爽口，但味道微微带点苦。"

侗族的许多食物都可以放一段时间，长的甚至长达几十年，但蝌蚪羹却是做好了就要吃完，不能放太久。坪坦人也吃蝗虫。族人干农活的时候，会顺便将稻田里小个头的蝗虫捕捉回来晒干，像做小鱼干一样。吃的时候油炸，有一股蛋白质烤熟后的香味。这些都是其他地方很难吃到的食物。此外，蚯蚓、蚂蚁也都是侗族人的美食。

除了这些小虫子，一些平常人不吃的植物，也可以进入侗族人的食谱。例如，水塘或者稻田里的青苔。这是一种藻类植物，没有根茎叶的分化，但可以利用自身的叶绿素制造养料，外表光滑细腻，用酸水煮好，加上盐和味精就可食用。

2014年10月19日，潇湘电影集团联合湖南美食协会制作的《美食湖南》摄制组在坪坦村进行了拍摄活动，重点拍了合拢宴。其实，合拢宴虽然是坪坦村非常重要的饮食活动，但只在重要节日的时候才有。唯有日常生活中的饮食，才关系到坪坦村村民的一生。我们可以通过坪坦村的一些主要特色食物，来了解坪坦人的饮食文化，并进而了解侗族文化。

1. 糯米

按照前几年通道县《侗族村寨申报中国世界文化遗产预备名单文本》的统计数据，坪坦村共计1093人，耕地总面积761亩，人均不到7分①田。这几年由于生活条件提高，新生婴儿较多，去世的老人较少，而耕地没有发生什么改变，所

---

① 1分 = 0.1亩 = 66.67平方米。

以人均的耕地只会更少。此外，由于耕地又包括了水田和旱地，旱地只能种菜或者其他作物，只有水田才能种植水稻，因此，相比其他平原或丘陵地区，坪坦的稻田并不算多。但就是这不多的稻田，却养活了世世代代的坪坦人。它们分布在坪坦河的两岸，围绕在坪坦人的门前屋后。春天绿浪起伏，秋天稻香一片，既是粮食作物，也是自然风景。

● 稻田旁种的南瓜

　　侗族是我国传统的稻作民族之一，种植水稻的历史十分悠久。离坪坦不远的侗族聚集地区，有很多与农耕水稻相关的文化遗址。例如，洪江高庙文化出土的文化遗址表明，侗族的农耕祭祀文化距今已有七千余年。另一侗族居住区的靖州县新石器遗址中，也发现了炭化稻，证明早在四五千年前，这一地区滨水的居民就开始了水稻种植。跟其他的侗族一样，坪坦人的主要粮食也是水稻。

　　坪坦的水稻，从稻的性状方面可分为两类，即糯稻和籼稻（又称粳稻）。糯稻是侗族人民种植的传统水稻品种，是稻的黏性变种，其颖果平滑，粒饱满，稍圆，脱壳后称糯米，外观为不透明的白色，与其他稻米最主要的区别是它所含的淀粉中以支链淀粉为主，最高可以达到100％，因而具有黏性，是制造黏性小吃如粽子、油茶和酿造米酒的主要原料。侗族地区的糯米有很多种，可分红糯、黑糯、白糯、长须糯、秃壳糯、旱地糯、香禾糯等。其中，"香禾糯"是糯中之王，有"一家蒸饭全寨香"的美誉，主要在贵州都柳江流域侗族地区和广西三江侗族自治县一带种植。

传统中医药学认为，糯米性寒，做酒则性热，功用为补中益气，暖脾胃。稻根可止虚汗。糙糯米或半捣糯米煮的稀饭，适用于一切慢性虚弱病人。糯米适应性强，在不同的水源、气候、土壤等自然条件下均能较好地生长，因而被侗族人珍视为宝，普遍种植。籼稻是外来的品种，这从侗语中也能辨别，侗族一些方言中，"糯稻"的意思是"好米"或"侗族米"，"籼米"的意思则是"养家畜或家禽的米"或"汉族米"。

现在坪坦地区虽然普遍都是籼稻，但是，整个侗族地区普遍种植籼稻的历史并不长，可能还不到100年的时间。在1949年以后，坪坦才开始从汉族地区引进籼稻。籼稻的引进与侗族地区的人口发展和文化接触有关。糯稻的产量不高，不能满足日益增长的人口的消费，引进籼稻是为了解决粮食问题。不过，对于坪坦人来说，籼稻虽然已经成为日常生活的主要粮食，但糯稻的作用仍然不可低估，在重要的日常活动中，到处都有糯米饭的身影，如祭祀祖先、款待嘉宾和庆祝节日等。来了贵客缺少糯米，则被认为显示不出应有的敬意。

谈到水稻，就必须提到一些生产工具。其中，最重要的是去掉稻谷壳的工具，称为"碓"。碓普遍流行于水稻产区，坪坦人也用这种工具来舂米。碓由石臼、碓嘴和碓架构成。碓房就在木楼的第一层，因为石臼要埋在土中才能固定起来。碓架用的不是侗族常见的杉木，而是其他较硬的杂木。杉木较软，密度较低，难以承受石碓工作时的力度。碓除了舂米，还可以做糍粑。做芝麻糍粑时，就用来碾碎芝麻；做田藤粑时，就用来舂甜藤。

对坪坦人来说，碓的功能不仅仅在于这些，它还在婚礼仪式中充当着重要的道具，因而具有文化的象征意义。新娘进入婆家所做的第一件家务事，就是进入碓房舂米。坪坦人在半夜迎亲，新娘向宾客分发油茶之后，就开始舂米。当地的夜晚十分安静，舂米的声音吱吱呀呀，能传出很远。左邻右舍听到这种声音之后，就知道新娘已经娶进家门了。碓房半夜的舂臼声，因此变成了新婚的喜讯。

不过，现在很多坪坦人家里都不再用碓来舂米了。取代碓的是常见的小型机械化的打米机，用柴油做动力。吴柳妮十六岁出去打工，十七岁的时候用自己的工资，给家里添置了一台这样的机器。这让家里人十分开心，尤其是她的父亲，除了情感上的满足之外，更是让父亲节省了很多体力。这台机器用了二十多年，现在还在山上老家的木楼里。

与侗家糯米联系紧密的工具，还有甑。甑以杉木制成，造型如同一个木桶，上大下小。上口外沿有一对耳，方便搬动。内部有一块可以活动的木板，称为"底板"，板上有蒸气眼，水汽可以从中出去。甑的大小不一，大的一次能够蒸三四十斤糯米，一般只有过年打糍粑的时候用。小的一次能蒸一二十斤，平时吃的糯米饭或者过小节日打糍粑时使用。

蒸糯米跟煮饭不同，它有着较为复杂的程序。在蒸之前，先要将糯米泡一晚，使其变得松软，用手指一捏就会碎；再在甑的底板上垫上丝瓜瓤，将泡好的糯米放在上面，这样既透气，又不至于让糯米漏掉；然后将装好糯米的甑放在盛了水的锅里，盖上盖，就可以点火蒸煮了。

糯米也不是一次性全放进甑中，而是先放一小半，待甑盖冒热气了，再将剩下的糯米放进去。它的好处在于能防止因为糯米过多而堵住空气，造成下面的糯米已经熟了而上面的糯米煮不熟的毛病。甑还可以用来染布。侗家染的蓝布，用甑蒸一道之后，可以防止褪色。

随着社会的发展，坪坦很多传统的器具都退出了生活，比如原来家家都有的煮食器——鼎罐就是如此。鼎罐用生铁铸成，状如秃而尖的陀螺。鼎罐一般放在三足鼎架上，置于火塘中。但是，现在很多人家里都开始用电饭锅煮饭，鼎罐的使用者越来越少。但是蒸煮糯米的甑，还一直在被使用。在一个相当长的时期内，可能也很难有其他的工具可以替代它。

另外一种与糯米相关的器具——瓠，也还在坪坦人的生活中充当着重要的角色。瓠由成熟的白瓜制成。白瓜是一种葫芦科植物，既有葫芦形的，也有圆球形的。葫芦形的制作水瓢，圆球形的才制成瓠。制作的时候，以瓜柄为圆心划一个圆，沿着线将其锯开。瓜柄部分为盖。将下面主体部分的瓜瓤掏出，内壁刮干净，瓠基本上就做好了。

再编一个竹篮，将其放进去，携带十分方便。瓠的好处很多，可以用来装糯米饭，即使是炎热的夏天，放置三四天，糯米饭不仅不会变馊或者干硬难吃，反而还保留着刚刚出锅时的饭香。瓠还可以用来保存种子，既不发霉，也可以避免老鼠来偷吃。

在坪坦，瓠是家家必备的生活用具。在老人去世、新人结婚、小孩满月等重要活动中，亲人朋友都会用瓠装着煮熟的糯米饭，提着上门道贺。

随着侗家人封闭状态的慢慢改变，他们与汉族人的交往逐渐密切，玉米、小米、高粱、小麦等作物也被引进来了，成为坪坦侗家人的辅助粮食。不过，目前来看，它们不太可能代替水稻在他们食谱中的地位。

• 吴柳妮的母亲在晒糯米饭

2. 油茶

在坪坦的街上，有几家店子的门外都挂着牌子："卖油茶"。油茶是侗家人很有特色的饮食，但家家户户都是自己做。现在外地的游客多了，他们就拿出来售卖，作为当地的特产。但是，严格来说，壮、瑶、侗等其他少数民族都有喝油茶的饮食习俗。部分汉族地区也流行以油茶待客。

• 油茶

油茶的主要原料是糯米。泡油茶之前，要先备好"阴米"，就是蒸熟阴干之后的糯米，用油炸了，捞起后冷却再密封。有些侗族地区是将糯米拌上油或粗糠后再蒸熟阴干，接着用碓臼舂成扁状，去掉粗糠，再收好备用。

打油茶在侗语里的意思是放茶、做茶，"打油茶"是当地的汉语说法。"打"是指这种奇特饮食的制作过程，坪坦的妇女几乎都会"打"，她们常常聚在一起打油茶。一边喝着油茶，一边谈论家常，因而打油茶也成为当地妇女之间重要的社交活动。"吃油茶"一词，在坪坦当地也有做媒的意思。媒人受男方委托向女方提亲时，通常会说："某某家让我来你家向姑娘讨碗油茶吃。"一旦女方父母同意，男女青年的婚事就算定了。

打油茶时，要先将阴米油炸成米花，再把配料炒熟。配料根据个人的口味来定，可以是花生、黄豆、芝麻等，也可以是时鲜的瓜菜、猪肝、虾米等，甚至还可以放些葱花、姜丝佐料。这些都准备好之后，就开始煮茶水，滤出渣子。把茶水倒进盛着米花和其他配料的碗里，便成了咸香可口的油茶，其有祛寒湿、提神、饱腹的功效。坪坦地处山区，湿度大，喝"油茶"便成为当地百姓的饮食习惯。特别是在非常劳累的时候，喝上一碗油茶，满身的疲惫便会在不知不觉中烟消云散。离开坪坦去外地工作的人，或者是嫁出去的女儿，回到坪坦之后，家里都要准备一碗油茶来为他们接风洗尘。

油茶是坪坦人日常生活中的重要饮食，甚至是坪坦人的第二主食。很多老人的早餐就是一碗油茶，有的人家甚至每顿饭前都要吃油茶。村里的一些老人说，他们年轻的时候外出谋生，喝不上油茶，身子就不舒服。

油茶也是坪坦人招待客人的传统食品。婚俗节庆，还会举行油茶会，各种副食点心琳琅满目，摆满整个桌子。有时，谁家里备好了油茶，还会招呼左邻右舍一起吃。吃油茶也会用到筷子，用来拨动油茶中的米花和其他配料。但是，跟吃饭不同，吃油茶只用一只筷子。客人吃了油茶不还筷子，就意味着他还要再吃；还了筷子，则表示多谢主人，不用再添了。

坪坦的一些老人说，他们祖辈都种油茶树，家家户户榨茶油。他们住在高寒山区，只有喝油茶才能御寒防病。习惯成自然，打油茶便成为代代相传的民族习俗，也被广泛地用于社交、喜庆活动，可以称为"侗族茶道"。

当地人总结喝油茶时的感觉说："一杯苦，二杯夹，三杯四杯好油茶。""夹"是当地的方言，意为涩。也有人说："头锅苦，二锅凉，三锅四锅味清香，七锅八锅甜如糖。"这跟唐代茶人卢仝的《七碗茶歌》有点类似："一碗喉吻润，二碗破孤闷。三碗搜枯肠，惟有文字五千卷。四碗发轻汗，平生不平事，尽向毛孔散。五碗肌骨清，六碗通仙灵。七碗吃不得也，唯觉两腋习习清生。"不过，坪坦的油茶歌更为直白简洁，它在提醒客人吃油茶要慢慢品尝。

因为油茶与坪坦人的生活是如此紧密，所以当地流传着很多与油茶相关的趣事。有一侗族姑娘嫁给汉族小伙子，年轻人之间能够很轻松地用语言进行交流，但是双方的家长交流起来就有困难。侗族的丈母娘不懂汉语，汉族的婆婆不懂侗语，二人围绕着油茶闹出了笑话。故事说，年轻的夫妇添了一个孩子，丈母娘当了外婆，自然十分开心，就上女婿家敬贺，吃"三朝酒"。婆婆这边当了奶奶，就遵照侗族人的习俗，给外婆敬油茶。外婆喝完一碗，觉得马上就要吃正餐了，于是说："饿了饿了。"侗语中其实是吃饱了的意思。奶奶当成汉语来听，又端上一碗来给外婆吃。外婆盛情难却，又吃了一碗，并说："饿了饿了，真的饿了。"奶奶听得这话，心想，侗族人真是很实在，饿了都是直说。于是盛了第三碗油茶递了过去。外婆心里直犯嘀咕，心想，我都说吃饱了，怎么还给我吃。但是她不好拒绝，吃得都想吐了。周围一同来的侗族妇女早已笑得直不起腰来。

值得一提的是，坪坦的阴米通常要染色，有红色和绿色，再加上糯米的白色，三种颜色交织在一起，十分好看。染色要在煮熟了之后立即进行，吴柳妮告诉我说，绿色是买来的一种颜料，红色则是采自当地的一种植物果实。她不知道这种植物的名字，也描述不出植物的形态。但是有一次，她带我们在野外考察的时候，突然有所发现，大声说："我们拿来把糯米染红的就是这种。"这种植物其实就是美洲商陆。

美洲商陆是商陆药材的一种，又称垂穗商陆。它的原产地不在中国，而在北美，是一种入侵植物。美洲商陆与紫茎泽兰、一枝黄花一起，并列中国入侵植物前三名。第一次在中国大陆发现它，是在1935年。不过，和外来危害物种加拿大一枝黄花相比，美洲商陆的传播速度还是比较慢的。它的种子主要通过鸟类传播。

美洲商陆生命力强，常野生于山脚、林间、路旁及房前屋后，平原、丘陵及山地均有分布。它喜温暖湿润的气候条件，耐寒不耐涝；地上部分会在秋冬落叶时枯萎，而地下的肉质根却能耐零下15℃的低温。它对土壤的适应性广，不论是沙土还是红壤土，不管肥沃还是瘠薄，都能长得枝繁叶茂。

美洲商陆全株有毒，根及果实毒性最强。茎干呈紫红色，夏秋季开花。果实为扁球形，一串一串挂在枝头。成熟时为紫黑色，挤开就有红色的汁液。因为形态极似马齿苋科的泸兰(俗称土高丽参或土人参)常被各地误当作土人参栽种而误用,引起中毒,出现严重呕吐或干呛症状。患者从嘴到胃均有灼热感,腹部抽搐、腹泻,严重的甚至会导致心脏停搏而死。因为误食美洲商陆而被送往医院的事件,时可见诸报端。

不过,在美国作家梭罗的《瓦尔登湖》中,对美洲商陆的一段描写似乎表明它的果实可以食用,至少说明它的毒性并不至于危及人的身体:"美洲商陆果酸酸的,汁可以当墨水用,买的墨水无论蓝的红的都没它好用。九月将尽,这些只有三分熟的果子往往会带点苦味。"美洲商陆的成熟果实含红棕色色素,其中约95%是商陆素,用手捏一下黑色的果实,就会有紫红色的浆液流出。它可以当红色颜料,显然是理所当然的。

美洲商陆的果实,毒性较小,而且成熟之后毒性进一步降低,经过高温处理之后,毒性已经可以忽略不计,加上当作糯米染料的成分只需要很少,所以坪坦人喝了用美洲商陆染色的油茶,身体并无不适。

美洲商陆虽然是一种外来有毒的植物,但是坪坦人经过巧妙利用,将之变成了极有特色的食品染色剂。这也可以从一个侧面反映出侗家人对待外来事物淡然处之的态度。他们的文化传统就在这种淡然的态度中一代一代沉淀。

当贵客进入侗族村寨,站立在大门两旁的侗家姑娘,就会捧上一碗芬芳四溢的油茶,并唱着油茶歌:"绿油油的茶林哟满山坡,浓浓的茶水哟好解渴;朋友啊,请到侗乡走一走,香喷喷的油茶哟请你喝。"

3.乌米饭

在坪坦村边的县道旁,吴柳妮指着一株高约两米的树,告诉我:"这是我们侗族人用来做乌米饭的。"这种树是杜鹃科的杨桐树,又称乌稔树、南烛,通常就叫乌饭树。

乌饭树生于山坡、路旁或灌木丛中,为常绿植物,喜光耐旱,耐瘠薄。树形不高大,枝条较细。叶为椭圆状卵形,叶柄较短。六七月份开白色小花,八九月份结紫黑色的小果,成熟时呈紫黑色,如黄豆般大小,里面有白色的种子。味道较甜,可以生吃。

制作乌米饭要用到两种材料——乌饭树叶子和糯米。制作时,摘取新鲜的乌饭树叶子,放到石臼里春碎后,贮到布袋里。连袋放到铁锅中,加水熬汤,直到变成紫黑色。而后去袋和叶渣,将精选的糯米泡进汤汁里,几小时后,捞起放到木甑里蒸熟即成。乌米饭色泽乌黑发蓝,并带有油光,香软可口。由于乌稔能起开脾、防腐的作用，故将乌米饭放在通风或阴凉处，可数日不腐。食用时，以猪油炒热，味道更美。

坪坦人在农历四月初八过乌饭节。关于为什么要在这一天吃乌米饭，当地的一位老人讲述了一个故事。很久以前，侗族有一位女英雄，名叫宜娘。当地官府压迫百姓，宜娘的哥哥带人反抗，被官府抓住关在柳州城，等候问斩。宜娘前去探监，想帮哥哥逃出来，问哥哥："哥哥，你还有没有力气?"哥哥说："关在牢房里，连饭都吃不饱，哪里还有力气。"宜娘每次送的饭，都被狱卒抢走吃掉。接连几天，哥哥越发瘦弱。宜娘十分着急，于是心生一计，采集了乌饭树的叶子捣烂，取出汁液浸泡糯米，再蒸熟。糯米饭就变成了黑色的乌米饭。

在农历四月初八这一天，她将乌米饭送到牢里，对狱卒说："与其让哥哥饿死，不如让我来毒死他吧。"狱卒见到这黑乎乎的东西，于是没有阻拦。宜娘的哥哥吃了之后，力气大增，挣脱了枷锁。兄妹二人奋力逃了出去。之后，汉族的《杨家将》在当地流传，故事于是又将宜娘演变成杨八妹，宜娘的哥哥变成了杨文广。这一天，杨家出嫁的姑娘都要回娘家，后来成为广泛流行的节日，称为"四八姑娘节"。

通道相邻的绥宁县的苗族，也在这一天过"四八姑娘节"。当地的传说与之类似，只是将杨文广直接当成了故事的主人公。相传杨文广在一次战斗失利后被敌军俘虏，囚禁于柳州城内，其妹杨金花为了让哥哥吃上饭，上山遍尝百草百叶，到山上采摘黑树叶榨汁，将一斗二升①糯米染黑蒸熟，在农历四月初八这天给哥哥送过去。狱卒看到黑米饭，不敢食用。杨文广吃了黑米饭以后逃了出来，但杨金花却牺牲了。为了纪念杨金花，此后杨家就专门把农历四月初八定为"姑娘节"。节前，各家忙着采黑树叶做黑米饭，杀鸡宰鸭，把嫁出去的姑娘接回娘家过节。

布依族中间也流传着这种故事。很早以前，布依、布尤(布依族对于苗族的称呼)在黑洋大箐跟皇帝的官兵打仗，布尤的头领被抓去关在牢房。布尤的百姓给他送饭，每次都被看守大牢的官兵抢着吃了，只给布尤头领吃很差的伙食。布尤头领一天天变瘦。布尤的寨老就请布依头领想办法。布依寨子几个纺纱的老太太凑在一起，结合给布匹染色的经验，最终决定用枫树叶子将米饭染成黑

---

① 1 斗 = 10 升 = 6.25 千克。

色。外表虽然难看，但是安全。狱卒看到这种黑糯米饭，没有兴趣吃，于是布尤头领就越吃越壮，身体得到恢复。此后，布尤头领逃出牢房，带领百姓继续抵抗官兵。但是在农历四月初八这一天，寡不敌众，被官兵射死。布尤百姓为了纪念他，就在这一天邀请布依百姓，一起吃乌米饭，祭祀战死的布尤头领。

福建、浙南的畲族也吃乌米饭，他们是在三月三吃。畲族吃乌米饭的来历有好几个，其中的一个与侗族和苗族的传说类似。唐代，畲族有一个民族英雄叫雷万兴，被敌方抓住关在牢房。他的饭量很大，一顿要吃一斗米，但是每次母亲送的饭都被狱卒抢走了。雷万兴的母亲想了一个办法，就是用乌饭树的叶子将米饭染黑。狱卒以为有毒，不敢再抢。雷万兴就靠着这些乌米饭存活，最终越狱逃走。后来，他在农历三月初三战死。族人为了纪念他，每年的这一天都吃乌米饭。这种故事大同小异，也可见民族之间的交流十分紧密。当然，畲族在三月三吃乌米饭，还有其他的几个说法，比如这一天是谷米生日，给米饭涂上黑色就是给它穿衣服；三月三吃了乌米饭，在山上干活就不惧虫蚁，等等。

从语言上来看，苗族、布依族和畲族属于苗瑶语族，侗族属于壮侗语族。属于这两个语族的民族，不论是在语言上，还是在文化习俗上，都与古代的百越族有一定程度的关系。因而，在关于乌米饭的起源这一点上有着类似的传说，也就不会让人觉得奇怪了。而这四个传说中的主人公各不相同，又反映出了他们各自有着独立的民族意识。除了布依族的传说中，主人公是苗族英雄之外，其余的三个故事都是本民族的英雄。故事的真假无关紧要，故事背后的深刻内涵才值得引起我们的注意。

汉族地区流传的关于乌米饭的传说也是如此。一种认为，吃乌米饭与佛教的目连救母有关。目连的母亲被关，吃不饱饭。目连就想办法用南烛叶捣汁染米，煮成乌米饭送去，饿鬼们不敢吃，母亲才终于得以饱腹。老百姓年年吃乌米饭，是为了纪念目连这位孝子。也有一些地方将传说追溯到战国时期的孙膑和庞涓。故事结构差不多，孙膑被关，受饥饿折磨。善良的狱卒非常同情他，用乌饭树叶捣烂浸汁拌糯米，煮熟后捏成小团子，偷偷给孙膑吃。因其形状颜色与马粪差不多，所以瞒过了庞涓，孙膑得以存活。

从汉族的文献记载来看，南北朝时期就有吃乌米饭的习俗，《荆楚岁时记》说："寒食取杨桐叶染饭，其色青而有光。"唐代的民间乌米饭更为流行，当时叫"青精饭"。宋代时，乌米饭成为寺庙的斋食。传说佛祖在四月初八显世降生，民间由此在这一天过浴佛节。佛教徒做乌米饭供佛，因而也叫阿弥饭。

关于乌米饭的染色植物，也有多种。明代方以智人《通雅·饮食》"青食迅饭"条下说："青食迅饭，乌饭也。今释家四月八作，或以乌桕，或以枫。"乌桕叶味苦而有毒，作中药常外用，用来做乌米饭的应该不多。枫叶中含有糖分，称为"枫树糖浆"，布依族尤其喜欢用其来烹饪，在其传说中，就是以枫叶染成乌米饭的。但是，做乌米饭最常用的植物，还是乌饭树。

坪坦的乌饭节，也是牛王节。他们认为，这一天是农人最忠实的伙伴耕牛的生日。牛在四月初八不让干活，并可以享用糯米、甜酒、鸡蛋这样的食物。人吃乌米饭，又叫吃牛饭。而且，汉族的一些习俗也传了进来。当地人都在这一天祈祷毒虫不来，说："四月八，送毛腊。"毛腊就是毛虫、蜘蛛、蜈蚣等毒虫。

尽管吃乌米饭不是侗族人独有的习俗，但它无疑是坪坦饮食文化的重要组成部分。乌米饭的色泽乌黑发亮，能让人产生食欲。从中医的角度来看，乌饭树的叶子有多种好处，益肠胃、养肝肾，对于具有脾胃气虚、少食欲、肝肾不足、腰膝乏力、须发早白等症状的人群来说，有一定的功效。

4.酸菜

对于很多都市的人来说，去一个陌生的地方品尝当地有特色的美食，是一件值得期待的事。尤其是在今天，蔬菜普遍都是大棚种植，以化肥、农药培养，十分让人不安，只有乡下还保留着一点以人畜粪便等有机肥料种植的蔬菜，被称为所谓的"有机食品"或者"绿色食品"。在那些偏僻的乡村出产的食品，在都市的餐桌上大都是珍品佳肴。

但是，如果带着这种渴望去坪坦村品尝美食，恐怕多少要带点失望。这并不是说，坪坦的食物没有特色，相反，它极具侗族风味，跟我们平常吃到的食物极为不同。坪坦村的食物，与其他侗族地区的食物区别不大，带有浓厚的侗族色彩。很多人到了侗寨吃饭，会发现满桌都是菜，但是无菜下饭。

具体来说，在坪坦的日常饮食中，尤其是荤菜，基本上以酸肉、酸鱼为主，放很多盐，特别咸。当地人制作腌鱼的过程较为简单，就是将新鲜的活鱼，包括鲤鱼、鲫鱼、草鱼、鳝鱼、泥鳅等，清理好内脏，撒上盐；再准备好糯米饭和辣椒粉，加水搅拌成糊糊状，称为"糟"；然后在木桶底部垫上一层糟，将腌好盐的鱼放在糟上，再覆上一层糟，盖上阔叶或者草圈，压一块大石头，不断地往里面倒清水，直到将之淹没。倒水的目的在于让食物隔绝空气，不至于腐烂。这跟汉族人做腌菜的道理是一样的。

腌制鱼肉的木桶，是用优质的老杉木制成的。高不到一米，为椭圆形，上大

• 侗家菜

下小。木桶用青竹篾箍起来，绕三四个箍。桶身的木板之间不留一点缝隙，箍好之后放在太阳底下晒，木板干了就会缩紧，于是再箍一道，再晒，再箍，反反复复，直到木板的水分完全晒干。接着在木桶外面刷上桐油，也是一遍干了之后再来一遍，反复好几次。这样才算完成桶身的部分。因为桶身上大下小，所以桶底的安装要从上往下放，到了一定的位置，就跟桶身结合了，然后再用锤子敲紧，如果跟桶身之间还有空隙，就用老杉木皮锯出来的细末填充。木桶做好之后，要装上刚刚烧制米酒的酒糟放置几天，既可以检验木桶是否严实，又可以让食物带上一点淡淡的酒香味。

之所以用木桶腌菜，是因为山里面杉木多，材料容易获得，而且侗族多木匠。现在很多人家也用陶缸来腌鱼肉，效果跟木桶腌制的差不多。

酸鱼一般要过一年以后才能取出来吃，颜色跟刚刚腌制的时候一样，红的地方是红的，白的地方是白的。吃一口，咸味、酸味和腥味并存，嚼过之后，才会感觉到一股淡淡的甜味。不能大口吃，但是很好下饭。一块鱼，可以就着吃一顿饭。有的酸鱼放了一二十年，仍然可以吃，而且被侗家人视为珍品，只有贵客上门的时候，才会拿出来待客。

腌肉的制作方式也与之类似。将肉切成薄薄的片或者块，一层一层地放进木桶。酸肉也是最让外人心存畏惧的菜，看上去跟生肉差不多，其实也真是生肉，从来没有近过火。当地人中，有喜欢吃酸肉的，一次可以吃十多块。除了猪肉之外，其他动物的肉也有被拿来腌制的。侗族人有打猎的习惯，捕获的野兽吃不完，就制成酸菜，鼠、蛇、蛙、蝌蚪、四脚蛇、幼蝉、蝗、蜂蛹、石蛙、穿山甲、囡囡鱼、鹿、麂子等都在其中。据说，其中以鹌鹑的味道最佳。

侗族饮食最大的特征是"侗不离酸"。当地的俗语说："三天不吃酸，走保打倒窜。"不吃酸，浑身都没有力气。在侗家菜中，带酸味的占半数以上，有"无菜不腌、无菜不酸"的说法。上面所提及的酸鱼酸肉，当地人也视为酸菜的一种，但味道其实不怎么酸。真正具有"酸"味的酸菜，主要还是以各类蔬菜为原材料制成的。

制作酸菜，先要准备好酸水。酸水装在酸罐中，其形状如同一个大肚茶壶。每次做饭的淘米水，就倒在里面，再放在火塘边烤。等水分蒸发得差不多了，又将新的淘米水倒进去。时间久了，水分析出，淀粉沉淀在罐底，并在里面发酵、变酸。这种酸水很有侗族特色，跟普通腌菜坛子里面的酸水有很大不同，而且酸水中的淀粉糊还可以保养头发。

老一辈的坪坦妇女，都喜欢将这种淀粉糊涂抹在头发上，用头帕包裹半天，让其中的营养对头发进行充分滋养。每月坚持两次，不仅去屑，还可使头发乌黑发亮。相对于今天市场上的护发用品而言，这种无副作用的侗族"护发素"要环保得多。坪坦村的很多老太太，八十多岁了，头发仍然黑而浓，与之不无关系。

对于坪坦村来说，这样的酸水几乎是家家必备，制作酸菜的时候，就拿出来，加盐，煮开；再放进去蔬菜，再煮一遍；然后将蔬菜放入泡菜坛，拌上酒精和芝麻、黄豆粉，密封深埋，到了一定的时间，就可以吃了。酸菜的保存时间，不如腌鱼、腌肉那么久，但也可达两年。碰上坪坦村的重大节日或者是婚丧之事，吃宴席的时候，几乎碗碗见酸。

酸菜原材料的品种很多，根据主人的喜爱而定，白菜、黄瓜、竹笋、萝卜、蒜苗、生姜、葱头、芋头等，都十分常见。此外，刺梅、猕猴桃、乌柿、野杨梅、野梨、藤梨、饱饭果、刺栗、大王泡这类瓜果也可以当作原材料，甚至嫩的松树皮、桑树皮、香草根等，也能用来制作酸菜。

无论是腌鱼、腌肉还是普通酸菜，都是与侗族所居住的山区环境有一定关系的。过去，山区地方偏僻，生产力不发达，要花大量的时间来获得食物。所以一旦有剩余的食物，就要想办法保存。汉族地区一般通过食盐腌制的方式来制作腊肉、腊鱼、泡菜等。食盐能够让新鲜食物的水分析出，组织软化。这样既保存了食物原来的风味，又由于微生物、酵素等的作用而形成新的香味。最主要的是，食盐可以防止腐败菌的繁殖，从而达到保存食物的目的。

尽管以今天的饮食标准来看，酸菜并不是一种健康食品。它含有大量的盐，仅仅能提供一些热量，别无其他营养。而且，所有腌制的食物都会产生亚硝酸盐，长期食用会致癌。亚硝酸盐发现了一百多年，一直以来，科学家都认为它没有一点好处。直到2014年，美国国家卫生研究院的科学家发现这种致癌物能制作成药物，用来治疗镰状细胞血症和心脏病等多种疾病。

在临床试验时，他们给健康的志愿者注入微量亚硝酸盐，结果其体内的血液流量增加了两倍。而当志愿者运动时，体内的亚硝酸盐含量马上直线下降，说明身体正在积极使用亚硝酸盐。所以，科学家认为，亚硝酸盐可以用作药物，用来治疗镰状细胞血症、心脏病、脑动脉瘤等和血液流量有关的疾病。

不过，不论外人如何看待他们的酸菜，祖祖辈辈的经验都告诉他们，食用这类食物有很多好处。首先，便于储存和携带。他们的田地离住处都很远，出去劳作，中午都不能回来吃饭，所以要带上饭菜出门。酸菜不需要加热，带一点就可以吃一顿饭。其次，酸菜能祛虫防毒，随便放在野外，也不会有虫子爬进来吃。最重要的是，酸菜能够促消化，防止拉肚子。侗家人的主食以糯米为主，能抗饥饿，但是难消化，而酸菜能让胃的消化功能得到增强。外人喝山涧中的生水会拉肚子，但侗家人不会，这可能与他们经常吃酸菜有关系。

坪坦当地的长寿老人很多，虽然不能说完全归功于饮食，但至少说明，酸菜这类含亚硝酸盐的食物并不像宣扬的那么可怕。在坪坦一带流传的一个用酸水救人的故事，或许正好说明了酸与侗族人的关系。侗族人将生长在田里或者鱼塘里的一种绿色藻类植物——青苔称为"斗抗"，用酸水煮斗抗，是一道菜肴；但有的时候，也是一剂良药。

5. 侗不离鱼

坪坦寨子中间，飞山宫的前面，有几口连在一起的水塘。平时，人们会坐在旁边的凳子上享受休闲的时光。水塘中，有金色或者红色的鱼在水底游来游去。村民在每一口池塘中间都细心地搭起了一个小凉亭。凉亭很简陋，就是用四根木桩支起一个架子，上面铺上木板，盖上土，一两年过去，上面自然会长满野草。夏日太阳直晒的时候，鱼儿可以在底下躲避。不只是坪坦村如此，在周围的其他侗寨，也有这样的景观。比如芋头寨，鱼塘中的小凉亭更讲究，简直就是侗寨鼓楼的一个缩小版。不过，现在村子中间的池塘里大多是观赏鱼，是为了

• 九十八岁的老太太

配合旅游的需要才养殖的，通常不吃。

坪坦人吃的鱼，大多养在村外水田边上的水塘中。吴柳妮前几年才从山上搬下来，她家的田地都在山上。鱼塘就在稻田的中间，主要是鲫鱼、鲤鱼、草鱼这几种。鱼塘边上有一种鱼香草，将鱼捉上来时就顺便扯一把，用来做调料，能使鱼片散发出特殊的香味。鱼塘中的水不深，这使得鱼能长期接受光照，因而营养更加丰富。

由于水草茂盛，可以减少太阳的照射，降低暑气，因此水塘中的温度不至于高到让鱼儿死亡。夏天正是鱼儿生长的季节，吴柳妮的父亲跟其他村民一样，每天都要早早起来，进入山中，割草喂鱼。鱼都养在平时人迹不到的地方，池水也不深，很容易捕捞，但是他的鱼塘中的鱼，从来没有被偷过。

坪坦人用来在水塘中捞鱼的工具，是棉线缝制的网。渔网很小，一般是用藤条或者竹篾弯成一个水桶大的口子，在执手的一端绑上一根木棒，一米多长。网格较大，一般的小鱼都能从中间溜出去。这种网主要是在鱼塘的水放干之后，用来捞大一点的鱼的。下雨的时候，常常有老太太拿出家中的渔网，坐在屋檐下修修补补。其他没有什么事的老太太，就在旁边陪着聊家常。渔网，也因此成为侗家人相互联系的一个媒介。

鱼，是侗族人餐桌上的重要食物。通道县西边的播阳镇，就以腌鲤鱼闻名。从水塘中捞出新鲜的鲤鱼，去内脏，洗干净，放盐泡一晚；捞出滤干水分，拌辣椒粉和炒米，放木桶里腌一个月即可食用，酸而脆，很受当地人欢迎。不过，这

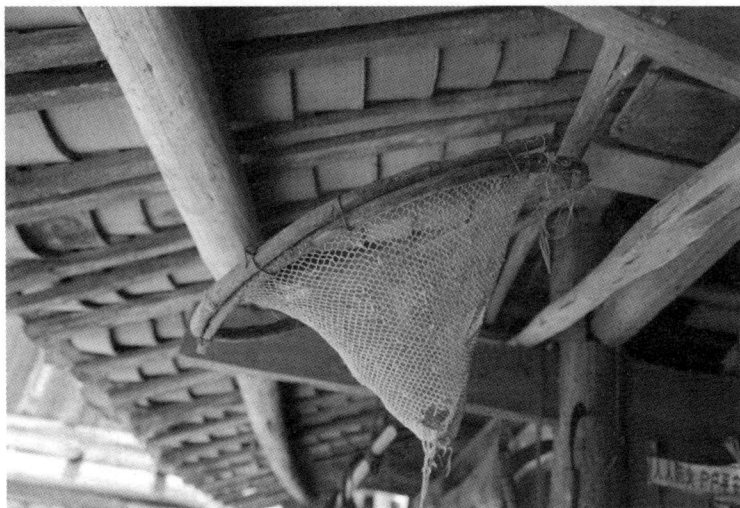

● 渔网

种腌制的方法简单，不能久存，开坛之后一个月内就要吃完。

相对来说，坪坦的腌草鱼的保存时间要远远超过播阳的腌鲤鱼，放上三十年也不会变味。坪坦人家里通常都备有这种腌草鱼，遇到老人去世，或者贵客上门，就可以拿出来食用。从池塘中捞出新鲜草鱼，去掉内脏之后，拌上粗盐，搁置一晚；第二天捞出滤水，拌糯米饭之后再装进木桶中；放一层鱼，压一层棕片；加上内盖，压上石块之类的重物，重可达几十斤。石块的重量会迫使盐水上浮，覆盖在内盖上，以达到隔绝空气的目的。再将木桶的外盖盖上，腌草鱼的工作就完成了。用这种方法制作的腌鱼，鱼肉紧密，色泽暗红，咬上一口，咸味、酸味、香味皆备，由于盐多，吃了容易口干，但是随便喝冷水也不会拉肚子。坪坦的腌草鱼可以存放很多年，对于侗族人来说，去别人家做客，能在餐桌上吃到这样的腌鱼，就说明自己在主人心中的地位很高。

腌鱼只是坪坦人众多吃鱼方法中的一种。"侗不离酸"，酸鱼自然是坪坦人的最爱。除了腌酸鱼之外，他们也用酸水煮新鲜的鱼来吃，称为煮鱼酸。坪坦煮鱼所用的酸，不是买的醋，而是自己用米汤制作的酸水。酸水的制作方法，在上文中已有说明。煮鱼的时候，先将酸水倒进锅里，把清理干净的鱼放进去，直到酸水煮干，酸味进入到鱼肉之中，再加冷水煮几分钟，放上鱼香草、紫苏、辣椒之类的调料，就可以吃了。

煮鱼酸一般在冬季进行，前一天晚上煮好，第二天吃冻鱼。吃冻鱼的习俗，据说始于杨姓侗族人。传说，杨姓祖先生有八个子女，他们吃冻鱼是为了纪念当初进寨的日子。纪念日只有一天，但兄妹八人都很孝顺，争着要老人到自己家里来吃。为了公平起见，老人到每家吃一天。初一在大郎家，初二在二郎家，以此类推，初八吃完八妹家的饭才算进寨的纪念活动结束。这个故事反映出侗族人尊老的传统。演变到今天，每年的农历十一月初一至初八，就成了杨姓侗族人的吃冬节，后来也流行于侗族的其他家族中。

另一个故事说，当年侗族祖先在迁徙的过程中，正是冬天，两兄弟在中途饿得不行，煮了一条鱼准备吃。突然追兵赶来，两兄弟赶紧停下筷子，躲了起来。等追兵过后，鱼已经结冻了。兄弟俩顾不上再加热，直接将冻鱼吃了，结果发现味道也不错。于是，以后每一年的这一天，兄弟俩都要煮鱼，等它结冻了再吃。其他人也效仿他们，吃冬的习俗就流传开了。

吃冬，是"吃冻"的谐音，主要就是吃冻鱼。在吃冬节的前一两天，将池塘里的水放干，将鱼捞起来，制作成酸鱼汤。在严寒的冬季中，汤水凝结成果冻一般的半透明物，晶莹剔透，用筷子夹起来，软而滑，富有弹性。

烧鱼也是坪坦的侗家人喜欢的一种菜肴。烧烤的方法有两种：一种是于暗火上烘烤，以内脏烤透、色黄不焦为佳；另一种是将鱼置于干茅草之中烧炙，等草烧完之后，鱼也就透熟了。用干茅草烧鱼，鱼肉中带有芳草的清香。鱼烧好之后，可将烤辣椒捣碎，加葱蒜、芫荽等佐料拌成辣酱，蘸上辣酱和酸汤拌食。也有人喜欢将烧熟的鱼捣碎，拌入辣酱中享用。当然，用酸汤拌鱼也是侗家人的最爱，就是将芋头酸汤、辣酱和烧鱼捣碎，拌匀食用。

没有去过坪坦的时候，我以为现代吃生鱼片的只有日本人。日本料理以生鱼片最为著名，它堪称日本菜的代表作。制作生鱼片的原料以深海产的鱼类为主，如三文鱼、旗鱼等。绿芥末和日本农口酱油为佐料。但是，有一天在餐桌上，原先担任过坪坦村支书的杨叔告诉我，侗族人也爱吃生鱼片。其实，在中国古代，生鱼片是常见的鱼类菜品。它大概是远古遗风，是侗族先祖在长期的渔猎生涯中发明的一种食品。

侗家生鱼片，以淡水鱼为原料，主要是草鱼。草鱼的大小有要求，不能太小，太小不好切片；也不能太大，太大了鱼肉不够嫩。一般来说，养了三年左右的草鱼最合适做生鱼片。草鱼要新鲜，将其洗净去鳞，破肚去内脏，洗去血水，去头去尾，晾干水。

洗净案板晾干，用快刀剃去鱼骨和鱼刺，也有的是用钳子将鱼刺一根一根地拔掉。去掉了鱼刺，还要去掉鱼皮。用刀在鱼尾斜着切入，再平着砧板慢慢向头部推去，鱼皮就与鱼肉剥落了。擦干血迹，包好后置于冰箱中三四个小时。

吃的时候，拿出来，将鱼肉切成桃花瓣大小的薄片，规整地摊中盘中。吃生鱼片所用的佐料不是芥末和酱油，而是带有浓厚的侗家特色的鱼香草、香蓼草、薄荷草等，选取适量，剁成碎末，加上生姜、大蒜子的碎末，然后加入酸辣椒酱（或酸辣椒水、酸藠头水），拌成浓汤。若是觉得不够酸，还可加几滴白醋。这些准备好了，就可以吃了。

我们去的时候，正是夏季，不是吃生鱼片的时候。杨叔说："吃生鱼片时，将鲜美的鱼片放入佐料汤里，浸泡片刻就可以吃。不能泡得太久，因为泡久了鱼肉就会老化，嚼起来跟吃柴一般，没有鱼肉的新鲜味道。边吃边放，一边感受生鱼片的细嫩鲜美，一边喝着侗家的米酒，跟朋友家人聊聊家常，是人生一大乐事。若是稍带弄一点佐料碎末一起吃，又是另一种风味。将生鱼片细细咀嚼，可以品出一股清甜凉爽之味。吃生鱼片，能开胃、醒脑、解酒，为无上佳肴。"在杨叔的描述中，生鱼片成为侗家吃鱼的最高境界。

石婶告诉我说："村里谁家做喜事，都要做生鱼片招待客人。"

坪坦附近的村落，以前还有另一种生吃鱼肉的方法，就是在田中将活鱼捞出，洗净去鳞，去内脏，去鱼刺，切成小块，不放任何佐料，只用盐巴拌着吃。这种方法较为古老，现在已经很少有人这么吃了。至少我在坪坦的这段时间，都没有人提及。

鱼塘中野生的小虾，也不会浪费。按照侗家人腌制生食的传统，他们将生虾与干辣椒粉拌后舂碎，再加上米粉、豆粉、生姜末、橘皮、盐巴等搅拌均匀，封存于坛中，以备日后食用。需要吃时，或者以油煎熟，或者用来炖汤，香气四溢。

现在，坪坦村边上的几口大池塘，已经被村里人承包了，用现代的方法养鱼。这些鱼在市场上出售，坪坦人自己也会买回去食用。而且，由于人口增加，耕地减少，原来养鱼的池塘大概也要改为水田了，家家户户养鱼的侗族传统也在慢慢改变。说不上是好或者不好，因为传统也是一个不断变化的东西。

捞鱼的方式也发生了变化。石婶说："坪坦河里原来有很多鱼，现在没有什么了。最近几年，经常有人在里面捞鱼，半夜都有人用电网去网，大的小的全打死了，一下可以打上几十斤。"

外地人到坪坦，能够尝试这里腌制的生鱼的人，并不太多。坪坦人自己也有一些并不爱吃腌鱼。尤其是年轻人，大多接受了垃圾食品和健康食品的概念，都将腌鱼这类含盐量高的食物视为对身体有害的食品。而且，淡水鱼比海水鱼身上的寄生虫要多，并不是做生鱼片特别好的材料。侗家生鱼片的味道即使再鲜美，也不适合经常食用。我在坪坦待过的日子里，石婶显然非常尊重外乡人的饮食习惯，腌鱼之类的菜端出来，只是一个摆设。她给我们做的鱼，都是市场上买来的新鲜鱼。

石婶的一番话，也许能代表许多坪坦人的饮食观："我们侗族的腌鱼腌肉，生的，而且很咸，怕你们吃不惯，都蒸熟了。平时杀了猪，新鲜的猪肉吃几天，剩下的都做腌肉。我们喜欢吃生肉。"

6. 米酒

坪坦村杨叔说："我们侗族人，好喝酒，能喝酒。"在重大场合，坪坦人迎接外客的时候，都要让客人喝拦门酒。这种习俗，在其他的侗族、苗族中都有，并非是坪坦特有的习俗。客人来了，寨子里的姑娘在门口排成两排，唱民歌，捧着酒杯，请客人一口喝干，才允许进去。酒，是他们自己家酿的米酒。

米酒酿造的原材料以大米、玉米、红薯、高粱等粮食为主，度数较低。男女老少，普遍都能喝一点。在包括坪坦在内的侗族地区，酒从来都是重要的饮料。日常生活和婚丧节日，宴席上都离不开酒。当地人说："请客吃饭没有酒，席上山珍也空有。"

米酒是一种蒸馏酒，它的原料主要是籼米。选好30斤籼米，用大锅煮熟，出锅后，摊开晾干，自然冷却。但也不能让其完全冷却，而是在尚有余温的时候，将烧酒曲放进去，搅拌均匀，放到大缸里发酵。等到肉眼可以看到酒水了，就可以开始烧酒了。烧酒时，要将发酵好的酒糟放进烧锅中。

烧锅是一口又大又厚的铁锅。在锅上盖上一个酒甑，再盖上一口小而薄的大锅，大锅里装上冷水，用来对酒进行冷却。酒甑是酿酒最重要的工具。它用杉木板制成，高不到一米，如同一个木桶，但是没有底。酒甑用竹篾片箍了两道，再用铁丝箍了三道。下面四分之一处，斜插着一个木制的嘴，称为枧槽，酒就从这个地方流出。

大火烧开酒糟，酒蒸气在酒甑中往上升腾，遇到大锅之后冷却，凝结成酒，沿着大锅底部落入枧槽，再从枧槽中流出，进入装酒的瓮中。酒的温度会将大

●杨建唐展示酿酒工具

锅变热，当大锅内的水达到一定的温度后，就要换水，保持大锅的冷却功能。

第一锅水冷却的酒，叫作头锅酒。第二锅水冷却的酒，度数最高可达60°，称为二锅头。到第四、第五锅水的时候，酒的度数就逐渐降低了。将这些酒装在一起，酒精度大约为30°。米酒的度数可以根据个人的口味来决定，喜欢高度酒的，就少烧几锅水；喜欢低度酒的，就多烧几锅水。

米酒的酿造，对于酿制时的温度、发酵时间的长短、烧制的工艺流程等都有特定的要求。它们直接关系到酒质的好坏与出酒率的高低。酿酒的时间一般选在夏秋两季进行，因为这两个季节气温较高，发酵彻底，酒质好，出酒率也高。

其他粮食也可以酿这种蒸馏酒。红薯酿的是红薯酒，玉米酿的是苞谷酒，高粱酿的是高粱酒等，它们的酿造方法都跟米酒是一样的。

从酿酒的历史来看，蒸馏酒的出现非常晚，直到元代才有。在此之前，中国人所喝的酒，都是直接发酵得来的。这种酒的度数很低。在坪坦村，人们将这种方法酿出来的酒称为苦酒或者吊酒。吊酒是一种古老的酿酒方法酿出来的。

酿吊酒的原料就是侗家最喜爱的粮食——糯米。糯米的糯性越好，吊酒的质量就越高。好的吊酒，为淡黄色的浆水状，被称为侗家"土茅台"。酿制吊酒时，要准备好30斤糯米，淘洗之后浸泡一天，再用酒甑将其蒸熟。降温之后，按比例拌入甜酒曲，置于大瓮中发酵。发酵的时间在不同的季节有不同的要求。夏天大概十多天就可以了，冬天一般要一个月。糯米发酵后，变成糟状，被自身蒸发的酒水浮起来，就说明已经发酵成功。这个时候，要用纱布挤滤酒糟。将挤出来的酒，加入相同比例的凉开水，再放入大瓮中进行第二次发酵，半个月到一个月之后，吊酒就可以饮用了。

讲究的人家，还会在九月初九这一天酿"重阳酒"。有的人家喜欢将重阳酒密封于坛内，放在火塘边慢慢温烤，或埋在肥堆里等它发酵。过年的时候再拿出来招待贵客，倒出来时酒液黏结成丝，味甜过蜜，醇香异常。

因为加了很多水，所以吊酒的度数不高，入口有一股甜味，口感好，喝几碗都觉得没有什么，但是后劲特别大。往往有人不懂，要喝到一定程度才发现有点醉意，但过一阵就会完全醉倒。

相对来说，这两种酒的酿造是较耗工耗时的，而坪坦人喝的最简单的酒就是甜酒。选取最好的糯米 20 斤，浸泡一天，放入酒甑蒸熟，冷却后拌入酒曲，发酵三五天就可以饮用了。炎热的夏季，男人出门上山劳作归来，妻子会用冰凉的泉水冲兑上一碗甜酒，可以驱赶掉一天的疲惫。寒冬季节，亲朋好友上门，女主人用甜酒煮上一个鸡蛋，端给客人，就是最好的御寒食品。

还有一种酒，是用一半米酒和一半吊酒混合在一起，放在大瓮中酿制一个月左右而成的，称为套缸酒。套缸酒的度数在米酒和吊酒之间，有的喜欢喝甜一点的，就在里面加上冰糖。

坪坦村家家户户都喝自己酿的酒，但不是家家户户都有酿酒设备，只有一些家境较为优越的人家才会备置这套工具。比如，坪坦村老人协会的杨雄义会长家里，就有这样一套设备。它被安置在底楼，靠近自家的水井。除了自家用，有时候，没有酿酒设备的左邻右舍，也会把原料拿过来，用它酿酒，以备逢年过节时所用。

尽管坪坦人在重要节日和重要的宴席上，喝的都是自家酿的酒，但在平时，他们也喝啤酒和其他在市场上买的白酒。自家酿酒，大概有几个原因：一是它比较省钱；二是老一辈人已经喝习惯了；除此以外，就是它已经成为一种传统性的象征。当外来事物持续介入坪坦人的生活时，他们没有办法拒绝，只有诸如自家酿酒这种传统的生活方式，还能让他们时不时想起，自己是什么人，来自哪里。

第4章

服饰

1. 历史

侗族祖先为百越，先民为了生存，早早就开始了"披发文身"的生活。披发，就是将头发留长披在身上，可以抵御一部分风寒；文身，则是在身上绘满图案，一方面可以起到装饰的作用，另一方面也可以吓退野兽。随着采集和狩猎生活的发展，侗族先民开始利用外界的一些事物来抵御风寒，如野草、树叶、树皮、羽毛、兽皮等。

在今天的西南少数民族中，我们仍然可以见到许多活生生的例子，它们在一定程度上能反映出早期侗族先民的衣服所使用的材料，对于我们今天的服饰研究仍然有着重要意义。

草衣一般是用山草或稻草编成蓑衣，做挡雨及御寒用，但也有用于穿着的。云南民族学院于 1988 年在文山州彝族地区征集到一件草衣，是用稻草编成的，工艺粗糙，形制古朴，犹如稻田中赶鸟的稻草人，但却明白无误是"衣"。草这一种得来十分容易的自然物，肯定是人类早期的衣料之一。

在古籍中，很早就有关于少数民族以树叶树皮为衣的记载。陈鼎的《滇黔记游》说："夷妇纫叶为衣。飘飘欲仙。叶以野栗，甚大而软，故耐缝纫，具可却雨。"制作衣服的树皮，最常见的是构树。构树又叫构皮树，桑科，落叶乔木，高可达十五六米，在云南山野有大量生长。构树叶呈卵形，有缺裂，较肥大，披硬毛，可以互相沾连成片，不需缝纫，构树皮由韧性极强的长纤维组成，是造棉纸和搓制绳索的好材料。云南的克木人从构树干上削取一米多长的树皮，在水里浸泡二十天左右，取出用木棒锤打，洗去灰黑色外皮，便成了结实坚韧的衣服料子。

兽皮为衣服，直到今天还是一种时尚。在我国古代以兽皮为衣的例子也不少见，只不过制作工艺没有今天这么讲究。《韩非子》说："古者，妇人不织，禽兽之皮足衣也。"唐代樊绰的《云南志》记载，很多少数民族都穿兽皮衣服。现在云南少数民族穿兽皮的实际情形，和樊绰千年前的记述大体一致。

当纺织的技艺发展起来以后，人们逐渐用纺织品代替一些天然产品作为衣料。在这些纺织品中，值得一提的是麻布。麻布在我国南方少数民族中使用的历史已经相当长久。杨慎的《南诏野史》中说，傈僳族在南诏时期就"衣麻披毡"，而实际上"衣麻"的历史还要早得多。在明清时期的地方志中，有不少少数民族"衣麻"的记载，如嘉庆年间编的《景东直隶厅志》就记载，当时的彝族人，男的穿麻布制作的短衣裤，女的头上戴着麻布头巾，身上的百褶裙也是麻布。

当时的社会分工是："男务耕，女织麻布。"

现在，某些地区的少数民族还穿麻布衣。苗家妇女更离不开麻布，织麻是苗族妇女不可缺少的手工劳动，她们漂亮的花裙子就是用麻布制作的。从种麻到缝成裙子，要经过三十多道工序。麻棵长成，就割倒绑成捆露晒，待麻皮发黄就撕成线条，然后捻成线团，再用灶灰水煮沸，经多次漂洗使之雪白，晾干后便可织成麻布。做成百褶裙后，还要绣上鲜花、云彩、鸟兽、鱼虫等。许多少数民族都有过"衣麻"的历史。

侗族的先民居住在岭南地区，属于亚热带，雨量充沛，气候湿润，是植物天然的王国。各种富含纤维的植物资源尤其丰富，它们可以用来捻线织网，纺纱织布，如苎麻、木棉、芭蕉、葛藤等，都被侗族先民用来织布。据宋代朱辅的《溪蛮丛笑》记载，当时西南一带包括侗族在内的少数民族没有棉花，就收集茅草的花絮代替，来制作被子，叫芦花被。中华人民共和国成立前，有些缺少棉花地的穷人，仍然用芦花做被。

侗族在与周围的民族相互融合的过程中，也不可避免地受到其他民族的影响。到了农耕时代，侗族先民在不同地域利用不同的自然条件，开始了从以葛藤草蔓到以麻纤维为主要原料的纺织文化，再到以蚕桑业为主的丝织文化，然后发展到以棉花生产为主的棉纺织文化和化工纺织品文化。这段衣料发展的历史，在侗族古歌或汉人典籍里有一些反映。《侗族祭祖歌》唱道："我们的祖先，葛根当饭吃，葛藤为衣穿，软草编成裤，蔓茎织衣服，他们太辛苦。"

对于侗族先民的棉织品，历代典籍多有夸赞。李延寿《北史·僚传》载："僚人能为细布，色致鲜净。"《宋史》记载，北宋时靖州等地纺织的班细布、白练布、白绢等均负盛名，有的甚至成为进奉朝廷的贡品。

《溪蛮丛笑》载："犵狫裙，裙幅两头缝断，自足而入，阑斑厚重。下一段纯以红范，史所谓独力衣，恐是也。盖裸袒以裙代袴，虽盛服不去。去则犯鬼。""裙幅两头缝断，自足而入，阑斑厚重"，这里写的是侗苗等诸族的裙子。

明代弘治《贵州图经新志》记载，当时侗族妇女服饰"刺绣杂文如缓"，"织花细如锦"。清代《柳州府志》对今天三江一带的侗族人服饰有着较为详细的描述："罗汉首插雉羽，椎髻裹木梳，着半边花袖衫，有裤无裙，衫最短，裤最长。女子挽偏髻，插长簪，花衫、耳环、手镯与男子同，有裙无裤，裙最短，露其膝，胸前裹肚，以银镶缀之，男女各徒跣。"

侗族服饰布料基本上经历了树叶树皮—草本蔓茎—葛布—麻布—丝绸—棉

布—化工布料等几个阶段。当然，有些并没有截然的时间先后，因为在现实生活中，新的布料使用后，旧的布料并不会立即退出，而是为那些老人所沿用。如棉布大约在元明的时候出现于侗族地区，但是直到1949年前后，坪坦一带有些经济较为困难的人家，仍然用自制的葛布或者麻布来缝衣服穿。

到了近代，由于木材贸易的繁荣，商品经济的发展，侗族地区与汉族发达地区的交往日益频繁，大量工业棉布才从湖广涌入侗族村寨，逐渐冲破了当地自给自足的自然经济结构体制，市场上的工业棉布取代了相当份额的家庭土布。

清末，棉布经营的规模加大，广西、贵州和湖南一带的侗族地区，出现了大的棉布商号和若干棉布商贩摊子。二十世纪二三十年代，京沪一带工厂织造的现代化面料和外国面料也涌入侗族地区。抗日战争时期，江道阻塞，外来布料断货，于是，侗族地区又加大了棉麻种植量，自纺自织自染自用的家庭纺织业在恢复扩大。

中华人民共和国成立前和成立之初，侗族地区的主要布料依然是自制的土棉麻布。同时由于传统观念的影响，侗族妇女仍以用自产的土布缝制衣服为贵为荣，排斥外来布料。因此，尽管外来布料在近代就已进入侗族地区，但是，侗族的使用者不多。改革开放以后，和广大侗族地区一样，坪坦也在发生变化，工业化布料已被众多侗族人所接受。

侗族的汉化最明显的就是服饰的改变。改变，总是先从年轻人身上开始。在坪坦虽然有不少的侗族青年男女已融入现代时尚的行列，但是我们还是经常见到许多身着传统侗族服装的妇女和老人。

任何民族在形成自己的文化传统的过程中，都不可避免地要受到其他民族的影响。坪坦的侗族也是如此。我们今天看到的坪坦侗族的民族服饰，已经融合了多个民族服饰之所长，形成了自己特有的服装款式。到了现代，基本保留下来的形制是：男装为对襟衣宽裤式，女装有对襟衣裙装式、交襟左衽裤装式、交襟右衽大襟裤装式和交襟左衽裙装式。

现在我们熟悉的侗族服饰的大部分款式是接受其他民族服饰影响而形成的，而接受最多的就是汉族的服饰款式。如侗族所穿的右衽或左衽服，其款式在汉后唐初为胡人所穿，至中唐开始成为汉装，在中原大地流行，以后则为侗族所用。侗族绣有花纹图案的肚兜，则源于宋代汉人的服饰。

侗族服饰中的托肩与元代汉族的云肩装束有关联。元朝时汉族妇女在衫襦之外肩上饰有云肩。云肩始于北方少数民族地区，元代起，被其他民族的妇女用来装饰衣服。后传至侗族地区，侗族妇女将之改造为托肩。

清代的汉服沿袭明代，衣裳多为右衽，大襟或对襟，但袖管比明代的窄小，衣袖镶边较多，下身则改明代的外裙内裤为单穿裤，这种汉族妇女服饰也被侗族妇女所采纳，现在在坪坦仍可见到。源于清代满族旗装的汉族男装长袍马褂，成了侗族寨老服，又演变成如今传统的侗族老人服装。同样源于清代满族旗装的汉族女装，交领衣成了侗族妇女的服装，大襟衣成了侗族老年妇女的服装。

百褶裙乃苗族服饰，因为苗族多与侗族杂居，因此，被侗族妇女所采用。百鸟衣是在唐宋流行的华贵服饰，大概由东汉时汉族男子所穿的直裾襜褕演变而成。在元代之后，侗族人将其采用。至今坪坦侗族举行大型舞蹈"芦笙踩堂"时其仍为男子们所穿。

除了上述列举的之外，坪坦侗族服饰还受到壮族和瑶族等周边民族服饰的影响。

2. 织布和染布

传统的侗族服装，其布料都是自己纺织和染色的。织布要用到纺车。纺车有两种，一种是将棉花纺成纱布，另一种是将纱线纺上纱筒或者纺上纱骡子作为织布绣锦中的经纬线。它们的区别并不大，都是用杉木制成基座，两旁竖着两根枋，中间有一根主轴，可以旋转。主轴上套着木条或者竹条制作的车叶，用麻绳将交叉的车叶绕成一个圆形框架，并在框架上再缠上一根纺车带。主轴延伸到外面，连接一个摇手。摇动摇手，带动车轴旋转，车轴上的圆形框架跟着旋转，就牵引出长长的纱。这就是看上去极富田园诗意的纺纱。纺纱车看上去极为简单，但十分实用。

纺好的棉线还需要进行煮纱和上浆。一般使用魔芋水进行上浆，这样能够增加棉线的韧性和牢度，不容易折断。魔芋为天南星科，属多年生草本植物，自古以来就有"去肠砂"之称，被联合国卫生组织确定为十大保健食品之一。魔芋不仅可以吃，还是加工侗布的一种重要材料。坪坦村里里外外，到处都种着这种植物。它不需要大面积种植，只要有一小片土地即可。

● 纺车

● 纺纱

● 织布

　　整经是织作前的一道重要工序，其目的是将纺锤上的棉线平行地卷绕在经轴上，由溜眼、掌扇、经耙、经牙几部分构成。溜眼是指在竹竿上穿的铁丝环，做导线用；掌扇近似现代的分交箱；经牙为经床上钉的细木桩。整经时，将煮好晾干的纱线放在巨大的整经床上理顺，分别用木钩将纱线一根一根地穿在竹箔上，以整理纱线。

首先将纺锤上的经线通过溜眼、掌扇，牵经人的手来回梳理缠绕两边经耙上的经牙。经耙式整经方式相当于近代纺织机械的分条整经。达到需要的长度后，将经线依次穿入形状像梳齿一样的"筘"中。"筘"是织布机上的重要机件之一，它的作用就是确定布幅的宽度，使经纱按一定的宽度排列。

待所有的纱线穿完，依次卷在卷经板上面之后，一人拉紧卷经板，另一人来回用竹筘梳动纱线。待所有纱线整理顺畅，就将卷经板和竹筘装上织机，开始织布。织机一般是自制的斜织机，不仅可以用来纺织平纹织物，也可以织出提花织物。用粗纱织成的斜纹状的布，被称为"酥绒"，用来做棉衣和棉被的里子，非常暖和；用细纱织成平布，多用来做夏天单衣和冬天内衣。

织成套格方形图案的叫"双堂布"，织成网纹的叫"棉给"。棉给分大网纹和小网纹两种，网纹布与双堂布多是染成青布或亮布后用作棉衣的布料。此外还可加上各色丝线织成手巾，加上淡蓝纱织成秋衣，加上青纱织成花格包头帕等。手艺一般的人就织平布，手艺高的人可以织出斜纹布、花椒眼布、辫纹布等。

布料织好之后，必须要经过染色才能制作成服装。侗布有青、蓝、紫红等颜色。其中蓝色的侗布染制相对简单，只需用"傍嗯"（侗语汉音）染色即可。而青、紫红等色则需在蓝色侗布上再用其他的染液染就。紫红色的侗布需用"梁"（侗语汉音），青而带红的侗布需用柿子皮、朱砂根块等制成的染液浸染。

在坪坦，紫红色侗布非常普遍，是侗布的主要成品。紫红色侗布做工复杂考究，侗族人非常喜爱，并将它称为"龙袍布"或"龙皮布"。它的染色步骤是最复杂的。

传统的蓝色植物染料，有好些种类，如菘蓝、蓼蓝、木蓝等。染侗布所要用到的植物主要是板蓝（有的用蓼蓝）。板蓝，又名马蓝，为爵床科多年生草本植物，生于山地、林缘等潮湿的地方，野生或栽培，干时茎叶呈蓝色或黑绿色，根茎粗壮，断面呈蓝色，为古代制染青原料之一，故以"蓝"称之。又因该品在五蓝中叶较大，故名为马蓝。

吴柳妮家在村后面的牛栏后面，还种有几分地的板蓝。这一块土地土层深厚，疏松肥沃，排水良好。

板蓝的适应性很强，以扦插的方式繁殖。秋后稻谷收后立即整地翻坑，就可以扦插了。需要用的时候，就将新鲜的板蓝割下来，洗干净紧压入大桶中，加水浸泡一段时间，让其充分腐化。浸泡的时间根据气温而定，温度高，泡的时间就短一点，温度低，泡的时间就长一点。有经验的老太太，看一下表面的颜色就

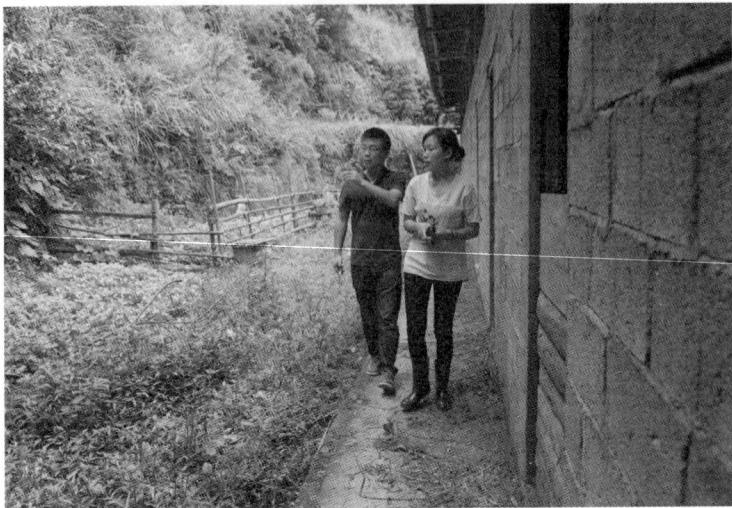

●跟吴柳妮看板蓝

知道泡好了没有。未烂的枝叶，要捞起来扔掉，再加上一定比例的石灰搅拌。静置一天之后，混合了石灰的蓝水就沉淀好了，最上面一层变得十分清澈。但是，清水是不能要的，得倒掉，只取下层的泥状沉淀物，这就是蓝靛，侗语中称之为"登"。

"登"准备好了之后，并不是马上可以染色，还需要用到其他几种植物。初步调查，大概有七种，包括虎杖、薄叶新耳草、地稔、稻草梗、鸡眼草、鸭跖草和杨梅。其中，主要的材料是虎杖，其他六种植物根据情况而定。将它们或切成小片，或切成小段，或打碎成粉，搅拌在一起，加上准备好的蓝靛、米酒和纯碱。再经过一周的搅拌和自然发酵，就成了"傍嗯"。"傍嗯"的颜色为土黄色或棕黄色。闻一闻，有一种淡淡的香。轻轻地尝一尝，微微带点涩。

制作各色侗布时，首先就是用"傍嗯"将白布染成蓝色。反复染色之后，染液的颜色会变淡。所以，每天染完布料之后，就要将染料桶静置，再补充新的蓝靛，以及少量米酒，搅拌之后再盖上盖进行发酵。第二天，染料的染色能力就恢复了。蓝靛是每天都要往里添加的，而米酒则可以隔一天添加一次。有经验的侗族老太太，看到染液的表面呈现出深蓝色，搅拌之后会变成土黄色且边上有蓝色的泡沫，就知道可以继续用来染色了。染料反复添加蓝靛，可以持续一个月以上，染十斤干棉布。

白布变成蓝布之后，要将其再染成紫红色，就要用到被称为"梁"的染料了。制作"梁"的植物大概是四种：薯莨、狭叶润楠、虎杖和檫木。

但这四种也不是一定都需要。有的人家为了方便，就单独使用其中一种。薯莨的效果最好，这是一种多年生宿

● 板蓝发酵

根性缠绕藤本植物，全株光滑无毛，茎秆呈圆柱形，质地坚韧，基部长有坚硬的棘刺，常攀附在乔木或灌木丛中，春夏开花，夏秋结果。清代植物学家吴其濬在《植物名实图考》中称赞说："薯莨产闽广诸山，土人挖取其根，煮汁染罛罾，入水不濡。留根在山，生生不息。渔人以染众罾，使苎麻爽劲，既利水又耐盐潮，不易腐。"

将这几种植物加入以后，放入大锅中，加清水和纯碱，煮上十个小时左右，过滤后就得到了"梁"。

染布的最佳时节，是在农历六月六至农历十月份。因为这段时间气温较高，效果最好。每天上午，侗家妇女就将白色的棉布打湿，一层一层地浸泡到"傍嗯"中，轻轻晃动，大约半个小时到一个小时之后，将布料取出挂好。等布料上的染液干得差不多了，再将染布取下浸泡在染液中。这一次浸泡不需要太久，只要将染布浸透了就立即将染布取出滤干，之后再将染布浸泡。一块布料如此循环浸染，需要八个回合才能结束，此时已经到了傍晚。

这时再将染好的布料拿到坪坦河边，用清水洗去表面的残渣。洗的时候，不能像洗衣服那样揉搓，而只能轻轻摆动。洗到一定程度，布的表面干净了，就将其挂在木杆上晾干。第二天，重复前一天的工序。第三天，再重复一遍。这时染料已经充分进入了布料的纤维里面。算下来，一块侗布的初染，需要三天时间，在染料桶中浸泡、取出二十四次。通过反复的浸染，染液中以吲哚酚为主要成分的隐色体会在空气氧化下形成不溶性的靛蓝而牢牢附在棉布上。之所以

要反复多次，是因为隐色体对纤维的亲和力较低，无法一次染成。

初染结束之后，还需要用"梁"复染三次。"梁"染的步骤完成以后，就要将晾干的染布放在木桶里蒸。木桶里垫着枫香枝叶，通过加热，枫香的气味会进入染布当中。这样蒸半个小时左右，就将布料取出晾干。但还没有完，还需要将布料再次进行"傍嗯"染，程序如同初染一样，共需要三天，才能获得理想而经久不褪的色泽。当然，这是非常讲究的人家的染布程序，十分复杂，普通人家不一定要经历这么多步骤。但是，染好一块布确实不容易，需要来来回回在染缸里浸染好多次。

植物的颜色虽然进入了布料之中，但还需要加固，这就需要用到牛皮膏。牛皮膏的用量并不大，一匹布大约只需要用到二两①。先将牛皮膏溶化在水中，将染布分段浸入，然后摊开晾干。上牛皮膏的过程也要进行三次。有了植物色的浸染以及动物胶的固定，侗布的质地就变得硬挺起来，色泽也更为牢固。

布料染好晾干之后，需要捶打。捶打在地板上进行。找一块平整的青石板，垫上旧衣服或者塑料纸，把叠好的布料放在上面。讲究的人家会将布料浸入鸡蛋清中，使得布面变得光滑。捶打的工具是棒槌。在布料上反复捶打一阵的目的，在于将布面上的绒毛去掉，使其更加柔软贴身。

待这些工序都完成之后，再将染好的布料进行蒸煮。准备好木制的甑，里面放上溪畔杜鹃、稻草梗和辣椒，洒一点米酒，将准备蒸煮的新侗布用旧侗布裹好，放入其中。按照老人的传统做法，还要在上面压一把剪刀，带有很强烈的仪式感。剪刀是辟邪的。侗族先民认为，蒸煮侗布的时候，经常有"鬼"来捣乱，会让侗布遭到破坏，而剪刀能吓退那些"小鬼"。这可以看出侗家人对于侗布的重视程度。蒸煮的时间需要一天，中途会将布料翻一次身，使其受热均匀。蒸完后，取出布料，打开晾干，一块侗布的染制才算彻底完成。

染色的过程中，会有一些忌讳。比如，第一次染布的时候，要挑选好吉日。吉日的选择依据不是来自黄历，而是根据专门的占卜得来的。染液勾兑、搅拌也必须在晚上进行，以回避男人，第二天才可以开始染布。此外，孕妇一般也是不能接触这项工作的。家里有孕妇，要尽量避开染色的程序。在进行染色的时候，主人见到了孕妇也不会与其打招呼。

---

① 1两 = 50克。

侗布虽然经久耐用，但不能用洗衣粉这类带化学物质的洗涤剂来清洗。

3. 男装

男子的生活装比较简单。其日常装扮一般是侗布包头。上身穿黑紫色、青黑色或者白色的立领短装，袖子较长，对襟上镶嵌着盘扣。扣子数量为单数，七颗或者九颗。衣服上有四个贴口袋，下摆两侧开叉，衣长至臀。下装搭配白色或者黑色的长筒裤，搭配绣花绑腿时则穿白色裤子，并将裤腿挽至膝盖部位。脚穿白色袜子和黑色圆头椭圆形内口系带的布鞋。

男子也带银质项圈，腰间系侗布，一丈多长，宽四寸①左右。在外出时，侗族的男子还经常把白毛巾系在绑葫芦的带子上，随身携带。

雨天劳动，他们会穿上蓑衣斗笠，几乎家家都有。斗笠以竹片织成，中间夹着一层棕榈。蓑衣则全部以棕榈编制而成。

● 蓑衣

重大节日时穿的盛装，尤其具有特点，以黑紫色侗帕包头，多为圆形，在中间或者旁边插羽毛的造型居多。男子有三款最为特别的服饰，分别是芦笙衣、寨老服和武士服。

---

① 1 丈 =3.33 米；1 寸 =3.33 厘米。

芦笙衣是吹芦笙时，男子所穿的服饰。头部的装饰是裹一块黑紫色侗布，一侧插羽毛。上身是黑色侗布制成的衣服，无领，右衽，斜襟盘扣，长袖。衣长至遮盖臀部位置，两侧开叉。衣服下摆一圈缀有十几根布条，珠子穿成，带有几层羽毛装饰。有的是绣上去的，也有的是挑花工艺制成的。上衣的门襟及袖口处也皆有花边装饰。胸部以下位置，则是用各色花布拼成的菱形补子，类似于蜘蛛图案。有的还在肩头、后背胸部以上的位置进行补花装饰。白色宽筒长裤裤管挽至膝盖，小腿裹着流苏绣花绑腿，脚穿白色袜子，再穿上一双黑色圆头系带布鞋。

寨老服是寨老们穿的特殊服饰。寨老在侗族中有很高的威望，是侗族村寨的管理者。遇到村寨安全、社会秩序、村民纠纷、节日祭祀等方面的事情，鼓楼的鼓就会击响，寨老们就聚集在这里进行商议、裁决。寨老是侗族人心目中最有威望的年长智者。遇到重大活动时，他们头戴圆形礼帽或者圆形折边缎面团花礼帽，立领，紫色或者黑色的斜襟团花缎面左衽、盘扣长袍两边开叉至腰间，或者外面再穿一件无领对襟盘扣，两侧下摆开叉，缎面为深紫红色、黑色或者蓝色缎面马甲，下身穿黑色宽腿直筒裤，脚穿白色皮鞋。

● 男装

武士服一般在"抬官人"的活动中可以见到。武士们头戴银质的羽冠，穿对襟白色长袖衣服，外面再穿一件红色对襟且无领的马甲。马甲的前胸后背下摆处，装饰着圆形的装饰物，皆为银质。马甲的下摆、袖口、领子等地方，则包裹着彩色的饰边或者图案。肩上一律斜挎一个包，长至臀部，绣花拼贴，下有流苏装饰。腰间系着带流苏的红色腰带，两头拼接花纹图案。白色宽筒长裤挽至膝盖。小腿裹着流苏绣花绑腿。脚上穿着白色的袜子和黑色的圆头系带布鞋。

4. 女装

坪坦的女子都盘头挽髻于头顶或者脑后，上插银质或者木质梳子于发髻。额头绑白色蜂窝侗帕，或者头包白色或者黑色的侗帕。有的时候，她们也将曾经装蝗虫用的竹编小篓子别在头上，别有一番风情。

普遍来看，老年人喜欢穿黑紫色或者黑色，中青年妇女喜欢穿蓝色。衣袖衣身较合体，立领，交襟右衽系布扣，衣身宽大，下摆两侧开衩，衣长至臀部。

服装的上下装搭配形式较多，能体现出不同的服饰效果。服饰搭配一般有四种：对襟衣裙装式、交襟左衽裙装式、交襟左衽裤装式和交襟右衽裤装式。不同的女子服饰，只是在细节上略有不同，但总体都离不开这四种式样。

坪坦女子的服饰，均搭配菱形绣花肚兜。纹样多采用喜鹊、谷穗、杨梅、荔枝等花鸟图案，配以铜钱纹样，含富贵吉祥之意。肚兜多以湖蓝色作为底纹，与各种色彩的花纹形成强烈的色彩对比，当地人叫"衬花"。在刺绣之前先剪纸稿，然后将纸稿贴在底纹上，用齐针绣出。肚兜的下部通常配以绣有二方连续几何图案的织锦。

女子对襟外套上衣多是黑色、黑紫色和紫红色的。其样式大相径庭，都是无领，无扣，窄袖。袖子的长度一般在胳膊肘上下，袖口为衣服主色，也有的采取拼接的形式加上其他彩色绣花的装饰布。下摆两侧开衩，其长度一般在臀部位置。这种对襟衣，只是在下摆、门襟以及下摆两侧开衩的位置装饰有所不同。有的绣花多，有的绣花少，还有的就是衣服主色，不用任何装饰。打底的是刺绣肚兜内衣，其款式都是菱形，都是在靠近脖子和胸部以上的位置绣着各种图案花纹。

侗布较长，但宽度有限。这虽然是其不足之处，但是聪明的侗家女子总是能够想出很多方法来弥补这一缺陷。她们用衣服主色的面料巧妙拼接，之后再进行装饰，具有天衣无缝的效果。有的为了突出强调其内衣的美感，在拼接时会选用或宽或窄的蓝色布进行装饰。

交襟左衽或者右衽外套一般以黑紫色、蓝色和紫红色居多。其款式中，蓝色的外套一般比较合体，而黑紫色和紫红色的外套都很宽大。袖子的长度也是有长有短，一般是长袖，只是在穿着时为了方便，需要时长袖可以挽至手臂肘部以上的位置，里边再搭配蓝白二色的内衣，体现出层次感。白色内衣里边穿菱形刺绣肚兜，外衣下摆的两侧开叉。外套不用扣子，都是用黑色、白色或彩色绳子系紧，再搭配其他颜色的衣服。一般来说，如果是蓝色外套，则里面搭配白色衣服；如果是黑紫色外套，则里面搭配蓝色衣服。在下摆、衣襟边及左右两侧的开衩位置和袖口处露出窄边，勾勒和强调服装的外形。

下装的裤子一般是黑色的直筒裤。裙子是用黑紫色侗布或者发亮的蛋清布做成的百褶裙。其裙子长度一般在膝盖位置，年轻妇女一般在膝盖以上的位置，年龄大些的中老年妇女的裙子，长度在膝盖或者略下的位置，这也很符合现代人的审美观。

坪坦侗族有许多传统节日，在过年、四月八、六月六、"大雾梁"歌会、八月十五"赛芦笙"等节日中，服饰成为其活动隆重举行时必不可缺的重要装束形式之一，而这些传统的节日也成了各种特色服饰竞相媲美和交流的盛会。坪坦女子的盛装有三种。

其一，头戴纯银花冠帽，身穿多层无领、对襟、两侧开叉长袖黑紫色上衣。衣长掩臀，衣袖瘦长较窄，衣两侧开叉，襟边、袖口、下摆及边沿绲边和装饰花边。腰间系着一条色彩艳丽的绸带。胸前系着菱形的肚兜，并用银链吊于脖颈。肩上披着刺绣流苏的云肩。身上还有一些饰物，如脖子上佩戴的环形多层项圈，胸前悬挂的景泰蓝吊坠、锁链以及项链等。下身穿着蛋清布的百褶裙，裙摆长至膝盖处。

其二，挽发盘髻于脑后，头戴银质花冠帽，上装外套黑紫色，对襟无领无扣，衣长掩臀，衣袖宽大，袖长至肘，两侧开叉，里边穿同样款式色彩的衣服，最多可达四层。里边穿蓝色和白色的交襟左衽长袖衣服，黑紫色外套袖口露出蓝色，蓝色下边又露出一截白色的袖子。衣襟用带子在胸前系紧。最里边穿菱形绣花肚兜，用银链吊于脖颈。脖子上挂着圆盘项圈和扭项圈。下装穿蛋清布百褶短裙，长及膝盖处。

其三，挽发盘髻于脑后，上插银制绒球花冠。戴竹节圆形吊坠项圈和圆盘式项圈，衣袖衣身较窄，无领无扣，仅在交襟左侧用一根小布带系扎，在胸前衣内系菱形绣花肚兜，用银链吊于脖颈。挽袖达三寸及肘部。夏秋季节上装为蓝或白色，春冬季节上衣为黑色。脖子上挂着竹节圆盘项圈和扭项圈。下装穿蛋清百褶短裙，长及膝部以上。

每逢"芦笙节"等节日时，女性穿"百鸟衣"。在婚嫁、芦笙踩堂等特别重大的场合中，女子的盛装华服是披云肩穿凤尾裙。还有一些稍微简单的盛装，一般是在生活装的基础之上，佩戴多种项圈、项链和银牌等。有时衣服也是穿多层，具有一种华美的风格特征。

女子的绑腿一般是在绑腿布的上下以蓝色、红色或绿色等彩色花布拼接，以绣花装饰布打底或者在边沿拼花边做装饰。再用彩色丝带或编制成辫子形状的彩色丝线打结，系住绑腿。系绑腿的带子有系在两头的，也有系在上面的，还有从下向上绕圈到上面时再打结的。没有固定统一的模式，可按照个人的喜好随意进行装饰和捆绑。

女鞋的品种相对男鞋较为丰富。最古老的鞋子是用麻草编织而成的圆头方口鞋。后来有了可以缝制的布料时，就出现了钩头船形鞋。鞋子内口包边工艺精美，但颜色大部分为黑色，比较单一，只在鞋面中间点缀一点红色的丝线，好像在石头上开出的一朵小花。

● 平坦女性服饰(图片由吴柳妮提供)

钩头绣花鞋和布凉鞋上都有纷繁复杂的绣花图案做装饰。其中，布凉鞋只有后跟，鞋帮和鞋头处则以几根包边绣花的细长布条与鞋尾相连。在细布条处绣有花卉，间以金属片点缀。这样的鞋饰穿着不仅凉爽实用，而且美观大方。夏天，女子都爱穿布凉鞋，该鞋的鞋帮只有普通鞋子的1/3高，前半部有点像草鞋的样式，后半部（只有脚后跟的部分）全都绣有各种自然的图案，因此也有把这种布凉鞋称为"布草鞋"的。

5.儿童装

儿童装一般是根据成人的服饰款式加以剪裁制作而成的，只是更为简单和方便而已。女孩的服饰款式尤其如此，基本上是其母亲服饰款式的简化版。三岁以下的儿童，无论男女，一般都是右衽衣裳，宽长过膝，不穿裤子，或穿古装斜襟小衣。五六岁以下的男孩着小筒开裆裤，穿对襟式便衣，在头顶蓄一片瓦似的短发式样。女孩穿裙式或裤式便装，蓄长发挽髻。脚上则穿各式各样的绣花童鞋。

儿童服饰最有特色之处体现在头部。年轻的妈妈为了显示自己的能干，总是精心制作各种童帽来打扮自己的孩子。侗族童帽有露头荷花绣帽，二龙抢宝童帽，银八仙童帽，狮头、狗头、猫头、兔头、鱼尾等绣花童帽。戴露头荷花式绣帽时，要在头顶部贴盖一张小四方绣花布巾。

由于侗族的图腾崇拜，反映在小孩服饰上就有了一系列的狗头绣花帽、狮头绣花帽、猫头绣花帽、兔头绣花帽及鱼尾绣花帽等，体现出侗族的原始风俗习惯。银八仙童帽是在正前缀上"大八仙""小八仙""十八罗汉"等银质菩萨，帽顶及帽后则用银链吊上许多银铃、银圆、银鳌鱼、银虎爪等物。小孩子好动，一动就铃声不绝，银色的光芒一晃一晃的。

小孩服饰较有特色的还有口水兜兜，即肩垫。口水兜兜的款式有圆形、方形、长方连围裙等式样。圆形口水兜兜的造型有"金钱型""枫叶型""葫芦形""狗牙形"等。造型抽象，红、蓝、白色彩对比强烈。因其为圆形，可随便转动，方便调换被口水沾湿的部位。方形口水兜兜四周用蓝布镶边，四角各钉一根带子，用时交叉相系，可以把小孩的衣服扎紧。长方连围裙的口水兜兜，一般将两个长方形连在一起。上面的长方形较窄长，中间开圆领，拖至背面，背面吊一排铜钱。下面的长方形略宽，作围裙用，用织锦装饰，蓝布镶边，整体造型巧妙美观。它一般给二三岁的儿童佩戴，走起路来，铜钱叮当作响，尤其可爱。

坪坦传统侗族服饰中，三岁以上的未成年小孩子的服装款式均是立领、右衽裤装式。有所变化的是衣服上装饰的各种花边。不过，现在孩童装束的成人化和汉化都表现比较明显。因此，我问一些年轻的妇女，孩子的传统服饰是什么样的时候，她们基本上会说："没有什么特征，就是集市上买来的。你们的孩子穿什么，我们的孩子就穿什么。"

石婶说得更加明白："小朋友一般没有特定的侗服，要长大了才会给他准备。"她的理由是，小孩子正在长身体，今年做的，明年就穿不了了，浪费，所以很小的时候都不准备。

确实如此，只有在传统节日才可以看到孩子们的侗族服饰。他们头戴银质插羽帽，身穿蓝色立领、对襟长袖缎面上衣，黑紫色侗布裤子，裹着至大腿中部的绣花流苏绑腿，脚穿绣花系带布鞋。

其中小女孩的盛装装饰和穿着繁缛复杂，工艺精湛。一般带刺绣花帽，或者纯银花冠帽，身披华丽的各色刺绣流苏云肩，有的长至脚面。下穿百褶裙或者裤子，腰部系丝带，穿绣花鞋。

6. 侗锦

侗族有着悠久的织锦历史，侗族古歌《远祖歌》中曾唱道："鱼骨做梭织花绵，骨针用来缝衣裙。"侗锦的历史最早可追溯到百越时期。

据《后汉书·南蛮传》载，"南蛮""好五色衣服"。这里的"蛮"，主要指布依族和侗族等。《黎平府志》载有张应昭为诸葛亮在兴建三年（315）平定南中时作的绝句《诸葛锦》："丞相南征日，能回太古春。千戈随地用，颜色逐人新。苎同参文绣，花枝织朵新。蛮乡椎髻女，亦有巧妙人。"唐代李延寿的《北史·僚传》载："僚人能为细节，色致鲜净。"这里的"僚人"主要指侗族。明代弘治年间的《贵州图经新志》则记载："刺绣杂文如缓""织花细如锦"。

侗族女性从七八岁起就在长辈的教导下开始学习织锦，从最基础的纺纱到简单的花纹织锦，到出嫁前织锦技艺基本成熟，一般在婚前就制作完成婚后用品，包括定情物、结婚陪嫁物和孩子的基本用品。

侗锦图案造型多为几何形，其中又以菱形最多。素锦图案一般以一个大的组合图案为单元形，不断连续重复，纹样比较粗犷，朴素而大方。彩锦图案更加细腻，细节更丰富，构图布局密满。这种密满的构图风格源自长期所处的生活环境影响下的审美习惯。从造型上看，图案主要采用单线勾勒轮廓的手法，将对象的特征提取出来并抽象化，在写实的基础上，对其进行变形、夸张、重组。同时，以深浅不一、长短不齐、大小不等的点、线、面，进行富有变化而又和谐的组合。

侗锦纹样的创造受到织造工艺中经纬纱的局限，基本保留传统的几何抽象图形。抽象图形以现实生活中的物为对象却不受其约束，并高度概括精简，去掉不必要的细节，抓住主要特征进行描绘。

因为侗锦的图案都是用织机织出来而非后期染成的，所以它的构图规整、有规律。独幅纹样中常见的是多中心式、子母式和对称式，而少了更加自由活泼的散点式。除独幅纹样外，较常见的就是二方连续式构图，四方连续式构图一般是局部采用。

传统的侗锦以黑白双色纱编织的素锦为主，朴素静雅，具有侗族女性朴实内敛、温柔内向的性格特征。侗锦的图纹也往往具有双面显示的独特效果。这是它与其他民族的织锦（如云锦、蜀锦、壮锦、苗锦）的主要区别。传统侗锦的颜色虽然相对较单调，仅仅有黑白灰三种色调效果，但是却充分利用了经纬纱的组织特点，使得花纹精美细致，色彩朴素大方，加之两面显花的特殊效果，使侗锦更加独树一帜。

侗锦图案的描绘对象从日月星辰、山水人物到飞禽走兽、花木虫鱼，包罗万象。每种图案都体现了对某一事物或现象的崇拜。下面简要介绍几种常见纹样。

侗锦中的鸟纹一般有四鸟纹、双鸟文和单头鸟纹。侗锦中的各式鸟纹源于百越的鸟文化。越人有崇鸟的习惯，身为百越族后裔的侗族人自古就有"敬鸟如神、爱鸟如命"的传统。至今侗族人仍在侗锦上织绣鸟纹，在服饰上缀饰白羽，在生活中养鸟、斗鸟等，这都是崇鸟文化的遗风。

蜘蛛文在侗锦中非常普遍，既有抽象化的符号，也有接近真实形象的图纹。有些侗族地区的萨神被称为"萨妈岁娥"。"岁娥"即蜘蛛，"萨妈岁娥"就是蜘蛛祖母的意思。蜘蛛是吉祥的小动物，蜘蛛崇拜就是萨神崇拜。所以，妇女会在侗锦上绣上蜘蛛的图案，以祈求萨神的保佑。母亲们也喜欢将蜘蛛形象简化，绣在婴儿的背带上，祈望吉祥神守护孩子健康顺利成长。

古代百越人生活在湖海地区，过着捕猎采集的生活。鱼是最容易获得的水产动物，因此成为常见的食物来源。千百年来，他们把鱼纹作为繁衍的象征，在生活中普遍应用。各种装饰品上都常见鱼纹，例如被面、花带、头帕以及芦笙服等。以之作为侗锦上的纹饰，十分自然。

侗族人现在都居住在内陆山区，井是他们获得生活饮用水的重要来源。他们对水井十分讲究，凡是寨中或周边都可以见到水井。水井用石板围成四方形井台，底部也用石板铺垫。上面盖着木构凉亭，以保持水井的干净卫生。井纹源于古代井的符号，因为崇水爱井，井与侗族人的日常生活息息相关。

百花纹是比较普遍的侗族传统纹样，也是最基础的纹样。侗族所处的山区，植物茂密，花朵竞相开放。侗族姑娘处在这种环境中，将花为元素装饰织锦就是非常自然的了。侗锦上常见的花纹有八角花、茶花、灯笼花等。

侗锦中经常出现人纹，一般在四周起装饰作用。图案的表现形式为：众多简化的人物形象手拉手，好像在跳祭祀时的集体舞蹈。据说，这种图案反映的是侗族人对火以及萨神的崇拜。

侗锦中常见的还有杉树纹。杉木在当地随处可见，是建造房屋和制作各种家具的绝佳材料。因为木质细软，密度较疏松，易于搬运，经得起日晒雨淋，不易腐烂，所以深受侗族人喜爱，并将其织进侗锦中，延续至今。

另外，侗锦与其他民族织锦的不同，还体现在用途上。不同的图案有着不同的用途，图纹使用非常讲究，如吉祥寓意的图案一般用在日常生活用品中。专为老人垫棺所用的"寿锦"一般使用龙、鹰或者龙鹰组合的图案，寓意老人去世后保佑子孙像鹰一样展翅高飞，像龙一样飞黄腾达。祭祀用的"法锦"，其纹饰有龙狗、匏颈龙等。

7. 银饰

对侗家人来说，银意味着财富和地位。因此，他们将其穿戴在身上，尽可能地展示生活的富足。同时，他们也认为，银饰戴在身上，具有辟邪纳福的作用。

在长期的历史发展过程中，侗家人将一部分文化特征储存在自己的服饰里。而银饰作为其民族服饰的重要组成部分，经过历史的传承，久而久之便成为其文化传承的重要载体。

侗族的银饰主要以白银为主，但这并不是说，银饰是以百分之百的纯银制成的。事实上，任何一个少数民族的银饰都会加入其他的金属。这样既能节省银料，也可以保证银饰的精美，因为纯银放久了会变黑。

侗族银饰的佩戴者主要是女人，其次是小孩子。当地的民歌唱道："孔雀展翅美中美，妹戴银装花上花。银装越多花越美，多多银花映彩霞。"女性佩戴的银饰以多为美，在过节的时候，全身上下几乎随处可见。

同时，她们的银饰也以重为贵，最多的可达十几斤。作为女儿，如果没有几样拿得出手的银饰，不仅她自己很难走出去与人交往，就连其父母亲也会认为低人一等。所以，很多人家即使生活再苦，也要省吃俭用，买上几件银饰来装扮家中的女儿。

银饰也可以作为未婚男女谈恋爱的信物。侗乡有这样一首歌谣："情妹有心送银装，妹把心事交给郎。银装戴在郎身上，郎和情妹共心肝。"说的是男女青年首次见面时，如果男方有意向女方求爱，女方也看中了男方，她就会将身上佩戴的银饰送给男方一件，作为定情信物。

坪坦的妇女平时都戴银耳环、银戒指、银手翎，挂银项圈，镶银梳子。而一到出嫁或者重大的喜庆佳节时，更是用银饰将身体包裹起来，合起来可重达六七斤。她们的头上戴着银冠，胸前佩挂宽银圈，脖子上套有多重银项圈，手腕上套有银护手和银镯子，手指上戴银戒，耳垂上悬坠着银耳环。

凤冠也称银花冠，是坪坦姑娘出嫁或参加喜庆活动、民族歌会以及观看芦笙表演等时戴于头上的装饰品。其重量一般在一斤半至两斤，上面的装饰物有鱼、飞鸟、银铃、花草等十几种。

银簪的式样美观大方，一头呈圈花形，另一头为尖锥形，长五寸或六寸，斜着插在发髻的左侧。头顶上戴着银簪与银花，一走动就如同舞凤盘龙一般，十分动人。

银梳是插在发髻上的银制梳子。形状如同木梳，既可以梳理头发，又能做装饰品，为通道县南部的侗族妇女普遍使用。侗族谚语说："男人离不开刀，女人离不开梳。"侗族女子从八九岁起就开始留发，对头发特别珍爱。每天早上起床，第一件事就是梳理头发，然后插上头簪和银梳，方才出门劳作。银梳子有的为纯银制作，有的则银木兼用。

耳环的品种繁多，形式上来看有细圈、联吊、翡翠、棱角、梅花、六棱、银链苞、吊苞等。侗家女子往往从三四岁起就开始打耳洞。过去，是取绣花针高温消毒之后，再抹上桐油穿破耳垂。这道程序主要由母亲来完成。到五六岁时，女孩子就开始戴细圈耳环；到成人时期，就可以戴一两重的联吊耳环。有的女子从姑娘时期就戴着一两多重的长吊耳环，一直到老，伴随终生。

项圈也是坪坦女性的必备银饰，可分为四种。第一种为"棱"，多达六棱，每根有三四两重；第二种为"绞"，中间部分为四方形，两端将四方形银条绞向相反方向，中间粗两边细；第三种是"细印"，包括一个圆柱形银圈、一个偏圆形银圈；第四种是"盘"，为三条扁圆形银圈，中间以银丝缠结。

银链，也称银扣链，巧妙地连贯于女性服装的前襟沿口、下摆及胸兜，以填补银头饰与银手饰之间所存在的空白点，加强银饰的连接性和整体性。

手镯是戴在手腕上的一种常见的装饰品，有六棱、梅花、银泡、细环、片块等种类。

　　此外，还有戒指、花髻、银片、长命锁、银锁镯等，也为坪坦女性所常用。

　　孩子也多用银饰装饰，以银帽最为有意思，侗语中称之为"花美"。一顶银帽上常有几十种图案，包括鸟、兽、虫、鱼、花、草，千姿百态，如同一朵盛开的花。因此，即使是用汉字将其发音写出来，也能让人感觉到它是一种非常美的饰物。侗家人多将八仙过海、福禄寿喜、响铃等形象的银饰镶在儿童的狗头帽、鱼尾帽、虎头帽、脚头帽或风帽上面。还有的在帽檐上层镶嵌十八罗汉，下层镶十八朵梅花。两经处分别装饰一个月亮，正中嵌有丹凤朝阳、双龙炼宝或吴刚伐桂、嫦娥奔月，周围是彩云和水波环绕，下面各嵌一只雄狮。帽后围有波浪纹，尾端镶老鹰爪、葫芦、金鱼、四方印、响铃等装饰。

　　除此之外，孩子们还戴有象征长命富贵的百家锁，也戴银项圈、银手圈与银脚圈。

第 5 章

节 日

侗族有"百节民族"之称，一年十二个月几乎每个月都有节日。每一个节日，都有丰富多彩的活动。因此，每一个节日也都是集体展示侗族文化的重要载体。

侗族的民俗节日，体现了侗族人在创业过程中对于先祖的怀念，表达了对于自由解放的热烈追求和对幸福生活的无比向往。这些节日，既有与其他民族相似的地方，也呈现出本民族独特的风貌。

按照性质来分，可以分为喜庆性岁时节令和纪念性节日两大类。前者是根据农业耕种的特性而定的，后者则是为了纪念侗族历史上重要的英雄人物、祖先与自然神灵而举办的。

不过，中国太大了，节日也有其复杂性。某些节日虽然名称相同，但是有的侗族地区在秋季过，有的则是在春季过，连具体的活动内容都不一致。这个不一致，并不只是民族之间的差异。有时候，即使是同一个民族，而且在同一个乡镇，过同一个节日，不同的村寨也会举行不同的活动。

一些具有纪念性的节日，在同一个村寨内部，具体到每一个姓氏或者每一户人家时，其程序也会有所不同。或者说，同一个节日，同一户人家，今年过与去年过，可能都会有所不同。

因此，我们在介绍节日时，只能说，它们是大体上如此。如果要以细节来苛求，则可能很多都会出现差异。其实，在介绍坪坦村的其他方面时，也有这样的不足，但无法一一进行解释。

下面，按照春夏秋冬的先后顺序对坪坦的节日进行简要介绍（如无特殊说明，本部分采用的历法均是农历）。

1. 春季

春季的第一个节日，就是春节。跟中华大地上的绝大多数民族一样，侗族也将春节视为最重要的节日之一。不管是南部侗族地区还是北部侗族地区，没有一个村寨不过春节的。

坪坦的春节，有些内容和形式跟汉族类似，但又带有浓厚的侗族特色。春节不是一天两天过完的，它有一个相当长的持续时间。经过多年的沉淀，传统的坪坦人过春节，已有一整套的程序。

从腊月二十五开始，家里人就对里里外外进行大扫除，将即将过去的一年所留下的晦气清理出去。腊月二十六，就开始杀年猪，祭祀祖先。这一天的晚上，青少年会鸣锣放炮，吹着芦笙围绕坪坦村寨游行三圈。腊月二十八，人们一大早就起来打糯米糍粑，并泡红糖糍粑祭祀各方神灵，晚上，青壮年男子又会举行游寨仪式。

大年三十，人们将自家田里的水放干，把养了一年的鱼捞起来，吃晚饭之前，将做好的新鲜鱼祭祀祖先。另外，还要杀一只大公鸡祭祖。夜里，家家户户灯火通明，鞭炮声时不时地响起，夜宴才正式开始。家中最年长的人，举起酒杯，将酿好的米酒洒在地上，再将祭祀过祖先的菜肴逐一进行品尝之后，全家人方开始动筷子。因为这些菜肴已经祭祀过祖先，被祖先享用过，就被赐福了，具有神性，家人再进行食用，来年就会平平安安，大吉大利。

按照老一辈的做法，大年三十晚上的这顿饭，不能吃太多，只喝一碗稀粥，表示来年犁田有水、泥巴不硬。全家人围着桌子，叙说一年以来所发生的事情，并对来年进行展望。少年男女则可以到鼓楼里学歌，鼓楼有老歌师在那里传授。

家人守岁坐到半夜才结束，这是新年的开端，于是点上鞭炮，迎接新年。妇女们则去挑新年水，用以煮年茶。老一辈的人还讲究用青苔在家庭成员的额头上轻轻点一下，表示添岁了。

侗族人不拜年，初一初二不串门，初三请客吃油茶，初四请吃饭。正月初一，一般都在自家活动，不像汉族一样走家串户地相互拜年问好。坪坦人尤其忌讳在这一天动土。妇女将剪刀等物品藏起来，防备小孩子拿出来使用。早饭过后，家中的男人象征性地去外面劳动一下，比如将牛牵到山坡上喂养，砍一些柴回家，或者修整一下田地。

不过，坪坦村在这一天也过"架水节"。"架水节"的历史并不悠久，据说起源于清代乾隆年间，至今不过200多年。新年第一天一大早，寨子的男女老少就身着盛装列队等候在寨中，寨老肩扛新砍下来的竹竿站在队伍的最前面，其次是一对挑着木桶的未婚男女青年，几个年长的妇女紧跟在后面。

芦笙队及寨中的男女老少依次站在取水队伍中。吉时一到，在热闹的鞭炮声中，寨老领着长长的取水队伍，沿着寨中的石板路，缓步走向对面山上的取水之处。寨老小心翼翼地把竹竿架到沿山势流下的溪涧中，让山泉水沿竹竿流到青年男女的木桶里。然后，寨老口中念念有词，为大家祈福。

芦笙队和村民围着盛有山泉水的木桶吹起芦笙曲、跳起哆耶舞。取水完成后，由挑木桶的青年男女走到队伍最前面，过普济桥，把取来的水倒进村中的蓄水池。

对于坪坦的姑娘们来说，大年初一的头等大事是相邀一起去山上采摘映山

● 架水节

红。这种春季开花的植物，花冠为漏斗形，花色繁茂艳丽，在海拔 500～1200 米的山地疏灌丛或松林下，漫山遍野地开放，为中国中南及西南典型的酸性土指示植物。坪坦的姑娘们采摘映山红，主要不是为了自己佩戴，而是将它们插到鸡笼上，献给雄鸡。

坪坦的民间故事中说，古时候雄鸡的样子跟现在不一样，它的头上有一对尖尖的角。当时，经常有"鬼怪"来危害百姓。雄鸡的朋友东海龙王就向雄鸡借了它的一对角，与妖怪搏斗，为民除害。龙王得胜之后，却舍不得将角交还，而是偷偷回到东海去了。雄鸡气坏了，便不再司晨，而是不停地对着东边啼叫。日月星辰一片混乱，时序都乱套了。这个时候，太白金星下凡，送给雄鸡一支映山红，化作了它的鸡冠。雄鸡这才安静下来。为了让雄鸡继续为百姓服务，人们在每年的第一天都去山上摘取映山红献给雄鸡。

初二以后，娶媳妇或者嫁女儿的就可以举行婚庆活动了。这个时候，许多在外面打工或者从事其他行业的人都回村了，趁着人手众多，赶紧将家中达到年龄的孩子的婚事给办了。唱侗戏、斗牛、祭祀萨、"吃相思"等活动也都在紧锣密鼓地进行着。人们忙碌了一年，借着春节的各类活动，消除一年的疲惫，同时为今年的生产生活做好准备。

常年在大山里的农耕生活，足以自给自足，只要没有外敌入侵、自然灾害，坪坦人的生活就非常美满。性格朴实的坪坦人，热情好客，在丰收的年成，家有余粮的时候，就不断地与其他村寨往来联系，形成了一种"吃相思"的习俗。

"吃相思"主要在春节期间举行，有时也在秋后。对于老一辈人来说，其实就是请客吃饭。一年到头不太见得着的朋友熟人，都请到家里来，吃一顿饭，交流交流感情。但是，吃相思的主角是青年男女，他们组织好歌队或侗戏班子，到其他村寨去唱歌或者演戏。村寨中的其他男女老少，不过是借此随同。

决定去某一个村寨之前，要先进行通知，好让对方做好准备。如果主寨集体商议后认为可以接待了，就写好回帖，准备好迎接。客人到了村口，主寨的姑娘们就用布匹拦住寨门，唱起拦路歌。对方应答之后，才鸣放鞭炮，将客人迎接进来。主寨在芦笙坪中杀猪宰羊，为客人准备饭菜。吃饱喝足之后，就在芦笙坪中举行对歌、唱戏等活动，具体的内容，后文《娱乐》一章将会详述。客人走的时候，姑娘们要赠送手帕。此外，还会包上糯米饭和鱼肉，让客人带走。隆重一点的，再向客人赠送一头小牛和一只羊，即希望对方下次再来。

祭祀萨当然是每一个节庆中必备的节目，但以春节的最为隆重。祭祀萨在大年初一或初二都可以举行，前文已经说到，萨的原型是侗族的女英雄，也是战神。她为了保护侗族人的利益，带领群众抵抗外来侵略，最后跳崖身亡。

因为如此，所以每年春节，坪坦人都要举行一次带有军事象征意义的活动，一方面是缅怀先人，另一方面则是为了娱乐。祭祀的时候，人们举着刀枪，鸣锣敲鼓，吹着芦笙，拥着萨的英灵勇敢地冲出村外，归来时则用标枪挑着一个稻草人，象征打败敌人而凯旋。

不过，侗族并不好斗，是一个热爱和平的民族。举行这种带有军事性的活动，只是为了让人知道和平宁静的生活有多么可贵。

如果说，祭祀萨的时候，征战演戏是带有"武"的性质，那么"踩堂歌"则是带有"文"的性质。踩堂歌在侗语中被称为"确"，是以歌舞的形式，来悼念这位侗族之神。当然，歌舞的主角是青年男女。它有两种形式。

第一种，是一个大寨中的两个小分寨之间的男子和女子举行对歌。第一天，主寨的小伙子邀请客寨的姑娘到鼓楼唱歌。第二天，主寨的男子又准备好宴席，邀请客寨的男子来做客。吃饭过后，客寨的人说，喝醉了酒，不能走回去，要坐轿子。主人不能拒绝，而要将早早准备好的轿子抬出来，将客人中化了装的官人、太太、卫队等抬到萨坛前祭祀，请求萨同欢并获得保佑。然后，大家再到芦笙坪。坪中早有一堆难民、乞丐及猎人等在那里等候，他们都是由主寨的人化装扮演的。

这堆化了装的主人，拦住官人的轿子，进行申冤。化装成官人的客人，则一本正经地进行判案，并予以施舍。主寨的姑娘们再用布匹拴住官人的轿子，将其拉下来。官人则将身上的钱物赏赐给她们，请求饶过自己。这是一出较为典型的表演，反映了侗族集体心理中对于清官的渴望。

这一表演活动结束之后，接下来是"多耶"表演。这些来自两个村寨的青年男子，再次围着萨坛行走一圈。在起起落落的芦笙曲中，又进入芦笙坪中。主寨的青年女子也加入其中。男男女女手拉着手，围成一圈，准备对歌。主寨先唱起赞美萨的颂歌，客寨则唱起迎接萨的歌。对歌结束之后，再唱起道别的歌。芦笙响起，再次祭拜萨，客人这才依依不舍地离开村寨。

第二种，是主寨的姑娘在芦笙坪邀请来访的小伙子对唱"耶歌"。姑娘们手牵着手，一起唱着《邀郎唱》，来访的小伙子于是进入芦笙坪，双方一起唱起赞美萨的歌。节目进行中，另一个村寨的男子抬着"官人"贸然闯入。

当然，虽然说是贸然，但事先也都有所准备。打扮成"官人"的小伙子先派打扮成"鬼怪"的小伙子拿着令牌来到主寨，禀报寨老，主寨必须派人到寨门迎接。"官人"的队伍到达之后，其随从在芦笙坪中跳起舞蹈，有的则将腌鱼、糯米等物分给众人。主寨的姑娘们就唱着歌，将"官人"队伍围在中间。"官人"队伍必须不断地向众人抛洒钱物。得到主寨的允许了，"官人"队伍方才离开。其他的人则继续进行"多耶"。

不过，在坪坦，"抬官人"这种活动不是年年都有的。

因为春季是农业耕作中最重要的季节，所以春季的节日有很多都与农耕相关。在传统农业中，牛是农业耕作最重要的工具，所以春季的节日中，有几个都与牛相关。其中的一个是牯藏节。牯藏节不只是侗族节日，也在苗族流行。

"牯藏节"也称"吃牯藏""吃牯脏""刺牛"，侗族的牯藏节包含祭祀祖先和祝愿丰收两个含义，一般在历史上关系较密切的村寨间进行。牯藏节有"小牯"与"大牯"之分。小牯每年一次，多在初春与秋后的农闲季节举行，吃牯村寨杀猪宰牛，邀请亲友聚会，其间举行斗牛、吹芦笙活动；大牯一般十三年举行一次，相邻的寨子轮流为东道主。关于牯藏节的来历，侗族暂时还没有找到相关的传说，但是苗族中至少流传着两个不同的故事。

一个是苗族的创世歌，说枫树中诞生了蝴蝶妈妈。蝴蝶生下十二个蛋，顺利地孵化了其中的十一个，还有一个经过三年时间也没有变化，只好请暴风帮忙。蛋被风吹下悬崖，摔破了，钻出一头小牛。牛怨恨蝴蝶妈妈，把她气死了。于是，蝴蝶妈妈的其他两个孩子就将牛杀死了。

另一个故事简单一点，说有两姐妹，上山砍柴，被老虎吃掉了。她们的父兄将老虎抓住打死，杀了一头牯牛来祭奠。

举行牯藏节，首先要选出一人担任"牯藏头"。牯藏头的产生首先要符合以下条件：第一，夫妻双方身体健康，有儿有女；第二，双亲健在；第三，人品端正，口碑好；第四，经济条件为偏中上水平。全寨有多位壮年男子被推举成牯藏头候选人，再由寨首通过占卜的方式来决定谁担任牯藏头。

二月初二的清早，有人爬上山梁，向着寨子呼喊："谁家的牛吃了麦苗啊？"寨子里立马有人响应，一大队人马就浩浩荡荡地沿着山梁，到附近的一个寨子里去。他们的目的是从附近的寨子里接回一头白色水牯牛，称为"接龙"。

返程的路上，由负责宰牛的人牵着牛，后面跟着芦笙队，一路笙歌。芦笙的上面贴着写着"六畜兴旺"之类的吉祥语的红色纸条。水牯牛进寨之后，在鞭炮声中被赶到水塘里，称为"白龙归位"。周围的男女老少，唱歌的唱歌，跳舞的跳舞。杀牛之后，将牛角埋于水底，牛肉则分给寨人享用，称为"吃龙肉"。

斗牛节是另外一个以牛为主题的节日，大概在每年农历的二月、三月或八月、九月举行，具体的日子为"亥日"。斗牛节的前一天，寨子里的年轻小伙子需要做好准备，寨子里鸣锣敲鼓，吹笙放炮，通宵达旦。第二天清晨，斗牛场上人山人海。铁炮三响，"牛王"在锣鼓和芦笙的乐器声中进入斗牛场。一支支由男人组织的队伍，手持金瓜、月斧，举着各种旗帜，前呼后拥，绕场三周，算是"入场式"，也叫"踩场"。这一仪式反映出了斗牛节浓厚的军事遗风。

接着，各队牵着自己的牛王，举着火把，严阵以待。牛王头上镶嵌铁角，罩着红色布匹，背部插着令旗与野鸡毛，脖子上吊着铃铛。铁炮一响，他们便将火把往前一抛，参斗的两头牛从两端四蹄腾空，冲了上去，斗作一团，难解难分。场外人群呐喊助威，气氛紧张热烈，十分壮观。

如果两头牛王久斗而不分胜负，人们就用大绳拴住两头牛的角，像拔河一样往后拉，解脱它们的搏斗，算是平局。如果一方输了，他们的彩旗就会被对方的姑娘们全部夺去。他们需要通过赎旗礼和对歌的方式才能赎回。得胜的牛王则被披上红布，以示祝贺。斗牛节要举行三天。

据说，很早的时候，人们只会通过撒种的方式种植水稻。后来，有两头牛在秧田里打架，将秧苗踩坏了。主人只好从其他地方移植一些秧苗来补充。秋天的时候，这块补过的水稻田，收成比其他的还好。于是，人们就学会了插秧，即将育秧和插秧分开。这是水稻种植史上的重要发明。出于纪念，侗家人就有了斗牛节。

还有一个故事说，有一个老人从外地买了一头牛，回来的时候，跟另外一头牛打架。老人杀了别人的牛，保全了自己家的牛。到了寨子里，因为这头牛的帮助，年年都有一个好的收成。为了庆祝，人们就举行了斗牛节。

不过，坪坦没有牯藏节，也没有斗牛节。坪坦人将自己对于农耕、耕牛、祖先等的各种复杂情感，寄托在其他的节日或者习俗里。

跟汉族一样，清明节是侗家的一个缅怀先人的节日。其上坟仪式与汉族基本相同。坪坦的坟地就在寨子后面，每年的这个时候，坟地上都挂满了彩色的纸扎，鞭炮声不时响起。有些传统的人家，还在清明节这一天吃甜藤粑粑。制作甜藤粑粑，需要用到甜藤和蒿菜。

甜藤是一种藤本植物，山野间到处都有生长。其叶对生，叶背密生细毛，皮花雀斑，灰色并带绿色。蒿菜是旱地或干田里生出的一种白茎黄花卉，学名鼠曲草。将甜藤捣成渣，泡在水里，舂烂后取它的汁液，泡糯米5个多小时，取出糯米滤干水分。接着把蒿菜用舂碓舂烂，再用水冲洗过滤，去掉其中的涩味和苦味。将糯米磨成粉，加上白糖，与蒿菜和到一起，然后包扎，上笼蒸熟。

甜藤粑粑的来历有一个美丽的传说。据说在很久以前，有位青年上山砍柴时用一种藤捆柴。藤的皮上全是如同蛇皮一般的花斑点，且香甜无毒。他梦见一位老人告诉他，用这种藤条和着糯米煮熟，可以避免毒蛇咬伤人。青年半信半疑，但还是照着做了。果然，他上山干农活，毒蛇都怕他。于是，大家都按照这个方法去做，防治毒蛇的效果很好。用甜藤做粑粑的风俗便由此而来，一直传承至今。

清明节前后的三月三，也是坪坦人比较看重的一个节日。这一天人们也会包甜藤粑粑。当地人说："三月三，工也要做，花也要采。一来做工来养老，二来采花少年玩。"这一天过后，农忙的季节就开始了。

2. 夏季

夏季中的节日相对于春季来说较少，第一个节日是四月初八。

四月初八是一个特殊的节日，在不同的地方有不同的称呼。而且，它不只是侗族的节日，在贵州、广西、湘西、广东等地的汉（客家）、苗、布依、瑶、壮、彝、土家、仡佬等民族中也广泛流行。整体来说，这一节日主要与农事有关。在这一天人们会举行各种欢庆仪式，以表达对于丰收的渴望。

比如苗族，这个节目是为了纪念本民族历史上的英雄。每逢四月初八这一天，苗族人民就披戴银饰，穿戴新衣，从山顶、山腰、平坝向四月八节日活动场地聚集，这一天要举行演傩戏、上刀梯、下火海、跳狮子舞、打花鼓、赛歌、吹唢呐、吹木叶等活动。传说古代有一位智勇双全的苗族首领亚宜。他领导苗民起义后，连连获胜，一直打到湖南、四川、贵州等地。第二年的四月初八，亚宜不幸战死。为了纪念这位民族英雄，每年的四月初八，苗族百姓都要举行盛大隆重的一系列纪念活动。

壮族的四月初八，称为"牛魂节"，又称"脱轭节"，流行于桂北龙胜一带的壮族山村。壮族人认为四月初八是牛王的生日，所以将这一天定为牛魂节。这一天，人放犁，牛脱轭，主人家要用自家新酿制的甜酒和五色糯米饭来喂牛，要清扫牛栏，给牛洗刷身体，牛沐浴时，还要敲鼓助兴，但不能打牛。他们认为，如果打了牛会把牛魂惊跑，对农事大为不利。午间家家都要举行敬牛仪式，全家坐在摆满酒席的桌边，由家长牵牛绕桌一周，同时唱起敬牛歌，喂牛吃五色饭。最后，全家站起来抚摸牛背，表示对牛的祝福。

畲族的四月初八有两个名称，一个称为"歌王节"。歌王节来源于钟子期和俞伯牙的故事。这个故事我们耳熟能详，但是在畲族的传说里，钟子期被视为畲族人，另外还有一个钟仪。伯牙弹琴奏的《高山流水》被畲族人称为"大喝"和"小喝"，只有钟子期和钟仪这两位畲族歌王能听懂。后来，为了纪念这两位歌王，畲家人每年四月初八都要设坛祭祀，举行歌会，大唱"大喝"和"小喝"，称为歌王节。这一天又被畲族称为"牛歇节"。为酬谢耕牛一年的辛苦劳作，畲族人严禁这一天对牛进行鞭打，以安定牛魂。不仅如此，还要准备好草料和自家酿的酒供奉给牛。当地还流传着一首《牛歌》："牛角生来扁扁势，身上负着千斤犁。水牛做饭给人食，四月初八歇一时。"

在侗族内部，不同的地方过四月初八，也有不同的过法。

贵州锦屏县的九寨侗族人民将四月初八称为"牛王节"。他们跟壮族人一样，认为这一天是牛的生日。过节的时候，各家的妇女为牛煮白米饭、炒油茶。条件好的还要煮鸡蛋供牛食用，以示在春耕大忙之前，人们对它的深情慰问和热情奖赏。中午吃完散席后，人们到家里，袖子一挽，手插木盆，试试盆里的米饭、油茶是否烫手，然后端起木盆、带着鸡蛋烤酒到牛圈去喂牛。主人往往要抱着牛头亲热爱抚一番，并对其进行赞美和感谢。牛吃饱了，在一旁的小孩子就拉它出去吃嫩草，冲洗身体，梳理毛发。主人则清理牛圈，垫上干燥蓬松的稻草或茅草，让牛舒舒爽爽地度过自己的节日。过牛王节，不准放牛打架，更不准宰牛吃肉，也不准牛劳动。

广西都柳江沿岸山麓边的侗寨，则将四月初八视为"种棉节"。这一天，刚刚结婚的新郎新娘，带着装扮一新的青年伙伴，备好腌鱼、腌肉、盐蛋，包着糯米饭到山上当午餐。种棉地里，芦笙手合奏笙曲，小伙子将地深翻细拍，姑娘们下种施肥。活干完了，插上一枝挂满蛋壳的树枝，象征着棉花的丰收。这时，就在田地边摆好丰盛的午餐。一些村寨还带着狗、鸡或鸭到地边宰杀下酒，并煮糖粥。

午宴完毕，青年们心情欢乐，直到天色不早，方在笙曲中有说有笑地回家。晚上，女方宴请丈夫的众伙伴，全体姑娘均来作陪。大家欢歌畅饮。种棉活动激发了青年们的劳动情绪，播下了爱情的种子。现在，种棉活动已经成为女婿帮丈人家劳动生产的习俗。

坪坦的侗族也过四月初八，称为"乌饭节"。这一天，嫁出去的女儿带着一家人回到村里，帮着家里一起做一顿乌米饭，节后回婆家时，还要带些乌饭糍粑，分送给婆家的亲友，共享节日佳肴。关于乌米饭的来历及做法，在前文《饮食》一节中已经有所描述。

家家户户做好乌米饭，端到鼓楼中间进行比赛。谁家的乌米饭染得最黑，谁家就获得了胜利。侗族是一个热爱和平的民族，在明清两代不同的地方志中，苗族或者瑶族经常不堪压迫而举行起义，但是侗族一直都非常温和。但这并不意味着他们不喜欢竞争，只是他们将各类竞争都通过不同的民俗活动化解了，比如斗牛、芦笙比赛、斗歌等。四月初八乌饭节的乌米饭比赛，也是这种精神的体现。这一天，坪坦的耕牛也可以休息，并享受很好的招待。

端午节的来历，有很多说法。最初它为祛病防疫的节日。早在春秋时期，吴越之地的百姓就有在五月初五以龙舟竞渡的形式举行部落图腾祭祀的习俗。后来，伟大的诗人屈原抱石自投汨罗江身死，其又成为华人纪念屈原的传统节日，部分地区也有纪念伍子胥、曹娥等说法。

汉代人认为，五月初五为恶月恶日，民间认为"不举五月子"，即五月初五所生的婴儿无论是男是女都不能抚养成人，一旦抚养，则男害父、女害母。今天民谚中的"五月到官，至免不迁""五月盖屋，令人头秃"等说法，就是这一观念的遗存。这一习俗至迟从战国开始流行，迄至汉代仍盛行不衰，在汉代人的文献中，多有记载。"端午"二字，最早的文献材料，见于西晋人周处的《风土记》："仲夏端午，烹鹜角黍。"

端午节这一天，人们饮雄黄酒、吃粽子、挂艾草，目的在于驱邪避灾。最重要的集体活动，就是赛龙舟。"龙舟"一词，大约在西周《穆天子传》中就有出现："癸亥，天子乘鸟舟、龙卒浮于大沼。"晋代郭璞注："龙下有舟字。舟皆以龙鸟为形制。今吴之青雀舫，此其遗制者。"但"竞渡"一词，则要晚至晋代周处的《风土记》和其后的《荆楚岁时记》才可见及。直到唐代骆宾王、刘禹锡等诗人的作品中，始有"龙舟"与"竞渡"的结合，成为我们今日印象中以竞速为目的的划龙舟比赛。

《隋书·地理志》记载："屈原以五月望日赴汨罗，土人追至洞庭不见，湖大船小，莫得济者，乃歌曰：'何由得渡湖？'因而鼓掉争归，竞会辛上。习以相传，为竞渡之戏。其迅样齐转，掉歌乱响，喧振水陆，观者如云。诸郡率然，而南郡、襄阳尤甚。"端午龙舟竞渡，至少从隋代开始就成为民间一年一度的盛事。"宁愿荒废一年田，不愿输掉一年船。"在农村地区，人们对赛龙夺舟锦标更是十分重视。有的地区，龙舟竞渡要延续很多天。

明代杨嗣昌的《武陵竞渡略》记载，龙舟竞渡已不限于端午一天，而是"四月八日揭篷打船，五日一日新船下水，五日、十日、十五日划船赌赛，十八日送标"，还有"五月十七八打船，二十七八送标者"，竞渡差不多历时一个月。

坪坦过端午节，基本习俗与汉族地区相似。这一天，家家户户都要包粽子，所以又称为"粽粑节"。有些传统的老人对包粽子十分讲究，认为必须要家中年纪最大的人来包才行，其他人都不能动手。也许在他们看来，包粽子表达的是老一辈对于晚辈的关爱。包的时候，不能计算粽子有多少个，包了多少就算多少。

煮好之后，要先祭祀祖宗和其他神灵，之后才能家人享用。如果提前吃了，要受到责怪。嫁出去的女儿要回到娘家，女婿给岳父送上礼物，包括鸭子、猪腿、白糖、粽子和米酒等。丈母娘则在家里杀鸡宰鸭，招待女儿女婿一家。门的旁边悬挂着艾叶、菖蒲，房屋的四周撒一些雄黄酒，避免毒蛇、蜈蚣之类的爬进来。

坪坦虽然有一条河，但水流不大，不能赛龙舟。赛龙舟也不是一个村子的财力和人力可以举办好的。不过，有的时候，他们也会派出龙舟队，参与到其他侗寨一起举办的赛事中。

在六月份，有一个重要的节日：尝新节。尝新节其实也是在西南地区少数民族之间流行的一个普遍性节日。尝新节在侗族具有古老的传统，它的内容包括追思先祖、庆祝农事等活动，具体时间各有不同。北部侗族村寨，有的是在六月小暑之后的第一个卯日，有的则是在七月的寅日或者卯日。南部侗族地区，有的在六月十二过尝新节，有的在七月初二、初四、初七、十四，也有的在八月初一。

坪坦的尝新节，在六月初六。过节的前一天，要到田里抓几条鱼上来。家里的妇女则到河边将锅碗瓢盆洗干净。晚上的菜肴以鱼为主。筷子是新的，用刚刚从山上砍来的竹子做的，现在很多人家为了方便，会直接到集市上买一把来。吃晚饭前，先祭祀祖先，祭品是未出穗的稻子，或者新笋壳包成的糯米饭。

吴姓人家是在自家田里拔出三根抽穗的禾苗，放在飞山神的牌位前。家里的门窗都要打开，便于祖先的"魂灵"出入。凌晨一大早，全家人就要起来，点上灯火香烛，再次祭祀祖先；吃过早饭，再杀鸡宰猪，准备招待客人。唱侗歌等活动也必不可少，都在芦笙场上举行。

有的村寨中，还要在半夜打着火把、背着行李离开家园，在野外跋山涉水度过，以纪念先祖四处迁徙的辛酸历史。这一天，要将纺纱织布的工具收起来，因为不准纺棉花，据说会招来风灾，导致粮食减产。

3. 秋季

秋天是收获的季节，这个时节的节日，也会打上收获的烙印。

其中，茶歌节就是如此。茶歌节一年有两次，第一次是七月十五，当粟米和黄豆熟了的时候，姑娘们要来"尝新"，这一次规模较小。另一次是八月十五，跟中秋节重合。这时，稻谷已经进仓，糯禾上了场，显得热闹非凡。茶歌节，顾名思义，就是围绕着侗家特有的油茶而进行的。

过节时，小伙子到姑娘家唱歌取乐，姑娘要用亲自制作的茶来款待客人。

十五的晚上，月亮正圆。后生们带着月饼、糖果之类的乘兴而来。姑娘们则精心打扮一番，笑脸相迎。她们接客进屋后，把家里所有的好佐料，如油炸黄豆、花生、龙骨茶、芝麻、五香、花椒等全用上，连同糍粑一起，精心制作油茶，满寨芳香四溢，令人馋涎欲滴。茶歌节这天晚上，后生们可以到处走家串户，随意游逛，纵情歌唱，无论到哪个村寨，也不管是否熟悉，都有人热情接待，其中不乏油茶。若打听到哪个寨子的姑娘多，油茶煮得又好，后生们就会蜂拥而至，那里的歌声也就特别嘹亮。

在煮油茶前，有的姑娘故意把粟米拿出来要后生舂好，这个活动颇有难度。为了让姑娘们满意，后生们往往逢场作戏，故意高一脚低一脚懒洋洋地边舂边唱。吃油茶时，为了讨好姑娘，他们也总是编出最美的歌词来称赞对方。聪明的姑娘心领神会，腼腆地接腔。吃完油茶，在后生起身递碗筷时，姑娘故意不接。这时后生要见机行事，用歌反守为攻。

茶歌节的来历，也有故事。相传很多年前，一个侗寨中有三位姑娘，长得像鲜花一样，乡亲们称她们为三朵"榴花"。相隔五里的杉木村，也有三个英俊的后生，乡亲们称他们为三根"金竹笋"。这三对男女青年经常往来，感情越来越深。他们常在晚上幽会，一坐就是半夜。

为了解决坐夜时烧油茶的原料问题，他们商量出了"勿牙陡"（把有水源的山冲荒地开垦成梯田种糯禾、把未开垦过的陡坡用来种小米）的好办法。这些收成作为姑娘们的公共积累，用来做"宵夜"。这种风俗一直沿袭下来，并且演变成了今天的"茶歌节"。

芦笙节也在八月中秋节前后举行。坪坦的每一个重要节日，只要在芦笙场上举行，就不可避免地要用到芦笙。而芦笙节则更是如此。2008年，坪坦被文化部命名为"全国芦笙之乡"。每年的八月十五，周围村寨的芦笙队伍就身着节日盛装，在寨老的带领下，陆陆续续来到坪坦，举行芦笙大赛。

队伍到齐之后，三声炮响，坪坦的芦笙队奏着《芦笙曲》，进入芦笙场。其他村寨的芦笙队，则吹奏《到场曲》，表示已经到达。主队再吹奏《欢迎曲》，并鸣鞭炮。其他村寨的芦笙队则正式进入芦笙场，准备比赛。场内无数芦笙林立，彩旗招展，人声鼎沸，和着欢快的芦笙音乐，显得极为热闹。

中午时分，在坪坦芦笙队的乐曲中，坪坦的姑娘们将自家酿造的甜酒端上，给客人们解渴。她们身穿盛装，挑着装满甜酒的木桶，围着芦笙场到处敬酒，满身的银饰在阳光下闪闪发光。客人们喝完酒，便将随身携带的糖果放在喝干的酒桶内，表示谢意。比赛结束，选出最好的芦笙队，颁发奖旗。最后，全场一起奏响《扫场曲》，宣布比赛结束。

坪坦八月十五的中秋节，有"八月中秋哥送饼"的说法，其实就是青年男女在一起谈恋爱。这一天一大早，寨子里的青年小伙子就准备好月饼。月饼是用红纸贴着的，装在挎包里，聚在路边等待。等到大家都聚齐了，就一起走向约会的地方。姑娘们都躲在一边，等小伙子到了就出来给他们一个惊喜。姑娘小伙子们先是都站在那里，相互问好，说些心里话，然后才一起谦让着坐下来。小伙

●芦笙节

子取出月饼，成双摆好放在地上，边唱歌边劝姑娘们吃。姑娘们也以歌作答，歌声你来我往，直到太阳落山。

中秋节的夜晚，最重要的活动是围绕着月亮而发生的。与汉族的赏月不同，侗族过中秋节主要是祭月拜月，带有隆重的仪式感。在坪坦，大家吃完晚饭，都来到芦笙场上。当月亮升起来时，芦笙歌舞队就踏着月光，在场内载歌载舞，欢庆中秋佳节。表演完，就摆好香案，呈上水果、月饼，进行拜月的仪式。主持拜月活动和参加仪式的是寨子里的成年男子，妇女和儿童都只能作为观众在一旁观礼。由主祭焚香祭拜，献上水果、月饼之后，再将月饼和水果先分发到老人手中，然后再分发给参加拜月的村民。

九月初九重阳节，很多汉族地区都不怎么过。虽然它是一个节日，但并没有过节的各种仪式和活动。坪坦在重阳节这一天，有人家会做糯米粑粑。这个习俗据说是起源于清代咸丰同治年间。

当时，贵州出了一个侗族英雄姜应芳，他领导农民起义，反抗官府的压迫。后来兵败被俘，清政府问姜降不降？姜答："若要我投降，难于上天摘太阳！"问姜还反不反？姜答："若要我不反，除非地上石头烂！"在九月初九这一天，姜应芳被官府杀害。侗族人民为了纪念这位民族英雄，过重阳节的时候，就打糯米粑粑，并在第一槽中挤出三个特别大的供奉给他。

九月份，各种庄稼都成熟了。因为家庭农业需要相互合作，所以"收稻子"本身也逐渐演变成了节日性质的活动。新婚夫妇相互带着同伴，帮着对方收稻子。它有两方面的好处，一方面是可以很快速地收割完庄稼，另一方面是通过共同劳动，能进一步加深双方的感情。

具体在哪一天，要根据稻子成熟的时间而定。一大早，丈夫就带着自己最好的朋友，吹着芦笙来到女方家的稻田里。妻子也会邀请一群姑娘来陪伴。大家在稻田里有说有笑，欢快地劳动。午餐以鱼为主，稻田离家很远，以前没有交通工具，来回不方便，就在稻田里随便吃一餐。晚餐由妻子家里准备，青年男女共聚一堂，喝酒唱歌，十分欢乐。这是"帮妻子摘禾"。妻子到丈夫家里帮忙，则是"帮丈夫摘禾"。程序仪式相差不大，只是不会吹芦笙。

秋季还有一个赶社活动，在立秋后的第五个戊日——侗族的好几个节日都是这样，是根据天干地支来决定的。这种计算方法最麻烦了，只有精通农历的人才知道。立秋后的第五个戊日就是"社日"。前一天，村里人就开始杀猪宰羊，请客办酒，一起喝着自家酿的米酒，畅谈到深夜。第二天正式过节了，大家身着盛装，聚集在一个空旷之处，交换农副产品。这个节日其实就是农作物收获之后，大家互通有无。

但是，侗族人用了一个故事来阐释它的诞生。据说，古代有一个叫木阿点龙的厨师，给皇帝做菜。有一次，皇帝问他，什么东西最好吃。他说，盐巴最好吃。皇帝很生气，认为他在调侃自己，就将他处死了。木阿点龙的厨师朋友继续给皇帝做菜，故意不放盐。皇帝吃了没有盐的菜，果然觉得不好吃，知道自己错怪了木阿点龙，只好认错。

所以，这一天侗族人都要喝点盐水；做菜的时候，不用菜刀切而用剪刀剪；吃的饭称为"赦饭"。种种习俗，都是为了纪念木阿点龙。木阿点龙也被称为"社神"。春社是迎接社神的到来，秋社则是送社神离开。举行迎送仪式的时候，要画上三匹马作为坐骑，社神自己、祖母及媳妇各一匹。

4. 冬季

冬季的节日很少。这个季节，天气变冷，农作物也都收获了。在传统侗族人看来，冬季最重要的节日是侗年。经过一年来的辛勤劳动，正是田间地头的农作物如糯米、稻谷、红薯等收割回家的时候，田里的鱼类也捉回家腌制好，趁着秋后农闲，一来喜庆丰收，二来进行娱乐。亲戚朋友相互走访，欢聚一堂，有说有笑，猜拳行令，共享丰收之乐。

如果根据公历或者农历来看，侗年的日期是不确定的。一般为农历十月底或十一月初。有的在每年农历十月下旬过侗年，有的则在农历十一月下旬过侗年，还有的村寨分别在农历的十月下旬、十一月中旬以及春节过三次侗年。把侗年节错开来过，便于亲戚朋友互相走访。

侗年的延续时间一般为一至三天。要是举行唱琵琶歌、踩芦笙、斗牛、演侗戏等活动，有时也要七至十天才结束。节日期间，侗家男女老少身着民族盛装，聚集到开展活动的指定地点，观看节目，芦笙、琵琶、侗歌等都是必不可少的。节日期间，白天男女青年们互相认识，晚上则"行歌坐夜"，有的通过认识后建立了深厚的感情，结成了终身伴侣。

侗族人过节的时候，最讲究吃。除有猪、牛、鸡、鸭肉等外，还有冻鱼、腌鱼、腌肉等独具民族风味的食品。尤其是腌鱼和腌肉，味道独特，五味俱全。

不同的村寨，在不同的时间过侗年；同一个村寨，不同的姓氏也可能在不同的时间过侗年。过去，坪坦的吴姓人家，每年的十一月过侗年。家家户户都煮冻鱼，经济条件较好的人家，还会杀一只鸡；普通人家，则准备一碗肉，然后聚在一起，祭祀祖先。祭祀完毕，各家将自己的食物端回家享用。杨姓的人家也在十一月过侗年，但具体哪一天也有不同的说法。有的说是十一月十一日，有的说是十一月初四。

这有一个小误会。当时，杨氏祖先的两兄弟逃荒，分别去往不同的地方。分手的时候，相约一起过节。但是，一个听成了十一月十一，一个听成了十一月初四，所以后来就导致了过节日期的不同。但不管是哪一天，吃冻鱼是必不可少的。祭祀祖先的时候，要准备一副挑担，里面放上祭品和其他的如鸡笼、蓑衣之类的物件。一个人挑着出去，另一个人在背后喊他挑回家，然后拿出来，恭恭敬敬地摆放在神龛前祭祀。

差别还不止如此。从江县有一个侗寨的杨姓人家过侗年，是在十一月初三。其侗年的来历，跟坪坦的杨姓有不同的说法。从江县的杨姓认为，其祖上有一个将领带兵在外，怕过春节的时候回不来家，就提前在十一月初三回来。这一年杨家的糯米丰收，鲤鱼肥壮。他们就以鱼宴请乡亲，并祭祀祖先。

由此可见，侗族过侗年，目的在于祭祀先祖，同时对过去的迁徙岁月进行怀念。现在，有些侗族更看重春节，不过侗年了，只是保存了在十一月吃冻鱼、祭祀祖先的习俗。

坪坦村的侗年现在是整个村寨的节日。原来是根据侗历推算的，现在则套用汉族的农历确定。2016 年，坪坦的侗年是正月初四。这一天，坪坦人杀猪宰羊，祭祀萨，然后举行盛大的芦笙舞会，庆祝这个节日。

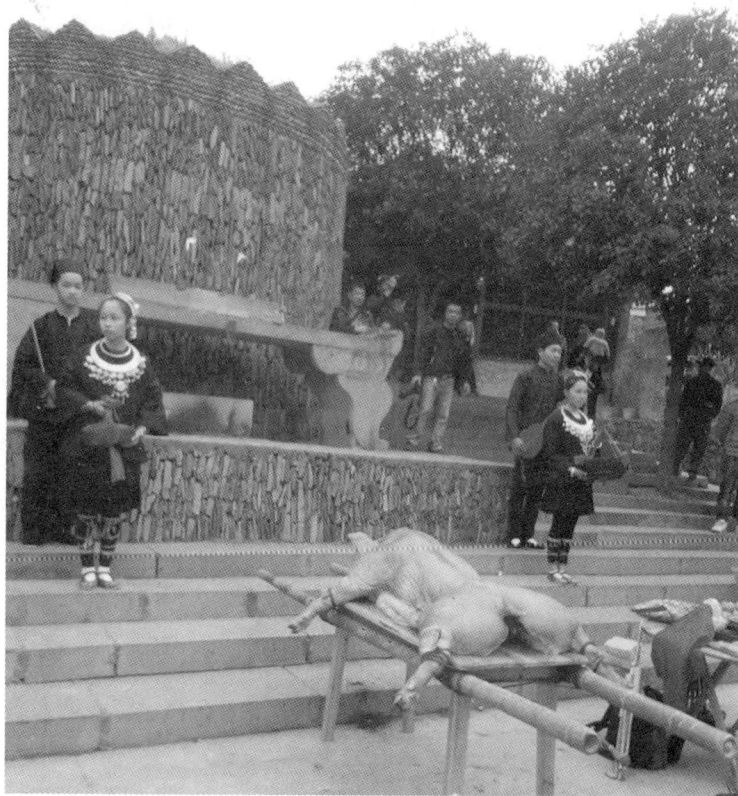

● 过侗年（图片由吴柳妮提供）

第6章

娱乐

跟其他地方的侗族一样，坪坦人的娱乐生活极为丰富。除了少数的活动，如其他侗寨中流行的斗牛等，其他传统的侗族娱乐形式，它几乎都有，如侗歌、侗戏、芦笙、琵琶等。坪坦的娱乐贯穿于日常生活和每一个民俗节日，也贯穿于一个人出生、成长和死亡的各个阶段。

1. 侗歌

侗族谚语说："水不离河，侗不离歌。"又说："天养鸟群水养鱼，饭养身体歌养心。歌养心灵人知理，又懂仁义又有情。""老虎好看美在背，鸟语动听美在嘴。要问人间什么好，世上歌声最值钱。"在各种社交场合和婚丧礼仪中，侗族人都要唱歌，拦路歌、开路歌、酒歌、盘歌、赞歌、苦歌、哭歌、踩堂歌、劝世歌等，无处不歌，无事不歌，无时不歌。

侗族是一个喜欢唱歌的民族，在坪坦考察的时候，我对这一点有着极为深刻的体会。我经常会参与到当地人的劳作当中。突然间，那些七八十岁的老太太嘴里就会飘出一段歌声。歌词是侗语，听不明白，但是通过那

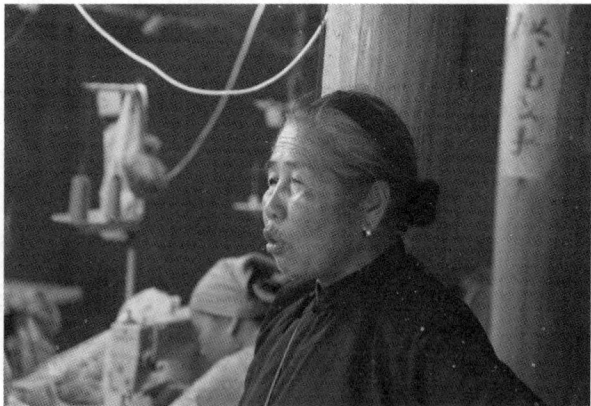

● 唱侗歌的老太太

些简单而蜿蜒的旋律，还是能感受到一番别样的风情。一个人唱着，另一个人也跟着唱，接着大家都能唱起来，包括那些腼腆内向的小女孩。

侗家人的日常生活中，都穿插着歌声。侗家人说："迎风才能吹燃火，唱歌才能开心窝。"一般而言，侗歌分为大歌和小歌两种。小歌在侗语中称为"嘎腊"，类似于现代人生活中的流行歌曲，以男女之间的情歌为主，既有独唱，也有对唱。小歌的"小"主要体现为演唱者的人数不多，歌曲本身轻巧紧凑，如同一首短小的诗，即题材小、规模小、长度小。它常用比兴的手法，寄情于物，曲调灵活自如。

独唱的情歌中，有较短的，格式如同七言绝句："去了去了又转来，人留情

意花留苔。人留情意常来走，花若留苔四季开。"也有较长的，如这首男人唱女人负心的歌："唱起人情大歌气难消，昔日恋妹哥像喜鹊把枫树绕。来到榕江边上哥邀请妹同船渡，谁知妹妹要过桥。哥是桃树开公花，背时公花不结桃。当初是妹心情愿，水车车水浪滔滔。当初我俩盘进骨头间进髓，如今呀，妹是木桩插进松土不经摇。我家因无大块良田难逗妹上眼，命中注定哥打单身无望靠。妹是白马人家早系缰，装鞍钉掌转为他人去效劳。当初跟妹千般好，如今呀，蛋抱变雏还坏只因母鸡逃。"

对唱的情歌中，有的连起来如同一段小型的戏，如下面的这一段：

男："巧遇妹妹好人才，人又聪明口又乖。落坡太阳看见你，停在山头眼发呆。"

女："哥哥真是好口才，唱得死人眼睛开。唱得降水倒流转，唱得干鱼摆尾来。"

男："借一件，跟妹借物当把凭。若凡有心借给我，拿去当金又当银。"

女："哥要借件哥莫忙，棉花还在土头黄。细布还在布机上，帕子还在梁缸房。"

男："借件不是借油盐，何必拿话来拖延。无论大小借一件，头发丝丝可结缘。"

女："哥要借件哥莫忙，妹先跟哥借几样。天上明月借一个，月内梭罗借一枝。瞎子眉毛借四两，蚂蟥骨头借一根。哥哥若肯借给我，妹妹拿去远传扬。"

男："颠倒颠，妹妹反跟哥借件。天上明月是镜子，月内梭罗是花根。瞎子眉毛是丝线，蚂蟥骨头是花针。一一二二唱给你，赶快借给莫耍横。"

这段对歌中，由青年男子起头，对青年女子进行赞美，不过女子即使心中有意，也不能立马就接受。她顺着男子的唱词，也赞美了男子唱歌的口才。表面上看是表扬，实际上暗含了讽刺。她认为男子花言巧语，虽然唱得好听，但未必是个实在的人。男子就继续唱道，要跟女子借一件东西，借来就会当成宝贝。女子告诉他，不要心急，棉花还长在土里没有纺纱，纱还在织布机上没有织成布，布还在染缸里没有染好色。这几句唱词生动形象而又符合侗家女性的身份特征。

男子当然知道她是在拖延时间，于是进一步说，随便借一件就行，即使是一根头发也能行，目的不在借东西，而是想跟女子求爱。女子当然知道，于是反过来跟男子借四样东西："天上明月""月内梭罗""瞎子眉毛""蚂蟥骨头"。这些当然是比喻，表面上是刁难，实际上是在试探男子的智商。男子知道这些都是女子的日常用具，对之一一进行解答。

通过对歌来测试自己所钟爱的对象是否聪明，是一个很好的方法，正如侗家谚语所说的"不会唱歌身不贵，会唱歌来人聪明""灶膛无柴难起火，肚内无才难唱歌""读书三年字成体，唱歌三年见识多"等。也正是因为如此，所以情歌当中常常有很多诙谐幽默的内容。透过这些诙谐幽默，侗家人的聪明尽显其中。

有些场合，小歌是有伴奏的。伴奏乐器有琵琶、笛子、牛腿琴等，分别称为"琵琶歌""笛子歌""牛腿琴歌"等。

北部侗族地区，有"玩山歌"的传统。三穗县款场地区的石碑记载说，这一习俗自洪武年间，杨姓祖先为了躲避战乱从江西迁徙过来的时候就开始了。它有一整套的程式，分为三个部分：一是初相会，包括相逢歌、问姓名歌、难得歌、自谦歌、赞美歌、盘歌等；二是深恋，包括借把凭歌、思念歌、不相忘歌等；三是成双歌，包括结伴歌、分别歌、嘱咐歌、送行歌、埋怨歌、失恋歌、规劝歌、相思歌、重逢歌。随着感情的深入，每个阶段都唱不同的内容，丰富而细腻。贵州的天柱、锦屏、三穗、镇远和湖南的新晃、靖州、芷江等地，都十分盛行玩山歌。重要的日子里，如小伙子在路上遇到自己喜欢的姑娘，便可以歌相邀，让姑娘唱歌作答。

在南部侗族地区，最流行的是大戊梁歌会。大戊梁歌会在每年农历立夏前十八天举行，为期三天。大戊梁这个名称，既关乎时间，也关乎空间。"大戊梁"在侗语中称"梁蒙"，即云雾缭绕的大山梁，位于通道牙屯堡镇，西临贵州，北临广西，处于三省、自治区的边界，周边分布着侗、苗、瑶、汉等民族。大戊梁海拔800多米，山顶宽40米，长460米，草木葱茏，地势平缓，为绝佳的天然广场。

中国的农历中，年、月、日、时都按照六十甲子的顺序排列。每年有六个戊日，即戊子、戊寅、戊辰、戊午、戊申、戊戌，称为"六戊"。按照道教传统，六戊日不烧香诵经，不鸣钟鼓法器。侗族也有此传统，戊日这一天不动土，不砍伐，所有的农活都停下来，进入娱乐休息的状态。

后来，一些大的村寨就在自己的村里举行大戊梁歌会，坪坦就是如此。

侗族人将大戊梁歌会的起源文学化了。他们说，大戊梁歌会来源于一个很美的爱情故事。很久以前，榕江地区有一个名叫闷龙的小伙子，与通道牙屯堡一位名叫肖女的姑娘相爱了。二人经常在大戊梁相会，并秘密定情。肖女准备

● 坪坦歌会

跟随闷龙去榕江，到达牙屯堡河的时候，却因水急石滑，二人不幸失足落水，被波涛汹涌的洪水卷走。据说，二人死后就化作一块巨石，立在河中。后来，侗族的青年男女为了怀念他们，便在闷龙和肖女生前相约的地方聚会，代代相传，便逐渐形成了大戊梁歌会。

宋代陆游的《老学庵笔记》记载："辰、沅、靖州蛮……皆焚山而耕，所种粟豆而已。食不足则猎野兽，至烧龟蛇啖之。其负物则少者轻，老者重，率皆束于背，妇人负者尤多。男未娶者，以金鸡羽插髻，女未嫁者，以海螺为数珠挂颈上。嫁娶先密约，乃伺女于路，劫缚以归。亦忿争叫号求救，其实皆伪也。生子乃持牛酒拜女父母。初亦阳怒却之，邻里共劝，乃受。饮酒以鼻，一饮至数升，名'钩藤酒'，不知何物。醉则男女聚而踏歌。农隙时至一二百人为曹，手相握而歌，数人吹笙在前导之。贮缸酒于树阴，饥不复食，惟就缸取酒恣饮，已而复歌。夜疲则野宿。至三日未厌，则五日，或七日方散归。"由此可知，最迟在宋代，大戊梁歌会这种类似的集体性歌唱活动就已经盛行了。

传统的大戊梁歌会的流程非常自由，带有民间的自发性质，不须策划，无人牵头。虽然也有苗、汉、瑶等民族，但侗族占主要部分，所演唱的歌曲也主要是侗族民歌。其形式十分多样，有四大类和十二大歌种：一是独唱类的情歌（日

● 大戊梁歌会

歌、夜歌）；二是合唱类的双歌（平伴歌、开堂歌、换段歌、花歌）、酒歌（赞酒歌、劝酒歌）、茶歌（茶源歌、敬茶歌）等大歌；三是引领合唱类的大歌（耶补、耶堂）、款歌；四是乐器伴奏类的琵琶歌、牛腿琴歌、侗笛歌、木叶歌、芦笙演奏等。可以说，所有的侗族音乐，都能在这里得到展现。同时，歌会期间，还有玩山、哆毽、斗鸟等民俗和民间文化表演活动。

大戊梁歌会是在特定的时间、特定的场所举行的文化活动，由相对固定的人群参与。它集民族民间音乐之大成，同时融合了大量的民俗活动。但是，随着现代外来文化的进入，它也面临着前所未有的冲击。最主要的是，由于大戊梁歌会流传区域内的村寨经济都不发达，许多侗族青年男女进入城市打工挣钱，无暇参与到这一活动中来。而且，现代通信工具的运用，也使得很多青年男女表达爱情的手段在悄悄地发生变化。

坪坦村里很多七八岁的孩子都会用手机上网寻找自己感兴趣的东西，但却不会唱侗歌。他们到了十八岁以后，很难参与到祖辈流传下来的这个活动中来。坪坦村热衷于这一节日的人群年龄，现在集中在四十多岁。他们有些人就是在大戊梁歌会上找到了自己的终身伴侣。吴柳妮现在只要不出去打工，几乎每一年都会参加，既可以一展歌喉，也可以见到很多久不见面的老朋友。

不过，即便如此，牙屯堡附近村寨的各族青年男女，还是会有许多人翻山越岭地徒步来赶这一年一度的歌会，多时可达万人。"歌是桥梁跨过河，能连南北两边坡。"现在他们参加大戊梁歌会不仅仅是在对歌或者寻找爱人，更重要的是在继承文化。

除了大戊梁歌会这种大型歌会活动之外，在坪坦的很多场合，还流行坐夜歌，也称为"走寨歌""青年歌"。它有很多种形式，如拖腔歌、双歌、玩歌等，主要是表达男女之间的爱情。具体怎么分类，并没有统一的规定，因为各地的命名、唱法和曲调都不同。按照传统的习俗，入夜时分，姑娘们聚在一处，小伙子则过来唱起"敲门歌"和"探望歌"。姑娘们开始都较为矜持，不肯开口。小伙子继续唱歌，赞美自己心仪的姑娘。经过一番气氛渲染，姑娘们纷纷加入对歌的情境中。已经相互中意的男女，会唱"相爱歌"，一对情侣大概就可以确定了。

传统的坐夜歌中，以《银情歌》最为有名。《银情歌》是一组歌曲，共计十二首，又称《十二大银情》，为《银情美》《银情告》《银情枉》《银情十四》《银情昆界》《银情缟寨》《银情赖》《银情乖》《银情腮旁》《银情内》《银情斗》和《银情佩》。汉语的意思分别是《新情人》《旧情人》《分离的情人》《十四岁的情人》《远方的情人》《本寨的情人》《好情人》《聪明的情人》《高傲的情人》《病中的情人》《被抛弃的情人》和《逃脱的情人》。这些情歌的人物关系较为简单，但是由于大段运用侗族地区常见的山水草木、鸟兽虫鱼或者农耕工具、服饰家具等内容，明喻暗喻互见，或缠绵婉转，或炽热真诚，让人听了为之一振。

如《银情内》（即《病中的情人》），唱的是一位小伙子从远方来探望自己喜欢的姑娘。姑娘病倒，他跋山涉水，历尽艰辛，来到她家的门外，却畏惧别人的闲话不敢进去，在木楼外焦虑地徘徊不定："绕着妹的木楼走一转，听妹呻吟我心痛如刀插。绕着妹的木楼打两转，妹屋楼梯变得那样不好爬。绕着妹的木楼打三转，千头万绪乱如麻……"小伙子徘徊了很久，进寨找了姑娘的闺蜜做伴，才进了姑娘的房间。

看到昔日美丽的情人被病魔打倒，小伙子顿时伤心欲绝："听妹无力讲出心酸话，我痛进骨来疼到筋。看妹憔悴失了真模样，伤了肝来碎了心。只恨山高路长远啊，若是同寨我一天三转走不停。水长谷深丝不断，路远山高闻你声。做梦好像听到你欢笑，见面却见枯花凋零。"

姑娘面对自己的情人，心中也是矛盾重重，害怕自己命不长久。小伙子也表现得十分忠贞："阎王已勾生死簿？一菀绿叶衬的红花哪能就会枯？选杜鹃我翻山越岭找中这一菀，为什么野猪刨根虫来蛀？人家夫妻团聚一百年啊，为什么我们才栽花浇水花就枯？为什么情妹不是挑担子？情哥帮妹分担一百五。为什么情妹不是撑渡船？情哥替妹摇桨橹……哪一处仙山有灵药？我去偷来给妹敷。哪一个龙宫有珍宝？我去拿来给妹服。盼望你的病减轻，艳丽的桃色再往脸上铺。烂了的菜园我再围好，要叫花更红来叶更绿。枯竹一定会转翠啊，莫丢下竹旁桂树太孤苦。有一天和你结成真夫妻，等过了奈何桥同去砸地府。"姑娘听了情郎的这种决心，十分感动，更加害怕自己时日不多，不能陪情郎到老。

小伙子的情绪则达到了最高潮，他横下心来，决定住在姑娘家里陪伴她，与病魔做斗争："病毒已经进了我的身骨，快蔫的茶花再用水浇也会枯。莫怪画眉有意害黄莺，怪只怪情妹听信巫人迷了路。树上的斑鸠还在叫哥哥，情妹难道忍心丢下我？假若你变阴间不平鬼，我在人间也难活。丢掉的铁杆烟袋黄锈生啊，丢荒的大路荆棘多。丢下的琵琶弦易断啊，丢下的锣锤难响锣。河中鲤鱼终日成双对，我俩的铜钱一定要拢合。情哥横下一条心，生死和妹永不分。住了六天又五夜，点滴清泉浇花根。花转红来叶转绿，断翅的鸟儿又起身。打碎巫人臭饭碗，阎王无奈有情人。"这一段歌词，决绝有力，表达了俩人生死与共的决心。可见，爱情的感染力是非常强大的。

侗歌中闻名中外的是侗族大歌，在侗语中称为"嘎老"。"嘎"是歌的意思，"老"具有宏大与古老的意思。它的曲调大多建立在五声音阶的羽调式上，"羽—宫—商"（6－1－2）和"宫—商—徵"（2－3－5）三音组最常见。羽音（6）为调式主音，是低声部旋律的支点，也是整个曲调的最后归宿。在合唱中，它以持续音的形式出现。

侗族大歌从内容上来看，除了歌唱爱情之外，也有歌唱劳动、自然及友情的。它的"大"主要体现为参演的人数众多，多声部、无指挥、无伴奏是其主要特征。这种复调式多声部的合唱形式，在中外的民间音乐中都是十分罕见的。1986 年，侗族大歌在法国巴黎金秋艺术节首度开腔，一时震撼世界。2009 年，侗族大歌被联合国教科文组织列入人类非物质文化遗产名录。2011 年，侗族大歌在上海世博会作为开场曲目登场。

侗族大歌的演唱形式有领唱和合唱两种。合唱为多声部，有三个声部的（高、中、低）和两个声部的（高、低）。在民间，将高声部称为"雄声"，低声部称为"雌声"。雄声表示公鸡的叫声，雌声表示母鸡的叫声，形象而生动。大歌以低声部为主旋律，这也是它最具特色的地方。演唱的时候，低声部通常会在主音羽音(6)上停留很长时间，持续不断，如流水潺潺。高声部的独唱则尽兴发挥，如百鸟入林。几个声部融合得非常和谐完美，节奏自由而舒缓，变化多端，艺术感染力很强。

在大歌流行的侗寨中，每个村寨都有不同年龄段的男女大歌队，包括儿童队、少年队、青年队、中年队和老年队等。他们或为同一个姓氏，或为同一个村寨。少的七八人，多的几十上百人。

侗族大歌的内容有很多种，根据侗族的民间习惯，可以分为四大类：一是嘎所，以展示音乐曲调为主，多模仿虫鸣鸟叫，体现人与自然的和谐，歌词很少；二是嘎嘛，声调柔和，表达男女之间的爱恋之情，缠绵委婉，细腻多情；三是嘎想，以说理教化为主，语言形象生动，教导人们为人处世；四是嘎节木，以叙事见长，有领唱和众人伴唱两部分，长的可达上千句。也可以将其分为叙事、抒情、说理三大类。

最能体现侗家特色的大歌，就是"嘎所"，标题冠以昆虫鸟兽或者季节时令，体现出了侗家人在长期的生活实践中对于自然的体验。著名的《蝉之歌》就是如此，歌词较短："静静听我模仿蝉儿鸣，希望大家来和声。我们声音虽不比蝉的声音好，生活却让我充满激情，歌唱我们的青春，歌唱我们的爱情。"侗族大歌的内容包罗万象，应有尽有，能够全方位地反映出侗家人的生活。

侗族大歌讲究韵律和修辞，所谓"母音子音不圆韵，不如石山岩缝冒出的泉水，叮咚声悦耳，清甜似蜂蜜""公声母声不相吻，好多押不成韵，还望同伴修成歌"。双句的尾韵为正韵，居中的押韵称为内韵、跟韵或者腰韵，上下句之间的勾连韵称为勾韵、连韵或锁韵。韵在歌词中随处可见，环环相扣，显得浑然一体，韵味无穷。

演唱时，先由一人领唱，称为"起顿"，相当于引子。起顿之后，歌队同唱主体部分，称为"更多"，即一同唱的意思。侗族大歌的歌词结构也有特色，歌词通常长达数十个音节。每首歌的句数都为偶数，两句一单元，若干单元即组成一首歌。每句的音节为奇数，少的三个音节，多的达十多个音节，最长的甚至有七十多个音节。正是因为如此，所以侗族大歌又有"长句歌"的称号。表达对情人的思念之情的《墙头歌》，只有两句歌词，上句有五十七个音节，下句有七十一个音节。这么长的歌词，唱的时候当然要分节律。每一句中节律的音节也有特殊的规定，最末的一个节律的音节须为奇数(三个音节或者五个音节)，其余的都为偶数形式(四个或者六个)。

侗族民间流传着很多关于侗族大歌来历的故事，如《找歌的传说》《侗歌的来历》《四也挑歌传侗乡》等。这些故事带有浓厚的侗族民间特色。一首关于侗歌起源的歌《珠福编歌》认为，侗歌种类这么多，都是一个名叫珠福的人编出来的："多数人唱歌，少数人唱经。有唱必有听，唱歌人欢心。龙归大海，鱼游江河。阳雀喜青山，人群爱唱歌。六郎定款约，珠福编侗歌。歌词写有字，歌韵写有书。天天写，日日编，歌书写得一大堆。放进箱笼，放进书柜。编歌为了给人唱，不能尽收藏。为了去编歌，修了一根扁担，送歌去顺化，送歌去佳所。边送边传，边教边唱。走到田浪寨脚，折断了挑歌书的扁担。全部歌书掉下河，歌本随水流下滩。下游两个江西客，渡船正过江。看见上游漂物来，急忙撒开网。捞得箱笼上了岸，造把钥匙打开箱。箱内的歌书，湿的湿来干的干。七分已被水湿透，只剩三分还在干。七分湿的抛下河，三分干的来收藏。颂扬的歌失去三股，长歌失去七股，情歌失去九股，闲谈歌还剩下一股，十股经歌全失掉，从此侗家无经书。前人编，后人唱，忘掉劳累力加强。去了老的一辈，接上少的一辈，辈辈相传不中断。老人传，青年唱，少的精神老的旺。竹林老，生新笋，新笋几年又成长。水牛去了留有角，老人去了留有名。猪去留盆，鱼去留塘，牛去留圈，马去留鞭，鸭去留毛，鹅去留蛋。当初珠福传侗歌，人去留名世代传。"

这首歌谣反映出侗族人对于自己民族所创造出来的这种独特艺术形式的自豪。侗歌的创造权当然不会只属于某一个人，而是侗家人在长期的生活实践中逐渐形成的，同时，也离不开与周边其他民族的交流与融合。

尽管侗族大歌的创造者是整个侗族人民，但也涌现出了很多杰出的歌师，即"桑嘎"或者"江嘎"。他们在传播侗歌的同时，也创造着一些歌曲。在侗族中，歌师是最有学问和最受尊重的人。侗族中公认的著名歌师，既有传说中的珠福、杏妮，也有现实中的人物，如吴文彩、陆大用等人。

侗族大歌在民间的演唱并不是十分普遍，有些侗寨目前已经很难组织起一支唱侗族大歌的队伍，例如坪坦村。坪坦村当然是非常著名的侗族大寨，但是目前，唱侗族大歌的历史早已不存。当地政府显然已经意识到了这一问题的存在，开始在坪坦乡中心小学的课堂上对侗族孩子进行侗族大歌文化的灌输和引导。

坪坦现在留存的集体性的侗歌形式，以"多耶"最为盛行。"多耶"是侗语的音译。"多"的意思兼具"唱"和"舞"的意义，"耶"为侗族民歌中的衬词，"多耶"即"唱耶歌"，又称"踩歌堂"。

"多耶"是在寨和寨之间集体走访时的集体歌舞活动。大家分成不同的队伍，围成圆圈，载歌载舞。参与者需手拉手围成一圈，跟着领唱的节奏边唱边舞，没有尊卑贵贱之分，没有语言隔阂，没有授受不亲，人人忘我而唱，忘我而舞。其以"欢乐、友谊、安定、团结"为永恒的主题，传达"平等、和谐、大同"的理想。

"耶"的曲调，各地皆有不同。不同的场合，祭萨、节日、鼓楼或者风雨桥落成等，都会唱不同的耶歌。以男女举行的"月也"活动为例，女队两个声部合唱（或者一个声部），拉腔较长，每句重复唱一次，也有的只重复唱句尾三字。男队只有一个声部，由"桑耶"（即"耶歌师""耶歌头"）领唱一句，众人重复句尾三字或重复整句，多有"呀啰耶！呀啰嗨！"等衬音。歌唱的顺序是，先由女方唱三支歌，而后再由男方步女方歌意唱三支歌，这样每三支一套，对唱一二十套后，再唱结尾歌。在多耶活动中所唱的传统民歌有《祖母耶歌》《父母耶歌》《星宿耶歌》《争取平等耶歌》《猜谜问答耶歌》等。

平时即使没有节日，坪坦乡的梓坛、高步、高友、阳烂、高团等村，甚至包括陇城乡的几个相邻村寨，许多老人也都会相约到坪坦村来进行"多耶"。多耶现在是坪坦一带的老人们相互交流的一种最重要的活动形式。在今天农村空巢化的大环境中，如何保持老人的精神世界的丰富性，坪坦侗族的这种"多耶"也许会给我们带来启示。它有点类似于现代城市中的广场舞，但是跟广场舞只有舞蹈这一点不同，"多耶"是带有比赛性质的舞蹈，且结合了歌唱。

坪坦的老人们对于侗歌都有着深深的情结，当地的民歌说："心里有歌随口出，河里有鱼随水流。人不爱歌人易老，人常唱歌乐悠悠。人常唱歌心快乐，年轻的脚步慢慢走。岁岁如同细嫩的蜻蜓，永远不会变白头。"

2. 侗戏

中国戏曲的产生都较晚，如昆曲在明代才产生，京剧的形成则到了清代。侗戏的历史也不太长，它产生的时间至今也不过两百年。2006 年，侗戏因其独特的表演，被列入首批国家级传统戏剧类非物质文化遗产名录。

侗戏的产生与汉文化的传入有着极为密切的关系。明代开始，汉族文学作品逐渐传入侗族地区，一些精彩的故事被改成了侗族叙事长歌广为流传，如《薛仁贵东征》《梁山伯与祝英台》《孟姜女哭长城》等，后来又产生了带有侗族特色

● 坪坦大型娱乐活动(吴柳妮供图)

的诗歌。清代道光年间，在侗族叙事诗歌的基础上，又形成了别具一格的侗族说唱艺术。它用琵琶或者牛腿琴伴奏，是侗家人重要的休闲娱乐方式。有的表演者是将故事唱出来，有的则是边说边唱。说唱故事跟汉族的戏曲差不多，包含了说白、唱腔和伴奏三种形式。尤其是唱词，通俗简短，而且押韵，易于记诵。一大批说唱曲目如《珠郎娘美》《三郎五妹》《芒岁流美》等，都受到侗族同胞的喜爱。

不过，这种说唱形式虽然有趣，也受欢迎，但是其艺术手段及表现方式尚不够丰富。因此，早期的说唱艺人在此基础上进行了改进。比如，在故事情节上进行了增加，使其更加曲折；在艺人的人数和表演上，也都做了很多调整，逐步呈现出舞台艺术的萌芽。随着民族间的交流融合，湘剧、桂剧、花灯戏、花鼓戏等汉族地区流传的剧种也被侗族说唱艺人所熟悉。他们对此加以吸收，最终形成了侗戏。

在侗戏的发展史上，吴文彩是一个绕不开的话题。侗族民间皆认为侗戏的开山祖师就是吴文彩。每一场侗戏的开场之前，祷词就是祭祀吴文彩的："阴师傅，阳师傅，吴文彩师傅，不请不到，日请日到，夜请夜到，有请就来，立马开台。"

接下来是一段与戏文无关的开场白："今晚寨上演戏，他们化妆未成起。大家不要喧哗，让我先说几句。传说古代动物会唱歌，林间树木会论理，山上石头会说话。这些都是老人说，口头相传有根据。侗歌侗戏何人编，大家听我说仔细。五妹编了歌，文彩编了戏。原来腊洞有个吴文彩，是他首先编侗戏的。他用汉族书本《二度梅》，编成侗戏《梅良玉》。自从那个时候起，侗家开始有了戏……从此我们侗家如虎添翼，不但会唱歌，而且会唱戏。演出遍山村，唱歌传各地。尖角牯牛不进场，长尾好马不拖地。河中没有鱼，才说虾子大。钉耙不在手，才拿鸡刨泥。别人聪明站一旁，唯我愚蠢乱言语。说得不好多指教，下面开始唱侗戏。"

侗族琵琶歌中的《戏师传》说得更为详细："在那嘉庆以前，我们侗乡还没有自己的戏。还靠唱歌多耶来热闹欢喜。汉家有戏好欢乐，身穿龙袍演皇帝，头戴纱帽扮书生，锣鼓敲打吹玉笛。黎平腊洞吴文彩，读过好多汉文书籍看过汉家戏。他心中苦闷，硬是不服这口气。为何我们侗家没有戏？我们的琵琶歌那么动听，我们的牛腿琴歌那么悦耳，我们的笛子歌那么悠扬，我就不信编不出戏。他装聋装哑，他学癫学痴，关门闭户三年整，编了侗戏《梅良玉》。是他开的荒坡，是他垫的基石。要寻侗戏祖师，当数文彩第一。"

　　根据一些侗学专家的研究，吴文彩生活在19世纪初，贵州黎平人。他小时候在私塾中接受过一段时间的教育，因家境清贫，十三岁就不再读书了，跟父亲干农活。他秉性开朗，聪明好学，对侗族叙事歌、礼俗歌、情歌、酒歌有浓厚的兴趣，不仅爱唱、弹、跳、舞，而且喜欢编歌。二十多岁时，他就成为有名的编歌能手，被当地人誉为歌王；中年时，到过王寨、茅坪、洪江、古州、三江等地，开阔了视野，看了汉戏、桂戏和阳戏之后，便萌发了编侗戏的念头；回家后，闭门三年，编了《李旦凤姣》和《梅良玉》这两部戏。值得指出的是，这两部戏都来源于汉族文人所创作的文学作品。其中，最著名的《梅良玉》就改编于《二度梅》。

　　《二度梅》是清代惜阴堂主人写的白话小说，全书四十回，约十五万字。山东济南府历城知县梅魁，在任十年，为官清正。在他晋升为吏部都给事以后，对奸相卢杞之流不仅不趋炎附势，而且敢于正面冲突，因而被奸相卢杞陷害，斩首于西郊。卢杞还假借圣意，捉拿梅魁全家。梅魁之子梅良玉及其母，只好弃家而逃，开始了颠沛流离的生活。几经周折，梅良玉来到陈东初家，并与杏元小姐联姻。卢杞为了达到陷陈东初于死地的目的，又害杏元小姐出关和番，把梅良玉和杏元小姐这对情侣活活拆散。陈东初视梅良玉如同己出，常带他在花园的梅树边拜祭故友。梅良玉为了不辜负厚爱，发誓要苦读诗书，决心考取功名，出人头地，将来好为父亲报仇。一日，盛开的梅花被夜晚的风雨吹打得凋谢了。陈东初带梅良玉诚恳地再拜，祈求让梅花重开。诚心感动天地，结果真的满园芬芳，梅开二度。在经过艰难曲折的磨难以后，梅良玉终于名列金榜首位，并被钦封为巡按，除暴安良。在皇帝的亲自主持下，梅良玉也和杏元小姐完婚团聚。梅、陈历经患难，终得圆满。小说《二度梅》出来之后，因为情节曲折，加上大团圆的结局，很受老百姓的欢迎，被改编成各种地方戏曲，开始在汉族地区上演。

　　吴文彩游历的地方，都是汉侗文化交流、碰撞、融合的中心地带。这里的汉戏、桂剧和阳戏十分丰富，让吴文彩十分着迷。他接受了汉族戏曲艺术特有的"汉家有戏好欢乐"的审美效用，也接受了"身穿龙袍演皇帝，头戴纱帽扮书生"的题材，加上"读过好多汉文书籍看过汉家戏"，接受了大量汉文化的影响。吴文彩对侗族和汉族文化进行了融合，所以将汉族戏曲直接改编成侗族人能够接受的形式和内容，就十分顺利了。

　　吴文彩对《二度梅》进行改编，直接以戏曲中主人公的名字命名为《梅良玉》。《梅良玉》的改编花了三年时间。完成之后，他便召集寨中后生进行排演，并在黎平腊洞的鼓楼旁首演。吴文彩亲自扮演其中的反角卢杞，把奸臣演得活灵活现。台下很多村民都是第一次看戏，有个莽后生看到好人竟无辜遭受奸臣卢杞欺侮，跳上台去要打吴文彩。

还有一次，吴文彩带戏班外出演《梅良玉》时，扮演奸臣卢杞的演员被观众吐口水。第二天吃早餐时，主人也不端菜给那位演员吃。这种类似的小故事很多，都表达了当地群众对于吴文彩创造的侗戏的喜爱。

吴文彩创作了这两部戏之后，许多侗寨都派人来找他学戏。据说，他对前来学戏的人包吃包住，不收分文。有些好心的人对他说："人家教书吃别人，你教歌教戏不但不收礼钱，还要包吃包住，不把你吃穷吗？"吴文彩笑着回答说："人家教书吃别人，我教歌教戏愿赔本，只要歌戏传四方，家产败光也高兴。"正是因为吴文彩不仅编了侗戏，而且用心传播，感化了很多来学戏的人，所以后来侗戏开场的时候，第一件事就是祭祀吴文彩。

●唱侗戏

侗戏最初是通过改编汉族曲目来上演的。但随着表演的日趋成熟以及侗族民众对于侗戏的普遍接受，上演反映侗族本民族的故事就势在必行了。所以到了后来，就有很多侗族的民间故事被搬上了舞台。据不完全统计，目前侗戏剧目保存下来的有500多个，其中最著名的是《珠郎娘美》。

这部戏中的人物据说在侗族地区都有原型。故事说，在榕江县三宝，有一位名叫娘美的侗族姑娘，长得很美。她在行歌坐月中与一位名叫珠郎的侗族小伙产生了爱慕之情，两人私订终身。然而，侗族传统有"姑表舅亲"的旧俗。双方的父母亲都急切地给他们施加压力。

无奈，他俩按照民族习惯，把一枚铜钱劈成两半，各持一半，以示永不反悔。当娘美的母亲和舅舅发现此事后，立即合谋逼她嫁给表兄。为了争取婚姻爱情的自由，珠郎和娘美在好友的帮助下，风餐露宿地逃到了从江县的贯洞。贯洞当地有一位名叫银宜的大财主，他看到美貌的娘美，想霸占她为妾，就接待他们夫妻俩到他家落脚，并与珠郎结拜为房族兄弟，派珠郎到既远又难以还债的苗族寨子去收债。趁珠郎外出收债之际，银宜就进入娘美的房间调戏她，还利用金银财物来引诱，但都被娘美断然回绝。

银宜无计可施，于是勾结当地款首蛮怂定下了一条毒计，邀请珠郎到江箭坡赴会。在珠郎赴会之前，娘美对其进行劝阻，并且主张立即逃离。珠郎却轻信了银宜，结果落入银宜早已设下的圈套，死于江箭坡上。娘美悲痛欲绝，只身上山寻回珠郎的尸骨，并到鼓楼上擂响大鼓，当众宣布："谁愿意帮我埋葬珠郎的尸骨，我就跟他结为夫妻。"银宜迫不及待地表示愿意帮她埋葬。娘美让银宜晚上背着珠郎的尸骨到江箭坡，设计杀死了银宜，逃离了贯洞。

款首蛮怂知道银宜被杀之后，派人连夜捉拿娘美。在麻风病人吉缪的帮助下，娘美躲过了追杀。后来，为了报恩，娘美将一条梭子蛇做药给吉缪吃了，治好了他的麻风病。两个人结为夫妻，并生下两个男孩。为了避难，他们常常四处流浪，只得将二儿子寄养在一户善良的人家。几十年过去，人到中年，加上终年流浪之苦，思念家乡之情油然而生。

娘美认为，为珠郎报仇杀死财主银宜之事已久，应该不会被追究，于是带着大儿子回到了久别多年的贯洞。不料，一回到贯洞，娘美母子就被官府抓住了。

然而，令人感到意外的是，衙门的主审官竟然是娘美的二儿子二尼。由于二尼长期寄养在好心人家，并且读书用功，已考中功名，在当地做官。娘美听不出儿子的声音，也不敢正视法官，但二尼却认出了娘美。母子相见，悲喜交加。

故事的最后，二尼派兵将款首蛮怂捉拿归案。娘美终于报仇雪恨。

《珠郎娘美》洋洋洒洒，有近十万段唱词，共要七个晚上才能演完。它不仅是侗戏历史中的一颗璀璨明珠，也是侗族文学史上的一块丰碑。它带有浓郁的侗族风情，如劳动时的上山砍柴、开田捉鱼、下河捕鱼；夜晚青年男女恋爱之时的"行歌坐月"；逢年过节时吃红肉、吃甜酒、吃糯米饭的习俗；妇女们在家喂猪，小孩子上山采蕨打猪菜；小伙子们白天下田抓泥鳅、摸黄鳝、找螺蛳，上山张网捕鸟；成年男子在鼓楼里召开大型集会，姑娘们在家学习纺纱织布，小姑娘们在鼓楼旁捉迷藏、踢毽子等。

可以说，这部戏以娘美和珠郎的爱情故事为线索，描绘了广阔的侗族社会生活。《珠郎娘美》把侗戏的发展推向了顶峰，是将叙事歌戏化得最为成功的一部戏，因而成为侗戏的代名词。

经过将近两百年的风雨，侗戏已传遍广大侗乡。从江、黎平、榕江等县的侗族群众，逢年过节，都要演唱侗戏，并举行纪念吴文彩的祭祀活动。吴文彩去世之后，就葬在茅贡乡腊洞村，墓碑上简单地写着："吴公文彩之墓"。每年农历六月二十五的"吃新节"，很多侗族同胞都会前往悼念。1949 年后，文化部将侗戏列为国家的独立剧种，吴文彩成为侗戏鼻祖。2006 年 5 月 20 日，侗戏经国务院批准列入第一批国家级非物质文化遗产名录。

侗戏的伴奏乐器有很多，既有本民族的芦笙、侗族琵琶、牛腿琴、木叶，也有从汉族地区传入的二胡、月琴、低胡、扬琴、竹笛。开台和人物上场的时候，以锣鼓和铙钹敲打节奏，制造出热闹的场面。在侗戏没有出现的时候，侗歌就在侗族人的日常生活中占据了重要地位。而侗戏出现之后，"唱"的形式在剧本中更是重头，包括独唱、对唱、合唱、串锦等。剧本的长度，完全由歌曲的数量来决定。换而言之，侗戏不是一种表演的戏，而是一种歌唱的戏。表演时，也结合了对白的形式。两人用侗语对唱一段后，演员就在过门音乐中走一个"8"字形，相互交换位置，再唱下一段。如此反复进行。

基于表演的需要，汉族传统戏曲对"脚色"进行了分类，形成了生、旦、净、末、丑五大角色。但是，跟汉族的传统戏曲不同，侗戏的角色没有严格的划分。

尽管很多学者试图以汉族的传统戏曲为标准，对侗戏进行划分，但民间侗戏戏班中的演员，对于侗戏的角色则有着自己的理解方式，只分为正角和丑角。整体上来看，侗戏虽然没有明确固定的名称，但对于丑角却十分重视，而且因其表演程式特殊而形成了一个主要的行当。侗戏中的丑角，化妆较浓，与化妆较淡的正角形成了对比。

不过，由于地域不同以及演员个人的爱好倾向，丑角并没有一个标准的程式。丑角在脸上画一些黑点，扮演各种诙谐或狡猾的人物，但均不是主要人物，没有本行当家戏。其在戏中的主要任务是插科打诨，活跃气氛，在表演上也比其他人物自由，允许夸张，是表演性质最强的一个角色。在出场的时候，无论从哪个方向进入戏台，丑角都只能往里跳，所以被称为"跳丑角"。

侗戏没有专业的戏班子。演员都是业余的，平时从事农业生产，演戏的时候就自由组合。所以，戏班的演员人数也就不固定，有的时候多，有的时候少。其中的长簿师，在整个临时戏班中起主导作用，他的工作是主持剧务、编辑剧本、传授表演、负责导演、提示台词等。

跟很多地方戏种一样，侗戏没有舞台美术，也不强调道具的运用。演戏的场地，就在村中的戏楼或者鼓楼坪。一些没有戏台的村落，可选择村中开阔的场地，临时就能搭建起一个台子开始演出。侗戏的道具及服饰都是侗族日常生活中常见的类型，十分朴素。村落的戏台，平时就是小孩子游戏的场所。他们兴起的时候，就可以自编自导一些简单的戏。

• 坪坦戏台

光绪元年（1875 年），侗戏从贵州黎平县水口区传入广西三江县高岩村。1952 年，三江县各乡的剧团在林溪区集会演出。阳烂乡侗族桂剧艺人杨正明、杨校生看了侗戏之后，便组织一班人，把连环画《杨娃》改编成侗戏在本地上演，受到了当地群众的欢迎。1954 年，阳烂乡、坪坦乡等六个乡镇从广西三江划归湖南通道之后，侗戏便在通道流传开来，并逐渐形成了湖南侗戏，深受人们欢迎，因而也发展得很快。

1952 年至 1954 年，仅两年多的时间里，通道便有九十多个村寨组织了业余侗戏班子。坪坦村终于有了自己的侗戏班子，并在自家的戏台上演出。

坪坦村的戏台为木质架构，始建年代据说为清代同治三年（1864 年），比侗戏传入广西三江的时间还要早，应该并不确切。屋顶为四坡，下面由四根杉木柱子撑起来，皆贴有红纸写的对联。红纸容易褪色损坏，所以每次活动都需要重换。联语是常见的戏台联，如："看不懂莫吵，请问前头高明者；站得住便罢，须留余地后来人。""看不见姑且听之，何必四处钻营，极力排开前面者；站得高弗能久矣，莫仗一时得意，挺身遮住后来人。"等等。左边有一个水泥砌的七级台阶，表演者都从此上场。

每年的正月初四，就在这里上演侗戏，热闹非凡。跟其他的侗族村寨一样，坪坦的演员也都是普通的村民。戏班的开支，均由群众捐款支付，戏师、乐队、演员参加演出也没有报酬。每逢侗戏在一个村寨演出，附近村寨的人也都蜂拥而至。演出时，演员能很好地把控观众的情绪。出现欢乐的情节时，观众笑声一片；唱到悲伤的段落时，台下泣声不断。

早期的侗戏中是没有女性演员的，女性的角色由男人扮演。1949 年以后，戏班里才有女性的身影。吴柳妮在十多岁的时候，跟随大人到其他村寨表演过侗戏。那时候，她对这种朴实的表演艺术十分热衷。她坦言，自己现在已经不表演了，只喜欢看侗戏。在坪坦，看侗戏的大概都是上了年纪的人，这跟中国其他戏曲的遭遇一样。对于年轻的一代而言，侗戏这种表演形式完全难以跟美国大片或者韩国电视剧一样吸引人。吴柳妮的儿子快满二十岁了，他就不喜欢这种艺术形式。

坪坦的老戏台在萨坛的后面，左边挨着南岳宫，右边挨着孔庙，空间显得十分逼仄。侗戏的产生时间到今天不过两百年，它还能存在多久，没有人能回答。

3. 芦笙

芦笙，也被称为六笙、芦管、六管。芦笙不只是侗族特有的乐器，生活在西南地区的其他民族如苗族、瑶族都有这种乐器。但是，侗族的芦笙名气最大，吹出的声音清脆、响亮、浑厚、悦耳。2006 年，侗族芦笙入选第一批省级非物质文化遗产名录；2008 年，入选第二批国家级非物质文化遗产名录。侗族芦笙项目的保护主体为通道侗族自治县文化局。侗族芦笙保护项目的主要集中地就在坪坦乡坪坦村。坪坦乡也是国家文化部命名的"全国芦笙之乡"。

芦笙也是坪坦最多的乐器。平时，它们都放在孔庙中，大大小小上百件。村里人几乎人人会吹。《三江县志》上说："苗侗徭之唯一乐器为芦笙，虽亦有习其他乐器者，非如芦笙为各村所必备也。每隔一年，每村必新制一堂，每堂二三十具至百具不等。侗族人习称曰'六管'，因其形似笙，而以六枝竹管制成故也。今苗瑶之笙殆相同。"

芦笙由笙斗、笙管、簧片和共鸣管构成。它发源于中原地区，已有3000多年的历史了。《诗经》中就有"吹笙鼓簧"的句子。几千年以来，它的形制有所变化，但大致的材料及发声原理并没有什么不同。云南省的江川李家山的战国古墓，就出土了两件葫芦笙。这是我国目前发现的最早的笙类乐器实物。

不过，后来芦笙在汉族传统乐器中渐渐退出，反而在少数民族地区发扬光大。尤其是侗族民间，普遍以吹芦笙为乐，逢年过节、红白喜事、丰收庆典，都少不了吹芦笙。有时当地民间还举办吹芦笙比赛，数十支甚至成百上千支芦笙齐鸣，场面十分壮观。

侗族芦笙都是当地的工匠手工制作的。芦笙在侗族人的心目中十分重要，传统的侗族人认为，愚笨的人是不能吹芦笙、跳芦笙舞的。制作芦笙更是一项了不起的技艺，因此制作芦笙的工匠具有很高的地位，每到一个村寨都会受到欢迎和款待。在过去就业较为困难的时代，能够拥有一门手艺，也就可以获得基本的衣食保障。所以芦笙工匠都将制作芦笙的技艺视为不传之秘，一般只传授给本姓人。

现在通道侗族自治县的芦笙工匠，都集中在独坡乡。独坡乡上岩村的杨枝光，自幼随叔父学习芦笙制作，经过几十年的磨炼，其芦笙制作技艺在周边的侗寨闻名遐迩，2008年被评为国家级非物质文化遗产项目代表性传承人。坪坦人所用的芦笙，主要也是请独坡乡的工匠来制作的。

传统芦笙制作所使用的工具为木戳、斧头、凿子、钳子、锯子、大刀、小刀、刨子、矬子、松香脂、十四管校音器等，大大小小有三十六种；现在也会借助于电力工具，比如用电锯锯开、用电钻钻孔、用电砂轮打磨等，这对于芦笙的制作速度和质量的提高，都有很大的帮助。

制作芦笙所用的材料主要为竹、木和铜片。竹子是主要材料。各种竹类皆可，如楠竹、紫竹、锦竹、水竹、绵竹、白竹、苦竹等，其中，以白竹最佳。白竹为圆筒形，无毛，幼时微被白粉，纵向细肋微显著髓呈锯屑状，竿环平坦或微隆起。制作芦笙一般都采用三年以上的老竹。为了制作理想的芦笙，侗族匠人们采伐竹子时，非常讲究季节性，大都是在每年的立秋以后和立春以前。根据他们的实践经验，在这个季节里采伐的竹子都比较坚硬，而且不会生虫。

已被风折断、竹节不均匀的竹材皆不取。在阴湿地方生长的竹材，长势再好也不取。此外，在砍伐竹材之前，芦笙师多用刀背敲打辨听一番才决定取舍。竹材砍来以后，要先经过炭火烘烤，使竹材坚固和定型，在烘烤过程中不时矫正拉直，而后再用清水冷却定型，之后竖立于室内阴干并保存。做完这些工序之后，再将笙斗的整体形状剃削刨平，并凿空形成瓢状。

笙斗呈纺锤形，用十年以上的杉木制作。它的纹理顺直，质地松软，疤节较少，拿起来轻便。笙斗为葫芦形。取直径不到两厘米的竹管为吹口，制作时将竹从中间一分为二去除内膜，待置入笙管后再以胶粘合，外部用细篾箍数层而成，之后再涂饰桐油，令笙斗呈淡黄色，木纹自然清晰。

以上步骤完成之后，就切割一块铜置入器皿煅烧，待熔解后迅速取出，按音管圆孔分别制成大、小、长、短、厚、薄等不同形状的铜片。然后将铜片中间凿成三角形，套上梯形簧舌，且多次过火打磨，铸成密封的整块铜片，再用利器平整，接着检查舌簧边缘是否有隙，并加以修正。之后参照校音器，将音高按律调整。在每副芦笙完全上好之后再安装簧片。

侗族的芦笙基本上都装有二至三个共鸣筒，起到扩大音量的作用。共鸣筒的音响频率同竹管的音响频率必须同等才能产生共鸣。一般来说，共鸣筒的长度为竹管长度的四分之一左右。根据芦笙吹奏的形式和表演手法的不同，传统芦笙主要可以分为地筒、特大芦笙、大芦笙、中芦笙、小芦笙和最小芦笙六种，在侗语中，它们分别被称为筒堆、伦老、伦鲁、伦峨、伦略和伦列。经过现代芦笙艺人的改进，目前的侗族芦笙多达十七种。

地筒又称为芒筒、莽筒、芦笙筒，为特重低音芦笙，它的筒身及吹管均为竹管，由簧管和共鸣筒两部分组成。簧管多采用一根细竹管制作，中间竹节通透，上端管口作为吹口，下端留节封闭，在底端开一长方形孔，镶嵌一枚铜制簧片而成，无按音孔，可发出一个单音。也可用芦笙管作为簧管。共鸣筒用粗大毛竹筒制作，上端管口削成45°的斜坡形，中间竹节打通。筒底有开管和闭管两种形制：常见者底端留节封闭，为闭管形制，另一种开管形制是在底端竹节以上的管身一侧挖削一个半圆形或三角形通孔。将簧管置入共鸣筒底部，嘴吹簧管上端吹口，气流振动簧片发音，并通过共鸣筒扩大音量，从而发出雄浑、深厚的声响。开管形共鸣筒的发音更为响亮。偶尔，也将两支簧管置于共鸣筒中，可发出两个不同的音。

大竹管作筒身，小竹管下端开一个音孔，按照簧片插入筒穴为吹，一筒一

● 孔庙中的芦笙

音。特大芦笙即倍低音芦笙，共有六管，开"角"音。大芦笙即低音芦笙，置六管，开"角"音，比小芦笙低 8 度。中芦笙即中音芦笙，置六管，开"角"音。小芦笙即高音芦笙，置六管，开"徵"音或者"羽"音。从长度上来看，倍低音芦笙最长，可达两三丈；特高音芦笙最短，只有两三寸。最常见的是中音芦笙，一般长三四尺。

传统的侗族芦笙有三个音，十二个调，即"宫、商、羽"（1、2、6），称为三音芦笙；后来发展到"徵、羽、宫、商、徵、羽、宫、商"（5、6、1、2、5、6、1、2），称为八音芦笙。随着芦笙的不断改进，如今已经发展到了十二管芦笙、十四管芦笙、十六管芦笙和十八管芦笙。

芦笙的曲牌原来有十二首，根据农历的十二个月份而定。侗语中称为美伦一、美伦二、美伦三，以此类推，到美伦十二。不过，目前专家所整理出来的只有九首了。在不同的时期，根据不同的场合，芦笙师傅将芦笙曲目丰富到了九十多首，最常见的有《集合曲》《进堂曲》《踩堂曲》《扫堂曲》《同去曲》《上路曲》《比赛曲》《圆圈曲》等。

侗族没有自己的文字，因此芦笙的曲谱也有好几种，包括口头象声词指位芦笙谱、书面汉字象声词指位芦笙谱、书面符号象声词指位芦笙谱以及数字简谱。

演奏时，演奏者的身体经常会随着节奏及情绪左右摇摆。独舞和对奏时，又会时而旋转，时而蹲跳。尤其是地筒的演奏，类似于吸旱烟，更有特色。演奏中、小型芒筒时，奏者左手提筒，右手执簧管吹奏，跳跃摆动自如。演奏大芒筒时，将筒斜置地上，左手扶筒身，右手执簧管吹奏。大芦笙用来吹奏低音，吹奏时将其固定于一地，高高耸立，庄重严肃。中、小芦笙吹奏主旋律，小芦笙还担任领奏，大、中、小芦笙齐奏时，高、低音交相呼应，音域宽阔，声调多样，气势恢宏。

侗家的芦笙队大小不同，有半套和整套之分。半套有高音芦笙、中音芦笙和低音芦笙各一支，地筒三支；整套有高音芦笙、中音芦笙和低音芦笙各两支，地筒二十六支。最大的芦笙乐队，由最高音芦笙到倍低音芦笙六种不同规格的同调芦笙和若干地筒组成，可达两百多件。

芦笙队的构成与侗族大歌一样，显示出侗家人对于多声部音乐的掌握程度是无与伦比的。在一个芦笙队中，最高音芦笙具有领奏和指挥的作用。其他的芦笙数量根据不同的情况而有所变化，大概的比例为：

"高音：中音：次中音：低音：倍低音：地筒 = 2 : 3 : 10 : 2 : 1 : 1"

有些乐队为了使低音浑厚宽广，会用到十多支地筒。

侗寨中有喜事的时候，本寨的芦笙队就会在鼓楼前的地坪上表演，十分壮观，每年的正月和秋收之后，也会相互走访。经过一个寨子时，要吹奏《过路曲》，表示只是经过而不到访。进入要拜访的寨子，就吹《进寨曲》，迎接他们的寨子也有自己的芦笙队，这时就吹奏《踩堂歌》，将客人引到本寨鼓楼前的地坪上。两个芦笙队就会展开热烈的芦笙比赛，一派欢乐而友好的气氛。尤其是夜幕降临的时候，坪中燃起篝火，笙歌此起彼伏，散发着独特的魅力。比赛开始前，主队和客队合奏三支曲子。然后每个队分别吹奏三遍《比赛曲》，声音洪亮的队获胜。离开之前，客队吹《走曲》告别，主队吹《圆圈曲》送别。

围绕芦笙，侗族还产生了独特的芦笙舞。芦笙舞有两种形式，一种是自己吹奏，自己舞蹈；一种是他人吹奏，自己舞蹈。前者难度较高，有鱼跃、采花、斗鸟、赶虎、猫旋柱、鹰翔、拌草、滚牛和盘龙等，模仿人在生产劳动时的动作以及动物的典型动作。后者以大芦笙居中，年轻姑娘围着大芦笙或摆手帕，或打花伞，或提油灯，踩着芦笙的节拍起舞，手握小芦笙的男子则在外围边吹边舞。

按照不同的性质，可以将芦笙舞分为祭祀性、娱乐性和表演性三种形式。祭祀性芦笙舞专用于祭祖、祭神或者祭萨，跳舞的主要是男性。娱乐性芦笙舞属于集体狂欢性舞蹈，主要是在节日的时候自娱自乐，重在参与。表演性芦笙舞主要用于表演，目的在于给外人观看。

芦笙的吹奏并不太难，这是几乎侗家人人人能吹的原因。不过，在今天这个时代，影视流行音乐中多依赖于西洋乐器，其次也有一些以汉族为主的民族乐器，相对来说，芦笙的表现力就弱了很多。并且，随着现代生活方式的改变，芦笙也会越来越脱离侗家人的生活。

4. 侗族琵琶

侗族琵琶是侗族重要的乐器之一。明代邝露的《赤雅》记载侗族人"不喜杀，善音乐，弹胡琴，吹六管，长歌闭目，顿首摇足"，其中的"胡琴"即指侗族琵琶。明代沈庠的《贵州图经新志》也记载说，侗族的青年男子"吹芦笙、木叶，弹琵琶、二弦琴，牵狗臂鹰以为乐"。

侗族琵琶与汉族琵琶不同。它较为简单，由侗族工匠自己制作，是由琴头、琴杆、弦轴、共鸣箱和弦构成的。琴体用一整块樟木、桑木、杉木或硬杂木制作而成，规格尺寸不一。共鸣箱呈长方形、倒梯形或倒桃形，蒙以桐木或杉木面板，板面中部两侧多开有两个圆形音孔。琴头扁而宽，上部较大，呈扁铲形，顶端朝上或后仰，中间开有长方形弦槽，两侧多设有三个或四个木制弦轴，少有五轴者。

琴杆窄而长，正面为按弦指板，不设品位，但钉有低矮的金属标记或拴有把位细线；后经改革的中琵琶，琴杆设有品位。面板中下部置有竹或木制桥形琴马，下方设有竹、木或金属制缚弦，张有三至五条尼龙弦、丝弦或钢丝弦。

不同地区的琵琶大小不一，可分为大琵琶、中型琵琶、小琵琶三种。大的音色柔和低沉，中的音色明亮甜美，小的音色清脆悦耳。演奏时，左手持琴按弦，右手持小牛角或竹制的拨片弹奏。

大琵琶通常装有四根弦，三根弦和五根弦的也有。三弦大琵琶每弦一音，定弦为"徵、羽、角"（5、6、3）。四弦大琵琶中间两弦同音，定弦为"宫、商、商、羽"（1、2、2、6）。五弦大琵琶中、外弦为双弦，定同音，定弦为"徵、羽、羽、角、角"（5、6、6、3、3）。其音色浑厚而饱满，但也因用弦的不同而有异：丝弦音色柔和，钢丝弦音色洪亮，牛筋弦音色则低沉而浓重。

演奏侗族大琵琶，多采用坐姿，将琴箱置于右腿之上，琴头斜向左上方。左手扶持琴杆按弦取音，右手执拨片弹拨琴弦发音。拨片用老竹片、牛角片或牛骨片制成。常用外弦弹奏旋律，其他弦作空弦音伴奏，也可双弹而得和音效果。其多用于为侗族叙事性琵琶歌伴奏，尤适宜为男声伴奏，常由男子一人自弹自唱。也可用于独奏或为侗戏伴奏。

在为叙事长歌伴奏时，其只用于前奏和间奏，通常不跟腔伴奏，有时只在演唱过程中即兴勾画一下，以加强歌曲的节奏感。使用大琵琶的师傅，多为村寨中水平较高的长者。他们通常带着大琵琶在各个寨中访问，在鼓楼中弹唱，最多的可以唱七天七夜。在为侗族合唱队演唱的大歌伴奏时，常使用琴箱较大、张有牛筋弦的大琵琶，发音低沉浓郁，与男声合唱大歌雄浑而苍劲的音色非常和谐统一。

中型琵琶有四根弦和五根弦两种。前者定弦音为"徵、羽、羽、角"（5、6、6、3），第三弦用小铁钉钉成固定音品，弹奏时有很强的节奏感；后者有两道弦是双弦，定弦音为"徵、羽、羽、角、角"（5、6、6、3、3），弦没有用钉固定的音品，所以比一般的琵琶音域要宽两三个，可以弹出多个音阶。四弦的中型琵琶音域不宽，主要在六度范围内回旋婉转，旋律起伏较大，吟咏性较强，既适合唱叙事歌，也适合唱抒情歌。中型琵琶弹唱时，多为男女合唱。女性音为细腻的假声，男性音为朴实的真声。

在侗家男女青年"行歌坐夜"时，多使用中型琵琶，同时，也可以使用牛腿琴来伴奏，构成多声部的旋律效果。以中型琵琶伴奏的琵琶歌，虚词较多，一句歌词可以拉得很长。每首歌的开端全部以"呃依也欧依也呃呀咧"作为引子，唱完引子再唱正式的曲子。坪坦所用的中型琵琶，共鸣箱多为圆形。

小琵琶也分两种，一种为三根弦，定弦音为"徵、羽、角"（5、6、3），没有固定音品，弹唱时叮叮当当，如同敲击钢琴片；一种为四根弦，定弦音为"徵、羽、羽、角"（5、6、6、3），"角"音弦为固定音品。三弦小琵琶伴奏时，主要弹奏旋律，很少用和弦；唱琵琶歌的人无论男女，均用假声，可以合唱，也可以对唱；在正式开场之前，一般用一段"久了唉"的虚词渲染气氛；男女青年"行歌坐夜"时，常常用到。跟三弦小琵琶不同，四弦小琵琶能用到和弦，也能奏出细小的装饰音；弹奏时，用牛角片或者竹片进行拨、打或者拨打交替；如果能结合牛腿琴进行伴奏，则更为铿锵有力。

大多数侗族琵琶都很少用来独奏，而通常是琵琶歌的伴奏乐器，在"行歌坐夜"的时候，尤其盛行。《三江县志》记载："侗族人唱法尤有致，有独唱、双唱、群唱之分。独唱皆男子，并有弹琵琶；双唱则女子，而以男子吹笛之；群唱则男女各为一组，集鼓楼坪，以手牵手，围作团圆而唱，若现在小学生游戏然。按组互和，而以喉音佳者唱反音，众声低则独高之，以抑扬其音，殊为动听。大抵会必有歌，歌而后情惬。男女婚姻缔结之始于此场中者，虽尚有必经之过程，其最先媒介，则歌声也。此二种皆男女间公共娱乐之集会。"

根据弹唱形式和表现手法的不同，其可以分为两种：一种叫"琵琶歌"，一种叫"琵琶经歌"。琵琶歌既有篇幅较短的抒情民歌，也有篇幅较长的叙事长歌。演奏时由歌师自弹自唱，不加说词。

长篇传奇叙事歌称为"嘎长"，侗语中即为长歌。唱词一韵到底，其中以广为流传的《珠郎娘美》为代表。琵琶经歌也叫"嘎经"，集弹、唱、说三者于一体，有着完整的故事情节和性格各异的人物，每段都可以转换韵脚，唱上几天几夜。演奏琵琶经歌的歌师表演能力很强，不仅弹唱技艺精湛，而且还能够不断地转换自己的角色。

●侗族琵琶弹唱

琵琶弹唱的固定程序为，先介绍琵琶歌的来由做开场白，再唱一首《开堂歌》，也称《献经歌》，如："据说姜良姜妹定下规矩，汉人照汉人的习俗，侗家按侗家的风情。汉人喜欢搭台唱戏，侗家喜欢坐夜哆经……搭台唱戏锣鼓叮咚唢呐叫，一堂哆经歌声悠悠琴铮铮。各有各的风味，各有各的浓情。"

之后，再弹唱各种传统曲目，如有关侗族起源的《人的来历》《开天辟地》

等，有关侗族地方盟约的《游村》《村约》等，有关侗族历史人物的《歌吴勉》《歌李源发》等，有关侗族历史传奇的《珠郎娘美》《刘美莽子》等，也有移植了汉族传说的《梁山伯与祝英台》《二度梅》等。每晚唱到固定的时间，再唱一首《消散歌》，表示节目结束，大家需要回去休息，不要耽误明天的劳动。

汉族的琵琶弹奏者基本上是女性，"犹抱琵琶半遮面"成为汉族文人笔下极为生动的女性形象。侗族琵琶则不限男女，而著名的侗族琵琶师几乎都是男性。坪坦村紧挨着的坪日村就有一个名叫吴友怀的著名琵琶师。他出生于1918年，2004年才去世，活了八十六岁。

吴友怀20世纪60年代才开始跟随父亲吴仕权学习琵琶。虽然人到中年才开始学习这门技艺，但是由于天赋很好，学习努力，很快就在湘、桂、黔一带的侗族地区产生了影响。吴友怀的名声还传播到了周边侗寨，慕名前来拜师学艺的人很多。

他的四个儿子中，有三个都是琵琶师。长子吴永勇，精通琵琶弹唱；次子吴永师，擅长弹唱琵琶经歌；四子吴永春的名气最大，擅长弹唱长篇传奇叙事歌，尤其善于即兴编创。吴永春亲自创作了很多曲目，如以农村爱情生活为题材的《离婚记》，反映打工仔生活的《金波浪漫往东流》，反映农村种植养殖业发展的《咒鼠记》。这些新的琵琶歌，带有很强的时代气息。

吴永春虽然年龄不大，但是弟子很多。他的儿子、妻子以及附近的许多青少年都跟他学琵琶。吴永春已经成为当地侗族音乐的领袖。他还经常到附近的学校传授侗族琵琶，以让这门侗族民间表演艺术发扬光大。

从他的祖父算起，吴永春一家已经有了四代琵琶师。坪坦村的琵琶师，自然也深受坪日村吴氏琵琶的影响。

侗族琵琶歌的传承以社会性、民间性和松散性为基本特征。它伴随着侗族人的出生、成长以及死亡而不断演绎，生死相依，已经成为侗族社会不可分割的组成部分。在没有文字的时代，侗族琵琶歌就扮演着传承文化、铭记历史的重要角色。

第7章

信仰（一）

过普济桥，进入坪坦村寨，就到了芦笙广场。在广场的背面，有一个石块垒砌成的圆柱形坛。其直径达5米，高度将近3米。坛前有一个石头雕刻的祭台，长3.3米，高1.5米，宽0.8米，重量可达2吨。坛的两侧有青石台阶，两边各栽了两株桂花树。坛上面长了很多植物。这就是著名的萨坛，供奉着侗族至高无上的"萨"的神龛。

祭祀"萨"，是侗族南部地区最重要的民族信仰习俗。

侗族人对萨的尊崇无与伦比。因为萨石为白色，有些人甚至将其他的白色物体也视为萨的象征。来自美国的雷翰杰，曾在湖南大学读硕士研究生，他的毕业论文就是关于侗族萨崇拜研究的。他采访了老侗学家吴万源，记录了他的一个故事。1985年11月，吴万源在贵州从江调查时，在一个农民家里，发现一位老人在那里不断地喂着几头进门的白羊，感到很奇怪。他问老人为什么这样喂羊，老人回答："萨来了我们家。"在老人的眼中，这些白羊就代表着萨。

1. 萨的来历

萨神在侗族先民心目中具有崇高的地位，是侗族南部地区普遍崇拜的女性神，是最高的保护神。先民认为她神通广大，法力无边，无所不知，无所不能，能主宰人间一切，影响风雨雷电，保境安民，镇宅驱鬼，六畜兴旺。

侗族人说："天上地下，千神万神，萨是众人大神。"萨也称"萨莽""萨丙""萨玛""萨岁"等。"萨"是侗语的汉语音译，在侗语中是祖母的意思。从这个名称上，我们大概可以知道它具有女神崇拜的遗风。

《侗族远祖歌》中，讲述了创世女神"萨天巴"开天辟地、生育万物的业绩。萨天巴播下了万物种子，于是有了动植物，之后又创造了人类。因为本来想用的白泥土难以捏成人样，于是萨天巴从自己身上扯下四颗肉痣，长成了四个大圆蛋让"萨犹"来孵，孵出了人类的祖先。这是将萨当成了创世之神，类似于汉族传说中的女娲造人。

但是，在《萨岁之歌》中，萨又成为侗族历史上的一位女性英雄形象。《萨岁之歌》很早就在侗族民众之间口头流传，后来被学者整理成文字。它曲折地讲述了萨的来历。

很久以前，耐河口上的平瑞侗寨，有一位孤苦伶仃的姑娘，叫仰香。仰香从小就父母双亡，靠给伯父放羊养鸭为生。伯父对她不是太好。十八岁的时候，寨子里有一位善良的老人，叫贯公，非常喜欢这个姑娘，就把她带到六甲寨去找她的舅舅九库。来到六甲寨，他们发现九库被人陷害，不知道躲到哪里去了。

● 侗族萨文化之乡

仰香已经离开伯父，不好再回去；舅舅又不在了，无依无靠，只好到一个汉族的地主李松庆家里当奴仆。

李家有位长工名字叫堵襄。仰香与堵襄相处久了，产生了感情。李松庆见仰香越长越水灵，于是就动起了歪念头，想纳她为妾。仰香当然不愿意。眼看李松庆家里是不能再待下去了，堵襄和仰香就一起私奔了。两个人来到螺蛳寨，被好心的天巴祖母收留，于是在此安身，过起了男耕女织的生活，不久生下了一个女儿，小的时候称为婢奔，长大后改称杏妮。

有一天，堵襄带着仰香和其他乡亲在九龙山挖鱼塘，挖出一块发光的神铁。堵襄请铁匠将其打成一把九龙宝刀。这把宝刀削铁如泥，十分锋利。这件事传到了李松庆耳朵里。他本来就处心积虑地想报复一下堵襄和仰香夫妇，得知堵襄获得一把宝刀，就找由头说堵襄他们挖鱼塘破坏了风水，于是带领一群家丁来到螺蛳寨，强占了鱼塘。

仰香前去理论，竟然被李松庆打死了。当时，堵襄带着宝刀正在外地，李家的一个侗族仆人给他送去妻子被打死、家园被占领的消息时，他悲愤交加，忍无可忍，决定邀请螺蛳寨的其他乡亲，发起对李松庆的反攻。堵襄的女儿杏妮也加入了战斗。当初帮助过仰香的贯公，也连夜赶来，将珍藏多年的一把神扇送给杏妮。堵襄和杏妮父女在众人的帮助下，一举攻下六甲寨，杀死了李松庆，报了大仇。李松庆家的田地也归众乡亲所有了。

在一起攻打六甲寨的人群中，有一个叫石道的青年男子，武艺高强，起了很大的作用。加上他又忠厚本分，勤奋能干，杏妮逐渐对他产生了感情。石道也喜欢杏妮。二人于是结为夫妇，生下了索佩和索美两个女儿。

李松庆虽然死了，但杏妮一家与李家的仇怨并没有消除。李家的管家王树就一直想报复杏妮。为了达到目的，他骗取了杏妮一家的信任，随即又设计害死了石道。杏妮查明真相以后，又杀死了王树。而李松庆的儿子李点郎在朝廷当官，得知家父被杀、田地被分之后，就向皇帝奏明，带领八万官兵前来讨伐，将众乡亲围困在六甲寨。因为堵襄手里的宝刀，官兵一时攻打不进。李点郎知道要想攻下六甲寨，必须先除掉堵襄，夺走他的宝刀。

于是，他伪装成侗族小伙子，进入六甲寨，跟索佩和索美行歌坐夜。李点郎花言巧语，不仅得到了索佩和索美的认可，还骗得了宝刀。堵襄失去了宝刀，就失去了重要的力量，战败身亡。杏妮也寡不敌众，带领众乡亲节节败退，一直退守到九层岩上。李点郎手持宝刀，追了过来。杏妮的神扇也逐渐失去神力，与官兵殊死搏斗。

在官兵的围剿之下，杏妮渐渐难以支撑。在最后关头，她做出一个决定，带着女儿一起跳下了悬崖。杏妮死后，化作神女，继续率领侗族同胞与李点郎抗争，并最终获得了胜利。此后，杏妮也就成了侗乡的护佑女神，被人尊称为"萨"。所以，《萨岁之歌》唱道："跳下悬崖她就变了样，变成神女走侗乡。路路都有神女带，寨寨都见神女身。官兵知府都害怕，全军败下往回爬。"

吴柳妮的婶婶给我们讲了另外一个故事。那天我们从吴柳妮家山上的老房子中出来，正好碰到吴柳妮的婶婶。她在一处溪流边养了一群鸭子。鸭棚前面，有一块较为宽阔的水面，水流较小的时候，就会露出河底的石头。石头显出一个一个的坑洼。吴柳妮的婶婶告诉我们说，当地传说这就是萨煮饭用过的灶。萨来自广西，她出去行善的时候，在湖南的西部地区遇到了一个男子，便与他成亲，自此安居乐业，生儿育女。但故事若是这么说下去，就太平淡了。所以，必定有些邪恶的势力要来破坏他们的生活。

这两个人的故事也是如此。迫于无奈，两个人就带着孩子逃难，进了坪坦的深山老林，就在现在的养鸭棚的这个溪谷里驻扎。因为没有灶台煮饭，他们就在河中挖了很多石头。不过，吴柳妮婶婶的表述并不十分清楚，有时说是将

• 吴柳妮的婶婶在讲述萨的故事

这里的石头挖个坑，直接煮饭；有时又说，是从这里挖石头回去，再在家里垒灶
台。后来，因为想念家乡，于是留下孩子，两个人回到广西去了。侗家人始终怀
念自己的老祖母，就敬奉萨为最高的神灵。吴柳妮的婶婶又说，这个故事当然
是传说，不能当真的。

　　传说当然很难当作史料来看待，但是它能曲折地反映出人们的一些愿景与
观念。严肃的学者对萨的产生提出了很多其他看法。

　　有的学者认为，萨崇拜是原始社会中的神"萨"和阶级社会中的人"杏妮"的
综合性产物，先有神的传说，然后将历史上真实存在的人附加在神的身上，二者
相融而成；有的学者认为，萨崇拜其实综合了图腾崇拜、土地崇拜、生殖崇拜和
多神崇拜等因素，是侗族信奉女性神的天启宗教的产物，最终形成了独具民族
特色的信仰文化等。

　　各种说法都有一定的道理。萨崇拜确实体现了土地崇拜，许多仪式都与土
相关。萨土代表萨本身，就是最好的证明。村寨中的萨，是从山上迎接回来的，
它在某种程度上保存了人类的最初记忆，即从山林定居平地的过程。山林是祖
先起源的地方，从山上请回萨，也就是请回祖先。

　　萨在侗语中是祖母的意思，萨坛中埋藏着大量女性所用的器物，带有浓厚

的母系氏族遗风。在一般的萨坛中，几乎没有将萨形象化的例子，即人们祭祀的并非是萨的雕塑或者画像，而是一个象征性的萨坛。可见萨最初并无具体的人物，是自然神尚未人格化的表现。

但是，在民间的故事中，萨的原型却是一个有血有肉、可感可知的侗族女英雄。女英雄最终从悬崖上跳下去身亡，完成了从人到神的修炼过程。于是萨坛就建造成了类似于悬崖的形状。

综合来看，萨最初是侗族人心目中的神，既是祖先神，也是土地神、造物神及其他的神。随着时间的变化，在萨身上附加的功能越来越多。阶级社会产生之后，侗族社会中出现了一个女性英雄，她在侗族老百姓心中的地位非常崇高，于是人们便认为她就是传说中的萨。

典型的例子在汉传佛教中最为常见，比如弥勒佛。现在中国的寺庙中，常常一进山门就是弥勒殿。弥勒佛本来是佛经中住在兜率天的得道者，不苟言笑。魏晋时期的佛教造像中，弥勒佛都是清秀的形象。但是，在五代的时候，浙江奉化有一个真实的出家人，自称契此，又号长汀子。他身体胖硕，眉皱而腹大，出语无定，随处寝卧，常用杖挑一布袋入市，见物就乞，将别人供奉的东西统统放进布袋。他圆寂的时候，留有一首著名的辞世偈："弥勒真弥勒，分身千百亿。时时示时人，时人自不识。"人们恍然大悟，于是将其视为弥勒佛在人间的化身。此后，中国的弥勒佛，都是依据他胖墩墩的原型来塑造的。萨和杏妮之间，大概也属于这种情况。

1985 年，贵州省民族研究所在从江县九洞地区进行社会调查的时候，征集到一本名为《东书少鬼》的书，即《卜鬼通书》。这本用汉字记录侗语发音的明代手抄本，记载了有关萨的生平事迹。

相对于《萨岁之歌》中杏妮那些富有戏剧性的曲折传说，《东书少鬼》只有简单的年表："一岁扶萨到州，二岁渡萨到寨，三岁左手接得铜扇，四岁右手接得法扇，五岁头戴银冠，六岁手握银剑，七岁脸宽团圆，八岁左手接得九条珠练，九岁右手接得葛纱细布，十岁经管金钱，十一岁（有）铜锣八宝，十二岁操磨剑戈，十三岁皇上饮酒，十四岁佩弓带箭。十五岁处事得赢，治兵得旺，起心相杀，决心兴起……年有二十五岁，禾苗枯死，粮食无收；年有三十五岁，左手接得铜扇，右手接得法扇；年登六十五岁，头戴银冠，手握银剑，脸宽团圆；年登七十五岁，拥有三样法宝……天上萨玛天子，年登九十四岁，火元寅年。九十五岁，铜锣显威，上敲六下，下呼六哟，未建桂木金殿，先置金盘银碟，金盘安神……罗猴元年，年登九十九岁，铜锣显威，上呼六哟，下呼六哟。传告九路人象，麻纱送回，布机反转，银钱、铜锣八宝，草鱼三尾，皇上祭酒。"

在这里萨似乎是天生的神人，又被称为"萨玛天子"。萨的一生，简直可以用完美来形容。她一岁就到了州府，二岁又来到寨子，三岁和四岁的时候就获得了两把法力高强的扇子，之后一直到十五岁，就开始领兵打仗。后来的岁月里，她几乎都在战争中度过，并在九十九岁的高龄离开人世，进入天界，成为侗族的最高神灵。而在《萨岁之歌》中，杏妮是一个普通的凡人形象。而且在年纪尚轻的时候，就跳下悬崖自杀身亡，可谓悲壮至极。

不过，《萨岁之歌》中记录的萨的敌人，姓名非常清楚，是李松庆。《东书少鬼》中，萨的一生共带兵进行过九次大的战争。一次说："上界元年，正当戊子，李家王君，引来灾祸；萨玛天子，进入白竹、歹团、罗香大地。"另一次说："上界元年，正当戊子，李家王朝，处事不顺，治兵不旺，引来灾祸，萨玛天子，踏马上鞍。三千天甫，九千村赖，口、会、拱、铜（地名），五华天府，九千白园，物、头、朋、洞口（地名），五日汇合杨秀文，尚有恶徒，日夜勾连，引来灾祸。萨玛天子，开屋同住，围炉同坐，管州兴盛，治兵兴旺。"这两次重要的战争，都与李姓有关。

因此，我认为萨作为人格神的形成，可能是从唐代开始的。当然，女英雄的故事也在不断地丰富。尤其是在没有文字的时代，故事只能依靠语言传播。在传播的过程中，传播者依靠自己的理解和愿望，会将女英雄的形象塑造得越来越完美。萨的故事，毫无疑问是不同历史时期、不同侗族区域的集体产物，但又保持着自身的特色，例如其形象始终是女性，而且她与萨坛同在。

2. 萨坛

为了供奉寨中最大的守护神，侗族人每迁到一个新的地方定居，都会建萨坛。侗家人常说："未建房屋，先建鼓楼；未建寨门，先设萨坛；未置三间住屋，先置萨坛守门。"用砖或石块围成一个半圆形小土堆，或大或小，既没有碑，也没有幡，朴实无华。萨坛有专人看守，守坛者或世袭，或由卜测产生。

"萨坛"的选择当然也要考虑风水的因素，同时也要考虑村民祭祀的方便。萨坛的选址是一个异常复杂的过程，须由祭司根据卦爻来定。侗族先民认为祭司是神与人之间的中介，能通神、去鬼、驱邪，侗语中称为"桑幸"。其又可以细分为三类：一类是鬼师或巫师，侗语称为"桑句"；一类是掌握侗族经典、通晓汉字记侗音的侗书、熟悉本民族历法的人，侗语称为"桑腾"；一类为萨神，负责看管萨坛，侗语称为"登萨"。

●坪坦萨坛

　　传统的定坛过程必须占卜萨卦，也有些寨子只占卜鸡卦。无论是萨卦还是鸡卦，都是非常古老的侗族占卜法术，只有桑腾才有这个能力和资格进行。据坪坦的老桑腾吴祥跃解释，占卜这么多卦数是为了让村寨内每一户人家都不犯冲，即选择对所有人都适宜的地方作为萨的永久居住地。

　　垒坛是将请来的萨的安身之处修建好，从而让萨能够在此长期居住，保佑村寨平安。侗族的萨坛形式各异，既有露天式的萨坛，也有屋架式的萨屋，可统称为萨堂。芋头寨的萨坛是三块方石板搭成的架子，上面用木料盖一个棚，爬满了藤蔓植物。增冲三宝侗寨供奉萨的，是一个祠庙。皇都侗寨的萨也供奉在一个小庙里，有一位泥塑妇人在纺线。

　　萨坛是最为常见的形式。其形式和材料并无统一规定，有的是土石垒起来的圆柱状，有的是卵石砌成的圆锥状，有的仅仅竖立起一块石块。土石垒砌的多见。即使是萨屋，也不高大，只比一个人略高。萨坛和萨屋的功能都是一样的，且必须在接萨之前就准备好。

　　坪坦村的萨坛，目前是通道侗族地区最大的一个。它重建于 2012 年 7 月。

当时的"萨安殿仪式"，全寨男女老少都参加了，周边村寨的人们也赶了过来，加上"海峡两岸侗文化高峰论坛"的专家学者，参加的总人数超过三千。由于活动具有重要的意义，所以被很多学者进行了分析解读。

其中，以赵巧艳的《侗族萨安殿仪式的过程展演及文化象征》（载于《西南边疆民族研究》2015 年第 1 期）记录得最为详细。因为坪坦的安萨仪式我没有亲历，所以无法详述。以下与祭萨相关的内容，主要来自赵巧艳的这篇文章，在此表示感谢。

萨坛内通常要安放十二种显圣物，每种圣物的名称前都冠以"萨"字，分别如下：萨木（阴沉木）一块，来自江底；萨石（白石子）三十二颗，来自萨岁山；萨土三抔，来自萨岁山；萨水（漩涡水）一碗，来自两河交汇处；萨蚁窝（九层蚂蚁窝）一个，来自山林中的树上；萨虎粪一块，自山中采集；萨葡萄藤一条，来自溪水边；萨浮萍三棵，来自稻田中；萨茅草三棵，来自山上；萨芦苇三棵，来自河边；萨簸箕一个，侗家木匠编织；萨伞一把，市场上购买所得（或为萨树，即黄杨树）。每一样显圣物都有各自的象征寓意，安放在萨坛的不同位置，寄托着人们的美好愿望。

（1）萨木。萨木也称乌木或阴沉木，来自河床的低洼处。它长年埋于深地，经由千载万年的冲刷和炭化，被称为东方神木。侗家人常说："家有乌木半方，胜过财宝一箱。"可见乌木在当地人心目中相当珍贵。萨木又有大桩和小桩两种。大桩高三十厘米左右，数量为六块，雕刻成女性裸体形象，嵌入银质心和胆，将红、黄、绿三色各一丈五尺长的绸缎分别做成九套衣裙，穿在雕像上，再佩戴银帽、银耳环和银项链，象征萨。然后，桑腾按木、火、土、金、水五行划分五方神位，再以土为中心，把象征萨的大桩放在土位上。小桩为二十四块，坪坦村萨安殿仪式的小桩用二十四块条石代替，环列在萨坛的中部，表示有二十四路神明镇守。大桩、小桩均安放妥当之后，便举行"过阴"仪式检验。小桩中若有某方敞开，则认为封闭不严，难以庇佑村寨，导致人畜不安，应该重新安置。

（2）萨石。萨石就是白色的石英石。侗家人认为萨也是白石娘娘，萨岁山的白石就是白石娘娘的化身。萨石来自萨，共三十二颗，按照八卦的"乾、坤、坎、离、震、艮、巽、兑"八个方位，在每个方位上安置一颗白石；一卦三山，共二十四座山，每一山安放一颗白石，从而形成内圈八颗、外围二十四颗的形状。它有两种意思：一种说法是从空间的角度来解释的，认为内圈的八颗代表"乾坤坎离震艮巽兑"八卦，一卦三山，外圈的二十四颗寓意二十四山，另外还有六十四卦和七十二变卦未能体现出来；另一种说法则结合了空间和时间的维度，认为内圈的八颗代表八个方位，外圈的二十四颗象征二十四节气，一节三元，全年二十四节气的元数则是七十二个。按照上述解释，萨坛内的白石安放反映了阴阳、五行、八卦、二十四山与二十四节气的对应关系。坪坦侗寨的萨坛中，二十四颗白石被安放在底部，顶部用鹅卵石修建了二十四个塔尖，用来指代二十四山。

（3）萨土。萨土的安置按照安萨石时确定的木、火、土、金、水五个方位，找准位于中心的土位，将从萨岁山得来的萨土埋在土位上。

（4）萨水。萨水要来自任意两条河流汇合处形成的漩涡水，也是安放在土位上。

（5）萨蚁窝。又称为萨宫，是将一个九层的蚂蚁窝放置在西边的"金"位上，象征萨居住的九层宫殿，又寓意萨有千万雄兵护驾。

（6）萨虎粪。将一坨深山老林里的老虎粪便安置在西边的"金"位上，既象征萨的坐骑，又表示萨拥有万千骏马护卫。赵巧艳认为这可能是由于虎居山中为森林之王，以其粪便可表示其威之所在。现在，华南虎已经在野外灭绝了，找不到虎粪，就用萨土来代替。

（7）萨葡萄藤。将一条三丈六尺长、跨越溪河生长的野葡萄藤放置于土坑之内东面的"木"位上，以定其神位，使之长居于此，永葆村民。

（8）萨浮萍。即把一撮在溪水朽木里生长的浮萍放于萨坛土坑之内北面的"水"位上。浮萍的生命力极强，象征萨自强不息、生命不止，也隐喻侗家人如同浮萍一般，不论迁徙到哪种艰难的环境下都能生根发芽。

（9）萨茅草。把一棵三尺长的茅草放置在土坑南边的"火"位上，象征萨的剑戟。萨不是普通的神灵。各种关于萨的故事中，她都与战争有关。《东书少鬼》中所记载的萨，一生都在参与战斗，因此，武器与她的生活紧密相关。

（10）萨芦苇。与安放萨茅草的意义相同，安放位置亦相同，长度为一丈二尺，但在芦苇的形状上有三种说法：要生有三心尖叶；要生有一心尖叶，能够无风自动；其叶如剑，是剑的象征。与萨茅草一样，萨芦苇可能也是借芦苇顽强的生命力来隐喻萨的生生不息，加之其形状似剑，亦象征萨的剑戟。也有学者说是由于芦苇在草丛中能无风自动，意在驱妖、避邪。

（11）萨簸箕。用一个巨大的崭新的圆簸箕将萨坛的土坑遮住，隐喻天，表示世间万物，大至天地山川，小至浮萍茅草，都属于萨掌管。

（12）萨伞或者萨树。萨伞与萨树需视萨堂的形式而定，如果是封闭的萨屋，就安萨伞；如果是露天的萨坛，就栽萨树。萨伞微张，传说萨住在"孟塘米海"的深海里，她来到侗乡村寨一定伴随一场大风雨，所以要打伞，因为风大，伞又只能半张开。就伞的结构特点而言，传统上是将桑树枝条插入一个铜钱，象征天圆地方；用五色线捆成伞形，做成万年伞，后来又以银伞代替，现在基本都用黑色油纸伞。伞顶挂有银链，伞不撑展，呈半开半合状，象征萨护佑村寨风调雨顺、五谷丰登、六畜兴旺、安居乐业和村寨太平。如果是露天的萨坛，则于封土之后，在其上栽一株黄杨树，将来如果黄杨树枝叶茂盛，则表示萨在坛，如果枝黄叶枯，则象征萨已经离坛。黄杨树是萨的象征。黄杨是灌木或小乔木，长得极慢，因此也被人称为"千年矮"。

值得指出的是，黄杨木也被汉族的文人当成一种神奇的木材。苏轼就有诗曰："园中草木春无数，只有黄杨厄闰年。"《博物要论》中更是提到曾有人做过测试，称闰年黄杨并非缩减，只是不长。在《酉阳杂俎》中对黄杨木的采伐还有如下的记载："世重黄杨木以其无火也。用水试之，沉则无火。凡取此木，必寻隐晦夜无一星，伐之则不裂。"清代的李渔称其有君子之风，喻为"木中君子"。在他的《闲情偶寄》中记载说："黄杨每岁一寸，不溢分毫，至闰年反缩一寸，是天限之命也。"这些说法给黄杨木披上了一层神秘的外衣。

到弄堂概去取土，是定居的条件；修建墓葬，则是定居的根据。由于侗族将萨神坛视为萨的墓葬，因而在安放显圣物之外，还须埋置萨的日常生活和生产用品，这些陪葬的瘗物主要有锅碗瓢盆、纺织用品等，这些物品也应一同埋在土位上。

陪葬物品一般包括一个火塘三脚铁架、一双银筷子、十个新饭碗、一个鼎罐以及锅勺、锅铲等炊具用品；帽子、上衣、裙子、鞋子等衣物；纺凳、织布机、纺纱机等生产工具；日常用品则主要有剪刀一把、板凳一张，有的锅内还有谷子、鸡蛋、茶叶、盐等物。

通道独坡乡的上岩村在 1970 年开新田的时候，挖出一个早期被遗弃的萨坛。萨坛中有一个粗糙的碗，用一根银线穿成八角菱形，每方之角扎一束红黄蓝紫的彩色丝线，中间放有小酒盅。但是他们认为这是萨坛，不敢深挖，下面还有什么不得而知。

3. 接萨和安萨

萨坛垒砌完成之后，桑腾根据卜卦的结果，选好吉日，率领接萨人员前去接萨。接萨的地方有很多，一是离村寨较近的河边、山冲、山脚等地，它们在当地人心目中具有神性；二是到过去的老萨坛将萨接过来；三是在侗族人传说的杏妮牺牲的弄堂概，位于今天黎平和榕江的交界处；现在也有人去政府大院取土，将官府所在之处视为萨的居住地。

前去接萨的任务并不是谁都可以担当的，无论在人员数量还是人员身份上都有着严格的规定，也蕴含着相应的象征意义。坪坦村萨安殿仪式中，负责接萨活动的人员要求满足一些特定的规定。人员构成方面，由一位登萨、一位桑腾、八位女性、八位男性组成。八位女性和男性分别为老年已婚、中年已婚、青年已婚和未婚人员各两名。身份特点方面，要求是六福之人，即家庭和睦、儿女双全(未婚男女除外)、父母健在、家运昌盛、干净圣洁，象征福禄寿喜财睦样样齐全，并且本人年庚与五方龙神和十二地支属性相合。服饰穿着方面，必须身着侗族盛装，禁忌穿白色衣服；队伍的排列顺序为，登萨右肩扛锦伞(萨的化身，伞头悬挂一个葫芦形茶壶)在前引导，背萨者(必须为男性老人)排列第二，桑腾排第三，后面是吹芦笙者四人，敲锣打鼓击钹者三人，八位女性成员跟随其后。

背萨是接萨仪式的最后一个环节。当按照上述接萨要求挑选的人员到达萨岁山南麓后，由登萨一人上山，在山顶的固定神坛上焚香敬茶，祭祀萨。两位老妇人喊一声："萨！我们来接您去湖南省通道侗族自治县坪坦村啰。"随后，桑腾和背萨者在山脚设祭坛，烧香化纸，并由桑腾念诵《请萨词》；然后在总萨坛边取下象征萨的三抔黄土和三十二颗白石，黄土即萨土，白石即萨石，用一个浅竹篮将这些装好，准备背下山去。

登萨祭祀完毕就往山下走，而桑腾及背萨者祭祀完后便向山上行，当登萨与桑腾和背萨者会合时，意味着已请萨下山，但还需要卜卦确定萨是否愿意于选定的时辰动身前往接萨之地。卜卦由桑腾进行，共卜三卦。三卦的卦爻也有讲究，顺序为阴爻在前，阳爻在后，阴阳爻在中。卦爻由桑腾请求赐予，如果三种卦爻未能如愿，寓意萨不愿于该日动身，则需再择吉日卜卦问意；假如三种卦爻很顺利地到来，则象征萨愿意动身上路。

这时随行的男性成员便燃放鞭炮。接着，桑腾领唱第一遍《耶萨歌》《桑耶歌》，再领唱两遍《耶萨歌》，喊一声："萨！跟我们到坪坦村去啰。"桑腾左手持法杖，右手持匕首，走在队伍前头为萨引路，登萨排第二，背萨者排第三，其他人按照来时顺序依次排列跟随。

在路上，背萨者不准高声说话，不能疾步行走，只能徐徐慢行，以示庄严肃穆和敬仰有加，如遇庙宇、亭榭、桥梁等均须焚香化纸敬奉祭拜，以请求神灵借

● 坪坦安萨仪式

路通行。

雷翰杰的研究更为详细地指出，在接萨的过程中，是有一些禁忌的。比如，不管返程的路有多远，背萨的人都不能休息，更不能过夜。按贵州某些地区的习俗，再远都要连夜行走且当天回去，接萨仪式一旦开始就要在当天圆满完成。其他地区没有这个限制，但是都要在三天内回寨。不管时间有多紧，接萨返回时，背萨者都要拄杖缓行，脚步不能快。这个走路速度是表现对此仪式的严肃态度，接萨的路上，队伍须纪律严明，井然有序，背萨者不准高声说话。

在途中，接萨队要避免途中遇到行人，万一遇到，不得向对方透露其去向。不仅如此，在接到萨之后，象征其神灵的那些圣物，包括萨伞、萨土、萨水等，都不能落地，一旦落地了，就表示萨在那里安身，不会再移动。于是，萨没有到达她的目的地，也就无法给村寨带来护佑。实在是碰到意外情况，则必须返回萨岁山重新接萨。

安萨仪式是在象征萨的三抔萨土和三十二颗萨石背回来之后，举行仪式将其安放到垒好的萨坛之中，主要包括迎萨和安坛两个仪式过程。

当背萨的队伍临近村寨时，寨老要组织一名道教桑腾、两名青壮年充当轿夫抬萨,并组织十八名妇女、十八名芦笙队及全寨男女老少到寨门迎萨。两名轿夫抬着已经雕刻和装饰好的萨木,等待背萨者将萨土和萨石放到轿子里。之后举行迎萨游寨活动,由桑腾(即前往萨岁山取萨土和萨石的桑腾)带领所有人员按规定路线在整个寨子进行巡视。

安坛是指安放萨坛的内设物,以示对萨的恭敬,也是期望萨能够在此安居。虽然萨坛和萨屋的内设物略有不同,而且侗族不同的地区也不尽相同,但最主要的陈设物却大同小异。坪坦村的萨坛分为前、中、后三部分,前部放置石制祭台;中部为石块垒成的半圆形坛围;后部为一个深六尺的圆形土坑。安坛仪式十分讲究,过程也非常复杂。萨坛须在安萨仪式开始前准备妥当,还要事先备好显圣物。安坛仪式开始后,桑腾才依次进行接下来的活动。

净化。所有的祭祀场合中,都有净化的程序,因为神灵不喜欢污秽的环境。安坛仪式中的净化,包括对仪式执行者自身的净化和对周围环境的净化两个方面。前者如画符卦身,后者如禳煞除秽。

请神护法。神也是喜欢热闹的。尤其是在多神信仰的民众看来,迎请一个神灵,必须要有其他等级较低的神灵降临陪同。请萨到来之前,需要恭请五神五庙一同下凡。五神包括天王氏、地王氏、人王氏、伏羲氏与神农皇氏,五庙为李王庙、飞山庙、前殿金花小娘、后殿金花小妹和藩郑韩孟四位夫人,奉请其一道前来把坛扬法。最后还要请广西的七十二庙、湖南的二十四神来共同护佑。所谓的七十二庙和二十四神,通常也没有具体的所指。

占卜卦爻。请完神之后就要卜卦,卦爻有阴爻、阳爻和阴阳爻之分。阴阳爻又称宝卦,是指卦面一面朝上,一面朝下,也就是一阴一阳。卜卦要卜三卦,如果所卜之卦的顺序为阴爻、阳爻和阴阳爻,那么证明神灵已降临,可以安坛,否则须重新请,甚至另择吉日。

安显圣物,也称安象征物。它是指将具有象征意义的显圣物放置于萨坛之内,从而确定萨的地面居所。

在萨坛内安放显圣物是安萨仪式中最重要,也最复杂的一个环节,包括从安萨木到安萨伞(或栽萨树)等十四个细节,而且在时间上也有着严格的前后顺序要求。

将十二种显圣物和其他陪葬物品安放完毕之后,需将所挖之土重新填入萨坛的土坑之内,覆盖在簸箕之上。填土完成后,再用石头垒砌成圆形石包,以子午为线,子为正门,供人们烧香、敬茶,午为后门。

4. 祭萨

正是因为萨在侗家人的精神信仰中有如此崇高的地位，所以对萨进行祭祀，就成了一个重要的活动。传说，很久以前，上天曾安排萨装成乞丐下到凡间视察人心善恶。萨就把自己弄得又脏又老，浑身散发出难闻的气味。来到一个叫六甲的侗寨，果然，大家都嫌弃她。她到家家户户乞讨，都没人搭理她，甚至有人朝她怒斥，让她赶快走开。萨很生气，到了寨老家的门前，对寨老说："人不行善，人丁不旺，六甲寨的人口，以后不会超过三十三户。"说完就不见了。寨老这时候才知道是萨来到人间，但是六甲寨已经将萨得罪了。他赶紧召集全寨的村民，商量怎么向萨谢罪。大家一致决定，杀一头黑毛猪，供奉在萨坛前，请求得到萨的原谅，解除诅咒，保佑寨子人丁兴旺，六畜昌盛。

汉族的民间故事中，通常也有类似的传说。最有名的是观音的故事。据说，观音经常化成各种不同的形象，在人间考察，普度众生，有时候是一个老态龙钟的奶奶，有时候是一个年轻美貌的女子。那些善良的民众，通常会因此而得到好的回报，比如成仙得道，或者儿孙满堂；而那些对观音态度不友好的人，则会自食恶果。

萨堂的管理和祭萨的主持，都由一位男性老人承担，专人管理。村寨的萨有田产，由管理人耕种，收入作为管理人的报酬及祭祀活动的经费，农历每月初一和十五日，管理人要给萨烧香敬茶。到祭祀活动时，由管理人筹备各种用品，如香、纸、烛、铁炮火药等物。管理人员的人选，各地都有一些不同条件，但有共同的要求——必须由该寨的老户担任，有的寨是世袭，有的寨是从各老户中选合适的人来担任，有的是终身制，有的可以中途变换人选。

过去，祭祀大体上可分为两种，一种是战时祭萨，一种是平时祭萨。萨的传说中，大量内容都与战争相关，曲折地反映了侗族在几千年的岁月中那段不断迁徙的历史。萨在一定程度上，也就具有战神的性质。因此，一旦遇到外来侵略或者发生其他纠纷，如村寨间的械斗、外界盗贼进寨掳掠等，不可避免地要使用武力的时候，祭祀萨就成为一个必要的仪式。

正如祭萨的歌词里所唱的那样："到了扛枪作战的那天，请你萨神带领我们向前；到了吹笙进堂踩歌的那天，靠你萨神打伞来遮阳。"战斗开始之前，村寨中的青壮年男子全副武装，来到萨坛敬茶，喝下萨神所赐的茶水壮胆，头插几片取自萨坛上的黄杨木的树叶当作护身符，从而使士气受到鼓舞，增强战斗力。不过，随着社会的稳定，现在这种祭祀越来越少了。

现在的祭祀，都是以免除疾病、出门吉利、五谷丰登、六畜兴旺、老少安康等祈愿为主。它又可以分为几种形式：纪念式、赎罪式、娱乐式、祈求式。

纪念式的祭萨是有固定的日期的，如萨神的诞辰日，侗语中称为"烘萨"。这个在不同的村寨有不同的说法，很多传说中关于萨在人间的活动时间都不同，所以纪念的时间也不一致。这种祭祀，大祭以猪、羊供祭；小祭则各户自备饭菜到萨坛敬供，然后会餐并踩歌堂。部分村寨每年农历二月初二和八月初三还要杀猪大祭，以往还要"哆耶"，颂扬她的功德，乞求她的保佑。因为侗族人认为农历二月初二是萨的生日，而八月初二是她游寨的日子。在其他重要节庆或节气，如农历三月初三、八月十五，也是祭萨的重要日期。大祭时，任何人不得进寨，包括本寨外出的人。

赎罪式的祭祀，意味着人们认为自己得罪了萨，此后萨就不再护佑寨民，从而导致人畜瘟疫、水旱灾荒等灾害的发生，所以要以猪羊敬供求得萨神的宽恕，以消灾免祸。更严重的是，侗族先民认为萨甚至可能离开村寨，回到她原来的居处，这时就必须重新举行接萨仪式。为了赎罪，祭萨仪式必须举行。不过，在这一活动中，人们不需要像基督徒一样忏悔，而是再次对萨进行诚心邀请即可。上文萨下凡的故事中，说的正与这种赎罪式的祭祀有关。

娱乐式的祭萨，是将萨视为一位脱离了神性的长辈。所以仪式显得随意而生活化，参与者主要是寨中的老年妇女，很悠然地在萨坛前打油茶，唱颂萨歌。有时在春节期间，主寨邀请客寨来共同祭萨，主寨家家户户各备酒菜，然后由家中的中老年妇女带到萨坛，大家一起分享。祭祀活动之后，主客两寨的妇人就在萨堂坪对唱耶歌并做一些即兴表演，祈求平安。值得指出的是，这项活动拒绝未婚少女参加。

祈求式的祭祀也可分为两种：一种是集体活动之前，必须向萨坛敬供，如举行斗牛、玩龙灯等，出发前要到萨坛向萨神敬茶；一种是个人行为，比如每个月的农历初一和十五，就有人到萨坛烧香。家里有小孩或者老人生病，家人也会到萨坛祈求保佑，让病人早日康复。在这种情况下，家人一般不带病人去，而是自己到萨坛，在坛前跪下叩头，把祈愿说出来。家中有孕妇的，也会请求萨保佑孕妇和孩子健健康康。谁家的牲口走失了，天黑不归圈，主人也会到萨坛祈求萨的保护。平时，人们参与出行、狩猎、农作、建屋等重大活动时，都要到"萨坛"前烧香烛，敬油茶，顶礼膜拜，求"萨"护佑。愿望实现之后，人们会认为这是萨在保佑自己，所以必须要到萨坛前还愿，感谢萨的帮助。

祭萨所用的祭品有很多种，如牛、羊、鸡等动物，还有酸鱼、糍粑、黄豆、米花、油茶等食物。侗族人认为，他们爱吃的是什么，萨就爱吃什么。在雷翰杰的毕业论文中，记载了老侗学家吴万源回忆的 1988 年 9 月在顺江龙胜举行的一次祭萨活动。那个村寨的大萨坛位于河的下游，各种年龄的村民带了油茶、青菜、黄豆、香、酒等东西作为祭祀品来祭拜。在所有的祭品中，有两种动物的肉是必须的：

第一种是鱼。鱼是祭萨中的主祭品，在侗语中，萨和鱼也是同音词。侗族从鱼领悟生命，从鱼的众多聚结、超强繁殖能力想到了生命，把生命的愿望寄托到了鱼上。正如一位学者所言，生命即母性，母性即萨，萨即鱼，鱼即生殖的象征。把萨和鱼联系起来进行崇拜，显然是生殖崇拜的第一遗风。

第二种是黑毛猪。因为侗族人相信，牲畜的毛色是否纯正，象征祭祀者的虔诚与否。假如找不到这样的猪，就用墨汁将猪的毛色染黑。

侗家人很忌讳血，在祭祀中更加注意这一点，因此，宰杀动物的时候，不能动刀，要避免流血。鸡和鸭用茅草打活结套脖子勒死，猪则用水溺死，而且要在仪式当天现场淹死，不能提前进行。侗学家吴文志描述过一次祭祀的现场："由四位年轻人将黑猪头朝下往一个装满水的水桶里淹，此时，猪在水桶里拼命挣扎，水花四溅，四位年轻人使劲往下压，不一会工夫，黑猪就失去了挣扎力，一动不动了。此时，全场一片欢呼，人们的脸上充满着胜利的喜悦。"

祭祀的内容主要是吃饭和踩歌堂，用侗族人的说法就是："陪圣母吃顿过年饭，并在一起娱乐一下。"祭萨仪式通常只有中老年妇女和年长的男性可以参加。节日期间，所有的侗族女性都放假，参加祭祀和游乐活动，所有的家务活都要由男人去完成。

祭萨的规模十分庞大。祭萨时，先由管萨老妇人烧好茶水，给萨敬香献茶，然后身着盛装的女人排着队祭祀。她们每人喝上一口祖母茶，摘一根常青树树枝插在发髻上，然后以村寨为单位跟随手持半开雨伞的老妇人踩路。游行队伍沿着田间，绕寨一周，从江边的古道走向鼓楼广场。随队相伴的还有芦笙队，吹奏的乐曲响彻山谷。

女人们把一张张方桌连接起来，在村街摆起长长的宴席，欢宴村民和亲友。就这样，大家在祭坛周围的广场上，吃着糯米饭、红肉、煮白菜、酸萝卜，喝着米酒。这些饮食费用都由各家各户均摊。吃饭前，先由"鬼师"向萨进行汇报并征求意见，再由主祭者向萨坛施供并进行祈祷。饭后大家就在圣母坟周围"踩歌堂"，大家手拉手，唱琵琶歌，吹芦笙、多耶，尽情欢娱，并祈求家庭幸福，村寨丰收、安宁。

祭萨间接反映了人类渔猎时代的生活状况，透露出远古神秘的气息。萨崇拜本质上是一种母性崇拜，是一种古老的宗教崇拜，祭萨节是以祭祀女性神为核心内容的宗教节日，反映了人类母系氏族时代的遗风。

整体上来看，侗族萨崇拜是侗族最重要的精神资源，是侗族民族精神的渊源所在。萨神崇拜也是侗族文化的源头，是侗族文化的核心与发展基石。作为萨崇拜的重要体现，祭萨是侗族文化最初的也是最重要的凝聚方式。各个部族间，通过共同的祭萨，将侗族文化凝聚起来。

祭萨节是一个祭祀性的节日，也是一个综合性的节日，一代又一代的侗家人，在一年又一年的祭萨中，不断地丰富节日的内容，使之超越了单一的祭祀，而具有了更多的文化功能，成为一个民族的巨大的社会文化场。祭萨节中几乎承载了侗族文化的所有形式，如祭祀、禁忌、盟约、歌唱、舞蹈、音乐、戏曲、竞技、表演、联欢、交际等。可以说，祭萨节是侗族文化的一次集体大展示。

第8章

信仰（二）

侗族先民们将日月星辰、风雨雷电、山川河岳人格化，并因而对之产生敬畏，顶礼膜拜，出现了原始的多神崇拜。几千年以来，他们一直保持着多神崇拜的传统，包括自然崇拜和鬼神崇拜。鬼神崇拜可以分为两种，一种是与自己有血缘关系的先人或者较为亲密的亲属去世之后的鬼神，一种是与自己没有什么关系的鬼神。前者一般认为是会给自己的现实生活赐福的，而后者则多会给自己或者家人带来不好的运气。但不管哪一类，一旦遭遇了鬼神，就需要进行祭祀，摆脱其对自己现实生活的干扰。

自然崇拜是把自然物和自然力视作具有生命、意志和伟大能力的对象而加以崇拜，是最原始的宗教形式。侗族先民认为，一山一石、一草一木都有灵性，不能轻易得罪。

后来，又出现了人物崇拜。人物崇拜也可以分为两种，一种是现实中的人物被神化之后，被认为具有某种神力而能够作用于自己的生活的神；另一种是将某些自然物和现象人格化，制作出偶像进行祭拜。

随着后来佛教、道教等宗教的影响，侗族也将其中的一部分神灵纳入自己的信仰中。

萨崇拜是侗族最大的信仰，因此将其单独列为一章，在上文中已经进行了详细介绍。本章主要结合坪坦村所信仰的其他几个最主要的神灵来进行介绍，包括土地神、飞山公、南岳神、雷神、城隍、佛。但这只是其中很小的一部分，侗族人信仰的神灵无所不在，正如他们的谚语所说的："供不完的神，驱不尽的鬼。"

1. 土地神

在中国的神灵系统中，土地神与人的关系最为亲密，它不是那种令人望而生畏的神灵。坪坦村对于土地神的信仰是极为虔诚的。在村寨中间，分布着大量的土地神庙。庙的材质有木、石、水泥等。在所有的供奉神灵的庙宇中，土地庙是规格最小的，它的高度不过半米，所处的位置通常是某些不起眼的角落或者路边。从格局来看，其只有一间房，有的在里面雕一个塑像，有的则只有一个牌位。土地庙比关牲口的棚圈还要小很多。在周围高大的民居建筑的衬托下，它显得那么微不足道，但是它又是如此重要，其庙宇被称为"三多堂"，即多子、多福、多寿，因为土地承载着粮食的收成。

侗族有非常深厚的农耕传统。人非土不立，非谷不食，土地生五谷以养育百姓，所以侗族人特别注重奉祀土地，自古就有奉土祭社的礼俗。人们以土地为"神"，尊土地为社神。

先秦时期，社神的地位非常高，通常以"社稷"一词作为国家的代称，祭祀典礼也由天子或各地的行政长官主持。"社"是地方最小的行政单位，以社为单位立庙供奉的土地神可称为社神。《说文》解释称"社"字即土地之主的意思，段注引《五经异义》说："土地广博，不可遍敬，封无土以为社。"到了后来，尤其是明清时期，社神的称呼没有人使用了，都改成了土地神。

土地神有各种称谓，包括福德正神、福德老爷、土地公公、土地伯公、福德公、土地公、土地爷、地主公、福德、土公、土地、土伯、土正、地主、社神、社公、社官、后土等。土地神最开始是一种自然神，源于秦汉时期或者之前的社神信仰。当时祭祀土地神已有等级之分。汉武帝时，将"后土皇地祇"奉为管理天下土地的最高神，在地方上，仍旧祭祀本地的土地神。这说明土地神只是一个职务，各个地方担任这个职务的神都不一样，甚至在性别上也不一致。道教"四御"中的第四位天神，为"承天效法后土皇地祇"，简称"后土"，俗称"后土娘娘"，显然是女性。其与主持天界的玉皇大帝相配合，为主宰大地山川的女性神。其他有些民族中，土地神也都为女性。玛雅、古希腊地神为地母，拉丁语、法语、西班牙语、俄语中的"土地"一词都是阴性。

后来，人们又将句龙视为后土神。如《左传·昭公二十九年》："共工氏有子曰句龙，为后土。"另有说法，禹死后也托祀于后土之神。

后来慢慢演化，社神变成了土地神。一些历史人物或者传说人物都被视为土地爷，管理一方土地。最早被称为土地爷的是汉代蒋子文。但是蒋子文并非善神，既不是救民于水火的英雄，也不是道德修为高深的文士。《搜神记（卷五）》记载，民间祭祀蒋子文，并不是自发性的，而是被蒋子文逼迫的结果。他死后，化身显现，威胁当地民众："我当为此土地神，以福尔下民。尔可宣告百姓，为我立祠。不尔，将有大咎。"后来祭祀他的皇帝，多为六朝的君主，朝代短命，统治昏庸。

土地神作为善神的形象出现，大概是东晋以后的事情，所供奉的对象为生前行善或廉正之官吏。《老子天地鬼神目录》曰："京师社神，天之正臣，左阴右阳，姓黄名崇。本扬州九江历阳人也。秩万石，主天下名山大神，社皆臣从之。"此后，各地土地神逐渐由对当地有功者死后所担任，且各地均有自己的土地神。民间所信奉的土地神，尽管其来源于先秦的后土崇拜，但是已经有了很大的变化。它越来越世俗化，越来越模糊化。这反映出，随着从中央到基层的官僚制度的逐渐完善，土地神蜕变细化为管理本乡本土的最低级的小神。

明清以后民间又多以名人作为各方土地神。比如，清代翰林院及吏部所祀之土地神为韩愈；岳飞为杭州太学一带的土地神；沈约为湖州乌镇昔静寺土地神等。赵懿（清代）在《名山县志》中称，土地神有多种名目，不同的土地上有不同的土地神，如花园土地神、青苗土地神、长生土地神、寺庙土地神等。

● 土地庙

"有土斯有财"，很多人都把土地公迎进家里祭拜。在坪坦村，几乎家家户户门口都供奉有自己的土地神。正如上文已经说到的，土地神牌位被供奉在大堂中的家仙壁上，上面是家仙，下面是土地神。家中没有供奉的，也会在每月的固定日子里（如农历初二、十六或初一、十五），于家门前设香案、烛台、供品祭拜土地公。每个月的农历初一和十五，都有人在土地庙前烧香烧纸、供酒供肉，求得保佑。平时家里丢失了鸡鸭鹅的，村民也都会请求土地神给予启示。

在侗族的观念里，土地神几乎管理着村中的一切日常事务，包括庄稼、收入、富贵、平安、生育等，集"地政、财政、德政"于一身，职责非常重要。民间所供奉的土地公，也称为"福德正神"。他本名张福德，据说是周穆王时期的人。他自小聪颖至孝；三十六岁时当总税官，清廉正直，做了许许多多善事，一百多岁才辞世，死后有一贫户以四大石围成石屋奉祀他。过了不久，该贫户就变得很有钱了，百姓都相信是张福德神恩保佑，遂合资建庙，为其塑造金身进行膜拜，并取其名而尊为"福德正神"。这个传说大约明清时期才开始在民间流行。

在一些土地庙中，土地公公身边配土地婆婆的习俗，要到南宋以后。这个习俗沿用至今，现在许多农村土地庙里，都供奉着土地公公和土地婆婆。土地公公居左，土地婆婆居右。二人身材并不高大，皆为世俗老人形象。其双手拱于胸前，慈眉善目，神态非常谦卑祥和，体现出等级最低但所管理的事务又与人们生活休戚相关的神祇特征。

不过，在坪坦村众多的土地庙中，我发现只有村后的一个庙宇中还有土地神夫妇的造像，其他的大多数都只有牌位。这个土地庙正好处于几条小路的交叉口，四周是一片水稻田。门头贴的红纸上写着"三多堂"，两边贴着一副对联，但已经残缺了。该土地庙为石质，但土地神夫妇造像为木质；土地公公在左，土地婆婆在右，二人前面供奉着很多香火。

2. 飞山神

坪坦村建有两座飞山庙，一座是村中杨姓所建，一座是村中吴姓所建，两庙相距仅30米。两庙的祭祀时间、形式完全相同。

吴氏飞山宫的建筑样式为砖木结构。里面为木架子，外面砌了砖墙。坪坦村的建筑都是如此，民居、鼓楼等为木构，而庙宇则多用砖砌。吴氏飞山宫最外面有一副对联："威名震十峒，尊千秋神圣；惠德泽九溪，固万代吉昌。"吴氏飞山宫跟土地庙的格局差不多，也只有一间房子。正对着大门的墙壁前，有一个木龛，上方有龙凤图案。飞山公夫妇的塑像全身上彩，就端坐在中间。左右两侧各有一立像，左边为武将装束，右边为文臣装束。最外层两边的柱子上贴着一副红纸写的对联："视之不见求之应；听则无声叩则灵。"应该是经常替换的。塑像前厚厚的香灰，体现出了坪坦村人信奉飞山公的虔诚态度。

吴氏飞山宫的里面还有两块碑，上额"永世芳留"，左右一副对联："神灵福泽永固；祖德千古流芳。"《飞山宫复修序》的碑文记载了这座飞山宫的来由：

"飞山宫，始建于清朝光绪年间，民国年间及'文革'期间两次被毁，使我族人有愧祖思。公元二〇〇四年，政通人和，国泰民安。经全体族人共同努力及众多乡邻乡亲的关心支持，终于得以焕发仙姿，重现灵光。这是我吴氏家族的一件盛事。飞山宫的顺利修缮，充分体现了我吴氏家族的忠孝、团结精神和勤劳善良、奋发向上的传统美德。飞山宫为我吴氏家族的宗祠与神殿，将灵光灿烂，造福我族万代子孙。化首吴祥辉、吴祥远、吴尚清、吴尚元；首士吴庆云、

• 吴氏飞山宫

• 吴氏飞山宫内部陈设

吴庆斌、吴道山、吴庆文、吴庆明、吴道能……（捐款名单略）公元二〇〇五年四月五日立。"

可知这座飞山宫始建于清代，现在矗立在我们面前的，则是 2005 年重修的。

杨氏飞山宫离村寨民居较远，在坪坦村祖坟地的山脚下，比较简朴，一扇门，两个窗户。它平时都关着大门，只有祭祀的时候才打开。

飞山本来是一座山的名字，位于湖南省西部重镇靖州苗族侗族自治县西南侧，海拔七百多米。宋代王象之的《舆地纪胜》称："飞山，《图经》：'在州北十五里，俗呼为胜山。比诸山为最高峻，四面绝壁千仞，其颠甚平且广宽。今置飞山堡。群峰特秀，高逼霄汉。'"康熙年间的《武冈州志》说："云山，城南十五里，自麓至顶，盘磴而上。又十余里有七十一峰。相传为七十二峰，一峰飞去靖州城外，遂成胜景。"

每年的农历六月初六和十月二十六，周边几个地区的民众就会前往飞山祭祀。在他们心中，飞山就是离太阳最近的地方，有着无可替代的作用。飞山信徒认为，飞山宫是飞山神脉之所在，飞山太公的灵魂就在这里，从而让这座绵延百里的大山成为所有飞山脚下人民心中的圣地。飞山太公就是五代的少数民族首领杨再思。

从宋代开始，侗族人在飞山上建庙，纪念杨再思。民间有些老百姓受通俗小说《杨家将》的影响，把杨再思和杨再兴混淆起来。但杨再兴是南宋人，杨再思是唐末到五代之间的人。杨再思这个名字在历史典籍中经常可以见到。不过，《旧唐书》《新唐书》中的杨再思，是郑州原武人（今河南原阳），唐代的宰相。只有《资治通鉴》中有一段文字所记载的杨再思，才是侗族人的飞山公。

乾化元年（911 年），楚王马殷派遣邵州刺史吕师周征讨叙州蛮，叙州蛮首领为潘全盛，所据之地称为"十洞"。潘全盛派大将杨承磊迎战。杨承磊敌不过被擒，潘全盛则兵败被斩。杨承磊的族人杨再思献上自己辖制的诚州归附。马殷派人直接管理诚州，将十洞划归杨再思管辖。此后，杨姓以杨再思为首领，在十洞地区繁衍。杨再思也被称为"飞山太公"，侗族地区称"飞山祖公"。光绪年的《靖州直隶州志（卷七）》载："宋事刺史六人，杨再思，州人，五代末位五溪长。宋初纳士归诚，始命为诚州刺史，征蛮尽节。州属建飞山庙祀之，同治七年奉旨入祀典。"

杨再思归顺以后，他在十洞地区的统治具有了合法性，这为其以后的发展奠定了政治基础。杨再思励精图治，以其族姓散掌州峒，并以字派"再、政

（正）、通、光、昌、胜（晟）、秀（进）"七字为等级建立封建领土分封制度，从此"飞山蛮"进入兴盛时期。五代之乱，天下多遭涂炭，独诚州兵民屯集，商贾出入，社会安定，马楚政权被宋灭亡后，杨之七子政岩归降宋，并将"飞山蛮"的势力范围逐渐扩展到今湘西南、黔东南、桂西北的广大地区（包括湖南靖州、会同、通道、黔阳、怀化、溆浦、麻阳、芷江、新晃、新化、新宁、武冈、城步、绥宁、贵州、锦屏、黎平、天柱、从江、榕江、玉屏及广西三江、龙胜等地）。杨再思则因为功勋卓著，被北宋王朝追封为"威远侯"，南宋又追封为"英惠侯"。

据说，杨再思生前娶有五氏，依次生十子，子孙众多。今天西南一带的杨姓侗族，都尊其为祖先。湘、桂、黔三地边境其他姓氏的百姓，也对他十分敬畏。所以，在各个村寨中，都普遍建有飞山庙，以纪念这位少数民族首领。每年的农历六月初六（杨再思的生辰）和十月二十六日（杨再思的忌辰），当地群众常去飞山庙祭奠。据调查，湘、黔、桂、川、渝、滇、鄂、粤、闽等省、自治区及东南亚部分国家，有近千座"飞山庙"或"飞山宫"。

光绪年间的《靖州直隶州志》收录有两方关于杨再思飞山宫的碑文，都是明代所刻。其中，淳熙十一年（1184年）撰写、嘉靖十六年（1537年）重刻的《录事谢繇飞山神祠碑记》，较为详细地记载了飞山公的生平事迹：

"飞山之神自有靖州以来已著灵迹。元丰六年赐庙显灵，三十年封威远侯。按《志》：'宋淳佑[祐]间已加为英惠公，此祀作于前，故只称侯。'特为表之，血食此土，福庇一方，于今八十余年。岁时水旱祈求，验如影响。正庙在飞山绝顶。一州之民，凡有祷祀，皆登陟于高峰之上。旧有行祠，建于刀弩营前。绍兴二十五年，崔守移置于方广寺门之左。乾道六年，詹守复移置于寺侧之西。然皆一时草创。淳熙三年来，盛中洞姚民教作过，朝廷调发江陵驻搭统制率逢源提兵收捕，密祷于神。既与贼站，觉空中飞沙飘石，奔风急雨。贼皆股栗，望风而退，由此获捷。率乃答神之贶，增修行祠，易以竹瓦，添置泊水，覆以茆茨。日月逾迈，风雨飘摇，上漏下湿，神像几暴露矣。九年正月，淦阳孙公国传来守是邦，下车之初，百废俱举。始修学宫，备器械，整官舍。至于仓库场务犴狱之属，修葺一百余间，悉覆以瓦。其勤可谓至矣。公尝语于众曰：'备员于兹，雨旸时若，年谷屡丰，赖神之力居多。兹及瓜不远，而神祠弊漏如此，倘不能有以报之，是谁之责？'乃出己俸，鸠工市材，取新去故，易小以大，重建堂殿、泊水，增置厨房一件。易茆以瓦，□①之以墙，涂以丹膜。匪雕匪斲，不侈不陋。尺椽片瓦，不扰于民。庙貌尊严，栋宇轮奂，结始于次年□□之朔，告成于季冬既望，乃举酌而祀之曰：'飞山之神，功德兼隆。福庇一州，庙食侯封。八十余年，远迩钦崇。自惟不才，符分虎铜。二年于兹，自春徂秋。所祈必应，有感必通。雨旸应候，时和岁丰。民安盗息，皆神之功。何以论报，第竭恪恭。修神之祠，与国无穷。'祀事既毕，连日弄晴。乌雀噪野，瑞气郁蒸。若神之降格焉。噫，以公之莅官，行己正直，不欺此心，默有合于神者，故依人而行也。太守公家世磁州，名显祖，字昭卿，妙龄以武举魁天下，为修武郎，阍门祗侯，知延安府，极有政治。"

明代嘉靖十六年(1537 年)的《明国子倪镇重修飞山神祠碑记》则记载了在前代基础上重修飞山宫的事迹。

这两方碑文中的杨再思已经完全被神化了，而且由于是几百年之后的追记，很难说没有传说的成分。不过，不管杨再思作为一个历史人物在当时的事迹如何，在后世的百姓看来，他已经成为能够保佑一方平安、维护正义的神灵。不仅是侗族百姓如此看他，广阔五溪流域的其他民族如苗族和汉族等，也都视其为保护神。

3．南岳大帝

山神崇拜是各民族皆有的现象。在中国古代，很早就出现了五岳崇拜。先民列出当时天下最有名的五座"神山"，称之为五岳，进行祭拜，即东岳泰山、北岳恒山、西岳华山、中岳嵩山、南岳衡山。五岳之中，位置有变化的是南岳。《史记·封禅书》称，汉武帝元封五年(前 106 年)，将今天安徽境内的霍山封为南岳衡山。这在《尚书大传》《诗故训传》《尔雅》《白虎通义》等典籍中都有记载。葛洪的《枕中书》中就以祝融氏为赤帝，治衡霍山。

至迟至隋唐之际，南岳才是今湖南境内的衡山。《古今图书集成·神异典(卷二三)》引《衡岳志》称，唐太宗贞观中定祀南岳衡山于衡州。衡山的山神则从霍山迁移到衡山，一直是祝融氏没有变。《通典》载："开皇九年，诏定衡山为南岳，而废霍山为名山……唐初建司天霍王庙。"这就意味着，尽管地理位置发生了变化，但是"南岳"这一称号、南岳山神的名称以及神格却始终一脉相承。

---

① 部分文字损毁，无法辨识，用"□"表示，全书同。

换而言之，就如南岳山神将家从安徽的霍山迁移到了湖南的衡山。

关于南岳山神的来历，各种典籍的记载都有差异。《三教源流搜神大全（卷一）》称："南岳衡山，衡州衡山县是也。"以霍山为储副，东方朔《神异经》云："神姓崇讳昌，南岳主于世界星辰分野之地，兼鳞甲水族龙鱼之事。"

日本学者所编的《纬书集成（卷六）》《龙鱼河图》搜罗了数种中国古籍，说法皆不一致："南方衡山君神，姓丹名灵峙。"又称："南方霍山将军，姓朱名丹。"又称："衡山君斓洋光。"

在小说中，还有其他的说法，例如《封神演义》中封崇黑虎为"南岳衡山司天昭圣大帝"，《历代神仙演义（卷四）》则将伯益视为南岳山神的后身。诸如此类，不一而足。

●南岳庙

南岳帝君的信仰与历代帝王的加封也有很大关系。唐玄宗天宝五年（746年），封南岳神为"司天王"；宋真宗大中祥符四年（1011年）封其为"司天昭圣帝"，且与景明皇后配祀；元代至元二十八年（1291年），元世祖加封南岳为"司天大化昭圣帝"；明太祖又改称为"南岳衡山之神"；清代封为"南岳司天昭圣大帝"。

除了上文所说的"主于世界星辰分野之地，兼鳞甲水族龙鱼之事"以外，南

● 南岳神像

岳帝君的另一个职能与国家军事有关，主要见于宋人笔记之中。如周密的《癸辛杂识·别集·上》记载："衡岳庙之四门，皆有侍郎神，惟北门主兵，最灵验。朝廷每有军旅之事，则前期差官致祭。"沈作喆的《寓简》也记载："遇国家出大兵，有所征讨，则遣中使祭告。"

南岳神的造像多为人间帝王造型，头戴冕旒，身穿衮衣，非常威严，多供奉于庙宇之内，体量较大。湖南供奉南岳帝君的庙宇，除了南岳衡山以外，还有一些，如邵阳市法华寺、娄底市天籁寺、涟源市桥头河镇虎形山汉寿寺的南岳殿、新邵县白云岩、茶陵县的云阳山寺、韶山仙女峰大庙、洞口县山门镇秀云山南岳殿、湘潭县的昭山古寺、醴陵市东城区云盘山顶的青云禅寺。

在《永明县志（卷四十七）》中，浦允超的《重修南岳庙记》写道："中州名山三百，而五岳为之镇。五岳分列五方而衡山当其南，此南岳所由其名也。其中如朱陵之灵台，太虚之洞室，参错雄峙，周回八百里，自衡而南，群山蜿蜒，拱揖岳灵，凡楚人多立庙，祀其神焉。吾邑十二区车田，左有南岳庙，其奉祀之意不可知。毋亦邑隶楚南，因以祀南岳耶？抑予闻之，诸侯祭封内山川。昔李孙旅泰山孔门，非今之南岳之祀，乃在庶民，义将安取？然吾侪食毛践土赖其利，皆当隆其报，故古者于社于方必有祭。况南岳雄踞离宫位，巍然著奠定功，民于是赖其利,其庙祀之,以云报也。庙故灵异,人之乞灵儿祭于斯者,屡见应验。创建以来,兴废相寻,比来栋宇久且圮,村人倡首重修,又得众善信解囊相助,遂焕然复厥旧观。于以称禋祀迄休,嘉至便也。继今岳效其灵神降之福,而地轴攸钟生斯土者,应起而翼文明之运,以焜耀南邦,岂直笃祐一方也哉。事竣,爰书此,以为记。"这大概能够体现出南方地区普遍修建南岳庙的民族心理。

在侗族区域,南岳神的信仰比较常见。在坪坦村所有的庙宇中,南岳庙是修得最为气派的一座。据说过去坪坦侗寨本无南岳庙,有一天夜里,人们发现从天下掉下一团火到今南岳庙处,并引起火警,民众惊慌,便请来一道士占卜,说这是吉兆,是南岳大帝降临了。于是,民众集资,在南岳大帝降临处修建了这座南岳庙。到现在,坪坦侗寨已连续数百年无火警发生。每逢节庆或村寨举行活动都要到此举行祭祀仪式,当地人认为这应当感谢南岳大帝的护佑。

南岳庙为砖木结构,只有一间大殿。其后面和左右两个侧面为青砖砌成,内部的墙面上镶嵌着几块功德碑。庙的前方以木板雕花为墙体。整体上显得既厚重,又轻灵。大门的正上方有一块木质匾额,四周雕绳纹,中间的白底上用魏碑体写着三个大字:南岳庙。左右两边的对联也为木刻,字体为篆书:"南天呈祥云,功德千古;岳地升紫气,福禄万民。"

最有意思的是,这副对联的每一联皆为阴刻和阳刻交替进行。上联中,"南天"二字为阳刻,"呈祥云"三字为阴刻,"功德"二字为阳刻,"千古"二字又为阴刻;下联中,"岳地"二字为阴刻,"升紫气"三字为阳刻,"福禄"二字为阴刻,"万民"二字为阳刻。上下联则是阴刻和阳刻相对。

该庙的南岳神为中年男子相,头戴冕旒,双目炯炯有神,胡须浓密,身穿圆领长袍,双手合抱,左手在上,右手在下,手心朝内,端坐在正中间。左边为文官装束神像,须发皆白,头戴官帽,双手捧着红色笏板,恭恭敬敬地站立。右边为一武将装束神像,左右捧如意,右手持长刀,身披红色披风,肩戴红色长绫。三人的脸部、手足以及衣服皆为金色。南岳大帝的神龛为木雕,顶上双龙缠绕,左右两端分别有"福"和"禄"两个字。两边的对联是临时贴的红纸写的:"宝座临金殿;霞光照玉轩。"背后分上、下两个部分,下边画了一头麒麟,上边用黄纸写着"有求必应"四个大字。

从前面的香灰来看,南岳大帝确实很受坪坦人的崇奉。前方的柱子上,挂着一副黑底金字的行书木刻对联:"心术不可得罪于天地;言行要留好样与儿孙。"据说,这是明末著名的大将袁崇焕所撰的名联。民族文化之间的交流融合,由此可见一斑。

由于南岳庙是坪坦村所有的寺庙建筑中空间最大的一个，而且又处于鼓楼边上，是村中公共活动的集中地，所以有些物件就堆放在里面。比如，在维修普济桥的时候，桥头的城隍庙也顺便维修了，庙中的城隍神夫妇暂时无处安身，就寄放在南岳庙里。这是一个很有趣的现象。

南岳庙的左边角落里，用木板搭了一个架子，上面就放着城隍神夫妇的塑像。前面同样摆了三个陶瓷的香炉，已被香灰堆满了。大殿的右边，摆着一个架子，上面放着一个鼓。还有一个轿子，形制很小，显然不能坐人，似乎是神像出游的时候用的。

4. 雷神

坪坦村的地图上表明，风水林边上原有一座雷神庙，但现在已经不存在了，只有一块残碑，上面隐约可辨认出"雷祖大帝"几个字。残碑放在一座新修的石雕小祭台上。对于雷神的看法，侗族跟汉族没有区别。他们认为，雷神能够伸张正义，打抱不平。一个人若是作恶多端，会遭到天打雷劈。雷神的形象虽然凶恶，却不针对善人。

●雷祖祭坛

雷神信仰起源于古代先民对于雷电的自然崇拜。因为雷电有时会击毁树木，击丧人畜。人们以为有天神发怒，于是产生恐惧感，为了避免灾害，只好对其加以膜拜。因此雷神崇拜，一开始就是自然神崇拜的一种。后来，雷神的功能不仅在于施雨，而且扩大到了主天之祸福，持物之权衡，掌物掌人，司生司杀。《九天应元雷声普化天尊玉枢宝经》称，对"不忠君王，不孝父母，不敬师长"者，即付五雷斩勘之司，先斩其神，后勘其形，以致勘形震尸，使之崩裂。也正是因为如此，所以各地都建有雷神庙。

古代神话里的雷神不止一个，最早的一个来源于《山海经·海内东经》的记载："雷泽中有雷神，龙身人头，鼓其腹则雷。"西周开始，雷神被称为雷师，或雷公。《楚辞·离骚》说："鸾皇为余先戒兮，雷师告余以未具。"《开元占经》曰："五车东南星名曰司空，其神名曰雷公。"

道教认为，九天应元雷声普化天尊是雷部的最高神。《无上九霄玉清大梵紫微立都雷霆玉经》以浮黎元始天尊第九子玉清真王，化生雷声普化天尊，专制九霄三十六天，执掌雷霆之政，称作"神霄真王"。《九天应元雷声普化天尊玉枢宝经》的文字显示，雷声普化天尊为上天神霄府九辰之一，是总司五雷、普化群生、赏善罚恶之神。

《明史·礼志四》称："雷声普化天尊者，道家以为总司五雷，又以六月廿四为天尊现示之日，故岁以是日遣官诣显灵宫致祭。"道教中有招请雷神的雷法，以符箓法术为用，有多种功能，如斩妖捉鬼、炼度亡魂、召神驱邪、行云致雨等。《历代神仙通鉴》称九天应元雷声普化天尊"主天之灾福，持物之权衡，掌物掌人，司生司杀"。明代以前，普化天尊的来历有两说，一为轩辕黄帝。《重修纬书集成》第六卷《河图始开图》及第四卷《春秋台诚图》皆有记载。《史记·正义》亦云："轩辕十七星，在七星北，黄龙之体，主雷雨之神。"《历代神仙通鉴（卷四）》说得更为详细，称黄帝的封号为"九天应元雷声普化真王"。

雷祖大帝统领整个雷部，即九天应元雷声普化天尊，或称九天应元雷声普化真王，简称九天雷祖天尊与九天雷祖大帝。明代开始，《封神演义》一书流行。该书称，姜子牙封神时，将太师闻仲封为九天应元雷声普化天尊。这一说法，也在民间广为流传。

普化天尊下辖一个复杂的雷部组织，总部为神雷玉府，下设三十六内院中司、东西华台、玄馆妙阁、四府六院及诸各司，各分曹局。诸司中有三十六雷公，分天、地、人三类，每类十二名。邓元帅、辛元帅、庞元帅、田元帅等，都是雷神手下的大将。

明清时期，最深入人心的雷神形象，不是统领五雷的雷祖大帝，也不是这几个元帅，而是直接执行打雷任务的雷神。他的形象在文献中有多种记载，皆有所不同。其标准形象最终被《集说诠真》进行了概括："状若力士，裸胸袒腹，背插两翅，额具三目，脸赤如猴，下颏长而锐，足如鹰颤，而爪更厉，左手执楔，右手执槌，作欲击状。自顶至傍，环悬连鼓五个，左右盘蹙一鼓，称曰雷公江天君。"背后有一对翅膀，嘴巴很尖（民间有"雷公脸""雷公嘴"的说法），这是明清时期雷神造像的典型特征。这里指普遍所崇奉的雷神形象。

不过，正如开始所指出的，坪坦村的雷神信仰是雷祖大帝，那么他就应该与尖嘴猴腮的雷神形象区别开来。可惜的是，雷神庙已经不存，只剩一块残碑。但是我们依然可以根据其他地方的雷祖来大概想象坪坦村的雷祖形象。

广东雷州地区，将陈文玉视为雷祖。陈文玉是唐代人，他做雷州刺史时，多有善行，政声远播。死后，乡邻立庙祭祀他，颇为灵验，常有雷声隆隆，自大殿里发出。宋朝时，朝廷封他为"威德昭显王"。该地区所修建的雷祖祠，始自唐贞观十六年（642 年），迄今为止，已有一千三百多年了。方志典籍对此多有记载，如唐代的《岭表录异》，宋代的《太平寰宇记》《宋本方舆览胜》，明末清初的《广东新语》《子不语》等书。该雷神头戴天冠，双手执笏，完全是唐代朝廷大员的形象。

湖南娄底的翠云寺也专门供奉雷神，俗称雷王殿，始建于光绪三十四年（1908 年）。《重修翠云寺碑记》说："雷祖大帝，实属天神下凡，神威显灵。确乃有求必应。每逢久旱，人们请出祈祷甘露，一到限期，雨泽定然满足豆禾；凡民有疾，乞水病除；仕宦求援、迷津指点，为善的求之能如愿，作恶者拜之白劳神。雷祖大帝不愧为有求必验、泾渭分明之信神也！"

坪坦村的先民认为，结婚的时候，如果恰好听到了雷声，会破坏人生的幸福，夫妻俩难以白头到老。这时，传统的侗族人家就会重新挑选好的日子，再举行简单的仪式，以便于逢凶化吉。被雷公劈倒的杉木，也不能再用，因为这表示这株杉木不是善木，用来做建筑材料或者棺木，会影响家庭的运气或者让死者不安。人死了以后，未入殓出殡，停在堂中，碰到打雷的话，家属应该为其举伞让其得以安宁。可见，在侗族人看来，打雷虽然是自然现象，却具备了人的属性。

坪坦村村民供奉雷祖的形式也较为不同，供奉其他神灵时，都是在神像前备有香炉或者钵子插香，而雷祖大帝的祭祀，却是将香火插于残碑的顶端，左中右三处位置皆可。

5. 城隍

坪坦村的城隍庙，位于普济桥东边的桥头，一座四方的砖木结构的单间房子，青砖青瓦，始建于清代，2007 年重修了一遍。庙朝南开一门，门的两边开一小窗，非常简陋。庙内有一块碑，为《重修城隍庙记》，但里面的文字与修城隍庙这个事件没有任何关系，它记录的都是捐款人的名字。所以关于这座城隍庙的其他情况，都很难知晓。城隍庙的正中间，有一个水泥台架子，上面放着一个白瓷碗，装满了香灰。吴柳妮告诉我，原来摆放的是城隍神夫妇，现在因为普济桥维修，将神像搬到了南岳庙。城隍神为中年男子相，浓眉大眼，胡须繁密，身穿赭色长袍。城隍夫人上衣下裳，上身湖蓝色，下身粉红色。二人皆为坐姿，手掌很大，比例与常人不同。

● 城隍像

吴柳妮根据祖辈的说法，指出城隍庙建造在桥头的道理。先民认为，城隍神掌管着村里人的生死。人去世之后，灵魂就要经过奈何桥到达地府。普济桥充当着奈何桥的功能，而城隍神守在桥头，类似于边境的管理人员，需要对过境的人员进行审核。有资格过去的才放过去，进行下一轮的投胎转世，而没有资格过去的，就变成了孤魂野鬼，飘荡在天地之间。

城隍本来是汉族宗教文化中普遍崇祀的重要神祇之一，为儒教《周官》八神之一。在早期，城隍确实是作为冥界的地方官而设置的，职权相当于阳界的市长。吴柳妮的说法是对的。但城隍神最开始的主要职责是管理城池、保护地方。

城隍产生于古代儒家祭祀，而经道教演衍为地方守护神。《易经》中，有"城复于隍"的爻辞，"城"指的是城墙，"隍"则是指城外护城的壕沟。班固的《两都赋序》有载："京师修宫室，浚城隍。"南北朝时，开始祭祀城隍神。《北齐书·慕容俨传》记载的一则故事就体现了早年城隍神其实是地方保护神。

天保六年(555年)，梁司徒陆法和、仪同宋等率其部众拥郢州城内附。此时清河王岳统兵屯驻江边，他集合诸将商议说："郢州城在江外边，这里民风刚直，必须要有才略俱备、忠勇过人之士，才可治理此郡。"众人一起推举慕容俨。王岳就命令慕容俨镇守郢城。他们刚刚入城，就被梁大都督侯王真、任约带领的水陆军包围。慕容俨迅速组织防御。王真等人无可奈何，便组织力量，在上游鹦鹉洲之地造荻洪数里，用来堵塞船路。这时消息中断，城池孤悬，人情危惧。郢城中早先有一座神祠，俗称"城隍神"，当地官员和百姓经常前来祠中祈祷。慕容俨也顺从士卒的心思，让他们分批进祠祈请，希望能得到神灵的庇佑。不一会儿，狂风突起，惊涛拍岸，冲断荻洪。任约再次用铁锁连接，防止荻洪被风卷走。慕容俨等人亲入神祠祈请，此时风更大浪更高，荻洪再次被冲断，这样反复了多次。城内兵民大喜，认为这是城隍神的救助。

唐代开始，道教将城隍神纳入自己的神仙系统。唐代信仰城隍神已成习俗，百姓遇到天灾人祸，就祭祀城隍神。《太平广记》收录的文献记载，当时的江苏一带，每个州县都有城隍庙。遇到旱涝灾害的时候，祭祀城隍神主要由政府牵头，一些当地官的文人就经常撰写祭祀城隍的文字。开元五年(717年)，张说首撰《祭城隍文》。其他的文人，如张九龄、许远、韩愈、杜牧、李商隐等的文集中都有相关的文章。

五代十国时期，后唐末帝清泰元年(934)，杭州城隍神被封为"顺义保宁王"，湖州城隍神封"阜俗安成王"，越州城隍神封"兴德保阊王"。汉隐帝干佑三年(950年)，有海盗攻打蒙州，州人祷于神，城得不陷，故封蒙州城隍神为灵感王。

元世祖至元五年(1268年)，朝廷在上都建了城隍庙；至元七年，又在元大都建城隍神庙，并将之封为"佑圣王"。元代文人虞集的《大都城隍庙碑》说：

"自内廷至于百官庶人，水旱疾疫之祷，莫不宗礼之。"元文宗天历二年（1329年），朝廷加封大都城隍神为"护国保宁王"，夫人为"护国保宁王妃"。这是城隍夫人最早的封赐。

到了明代，太祖朱元璋更是信奉城隍爷，传说这和朱元璋未当皇帝前，曾宿身于土地公庙有关。城隍爷是土地公的顶头上司，故其特别推崇，封京师城隍为"帝"，开封、临濠、东河、平涤四地城隍为"王"，各府城隍为"威灵公"，各州城隍为"绥靖侯"，各县城隍为"显佑伯"。各级城隍神都有不同的爵位和服饰，各地最高官员需定期主祭。

洪武二年（1369年），朱元璋封京都城隍为承天鉴国司民升福明灵王，开封、临濠、太平、和州、滁州城隍亦封为王，秩正一品；其余府为鉴察司民城隍威灵公，秩正二品；州为灵佑侯，秩三品；县为显佑伯，秩四品。都、府、州、县城隍各赐王、公、侯、伯之号，并配制相应的衮章冕旒。

洪武三年（1370年），朱元璋再度下诏，封京师城隍为"都城隍"，府之城隍称为"府城隍"，县之城隍则称为"县城隍"，此时城隍神称谓和朝廷官制相仿。到了洪武二十年（1387年），朝廷更将城隍庙之规格往上推，各级的城隍庙比照官署衙门规格，将城隍神确立为阴间的地方行政长官。

清代，祭城隍同样列入祀典，城隍的地位更为崇高。朝廷制订出祭祀的礼仪，对城隍推崇备至。雍正二年（1724年）春秋二祭时，风雨雷雨之神位置于祭坛之中，当地山川之神居右侧，城隍神则位左侧。祭祀之礼后，共同奉祀于城隍庙内。各级地方官吏于上任就职之前，则须先至城隍庙上香，在每月的朔、望之日也须至城隍庙上香，一方面表示对城隍的尊重，另一方面也希望城隍爷神能庇佑众生，以其神灵协助其处理地方事务。

城隍神都是由有功于地方民众的名臣英雄充当。《通典（卷一百七十七）》"襄阳郡"条引鲍至《南雍州记》云："城内见有萧相国庙，相传谓为城隍神。"

《太平广记（卷三百三）》载，宣州司户死，引见城隍神。城隍府君说："吾即晋宣城内史桓彝也，为是神管郡耳。"宋代赵与时《宾退录（卷八）》云："神之姓名具者，镇江、庆元、宁国、太平、襄阳、兴元、复州、南安诸郡，华亭、芜湖两邑，皆谓纪信；隆兴、赣、袁、江、吉、建昌、临江、南康，皆谓灌婴；福州、江阴，以为周苛；真州、六合，以为英布；和州为范增；襄阳之谷城为萧何；兴国军为姚弋仲；绍兴府为庞玉……鄂州为焦明……台州屈坦……筠州应智顼……"时代愈往后，所祀之人愈多。明清时期的杭州城隍周新、上海城隍秦裕伯，也是有名的城隍神。

坪坦村的城隍神不知道是由历史上哪位人物担任的，它静静地端坐在桥头，守护着这个侗族村寨的安宁。

城隍是城市的守护神，按传统的"规定"，县以下不设城隍。据说，坪坦村原来没有城隍庙。有一年，寨内的围墙无缘无故倒塌，村寨被土匪洗劫一空。经道士占卜，说是城池无神灵护佑所致。于是民众集资修建了这座城隍庙。此后村寨趋于平安，再也没有土匪的侵扰。

这个故事反映了坪坦人对于护佑自己的城隍神的敬重，实际上，这或许是传统农耕社会向往城市生活的意识性的通俗表达。坪坦村的城隍庙修筑于通往村寨的桥头，包含了两重意义：其一，就是它能够守护坪坦村一村的平安，这是城隍神最初的职能；其二，它也是侗族先民所理解的"阴间"的管理者。二者合二为一。

6. 佛教与道教

侗族人相信万物有灵，但并未形成自己的宗教。侗族社会的宗教，主要是佛教和道教。

佛教传入中土已经两千多年了。它的传入是缓慢的，早期主要在上层的王公贵族之间传播。这些智力精英热衷于探讨佛法的大义，下层百姓则无暇顾及这些。随着佛教传播的深入，普通百姓从自己的现实愿望出发，也开始认可佛教的一些浅显的主张。例如，人死后是有灵魂的，行善之人必有善报；此生受苦，是因为前世作恶，如果此生能够忍受，则下一世就有可能过得比较幸福。诸如此类，这些都能够缓解社会的矛盾。

正是在明清时期，佛教普遍民间化、民俗化的状况下，它在侗族地区才逐渐产生影响。不过，侗族人信仰佛教与其他民族信仰佛教不同。侗族基本上没有出家的佛教徒，可见他们对于世俗生活的看重。侗族地区所建立的寺庙庵堂，大概也跟当地的其他庙宇一样，只是万物有灵观念的一个产物。

佛教传入侗族地区的时间并不长，传入坪坦的时间最早也不过是清代。侗族削发剃度为和尚、尼姑的人数极少，在家里吃长斋或者每月农历初一、十五吃花斋的居士偶有，但为数不多。

坪坦村没有寺庙，也不见谁家里供奉有菩萨之类的佛教造像。但在坪坦河东岸的路边，有一块石碑，上刻"阿弥陀佛"四个大字。按照中国大部分农村地区的习俗，一般是这个路段发生了车祸，造成了人员伤亡，当地人（或者是相关的组织)就会在路边立起"南无阿弥陀佛"的木牌或者是石碑,希望此地再无灾难。如果一片水域总淹死人,也会在岸边立一个木牌,写上"南无阿弥陀佛"。坪坦村河边的这块"阿弥陀佛"的碑刻,大概也是出于类似的缘故。

● 阿弥陀佛碑

民间认为,念诵"阿弥陀佛"能够解除人生的苦难。关于这一点,很多佛家大师都进行了强调。比如,蕅益大师说:"一声阿弥陀佛,即释迦本师于五浊恶世所得阿耨多罗三藐三菩提法。今以此果觉全体授与浊恶众生,乃诸佛所行境界,唯佛与佛能究尽,非九界自力所能信解也。阿弥陀佛是万德洪名,以名召德,罄无不尽。持名一法,普被三根。摄事理以无遗,统宗教而无外。佛以大愿作众生多善根之因,以大行作众生多福德之缘。持佛名者,善根福德,同佛无异,则一一声,悉具多善根福德也。净土法门,三根普摄,绝待圆融,不可思议,圆收圆超一切法门,甚深难信。"彻悟禅师说:"一句阿弥陀佛:是阿伽陀药,无病不疗;是如意珠王,无愿不满。是生死苦海之慈航,无苦不渡;是无明长夜之慧灯,无暗不破。念佛时即见佛时,求生时即往生时;三际同时,更无前后。"

民众念诵"阿弥陀佛",并不一定是信佛,而只是出于一种普遍的民俗愿望。他们受到佛教思想的影响,认为有"阿弥陀佛"在的地方,灾祸就能够消除。

坪坦村没有佛教徒,它的周边村寨中几乎也没有。但坪坦村的人相信人死后有灵魂，也有轮回。这大概可以看出佛教的影响是潜移默化的。

坪坦村不仅没有一座佛教寺庙，也没有一处道观。事实上，当时整个三江地区，道教的影响仅限于祭祀仪式上的法事活动。尽管如此，但这并不意味着坪坦没有受道教的影响。

道教是中国土生土长的宗教。它是奉太上老君为教主，并以老子的《道德经》等为修仙境界经典，追求修炼成为神仙的一种中国的宗教。道教是在中国古代鬼神崇拜观念上，以黄、老道家思想为理论根据，承袭战国以来的神仙方术衍化形成的。

道教对国人的性格心理有着重要的塑造功能。周作人认为："平常讲中国宗教的人，总说有儒释道三教，其实儒教的纲常早已崩坏，佛教也只剩了轮回因果几件和道教同化了的信仰还流行民间，支配国民思想的已经完全是道教的势力了。照事实看来，中国人的确都是道教徒。"许地山说："从我国人日常生活的习惯和道教的信仰看来，道的成分比儒的多，我们简直可以说支配中国一般人的理想与生活的乃是道教的思想。"

早期道教在发展过程中，本身就吸收了大量民间信仰的内容，尤其是西南地区少数民族的信仰。它成为一种较为完整的制度性宗教之后，又重新回到民间来深刻影响民间信仰。在传播的过程中，它将民间俗神、神话传说都纳入到了道教的神仙谱系，如盘古、女娲、关公、妈祖、观音等。这使得民间信仰融入了浓厚的道教色彩。

从这个层面上来说，坪坦没有道士，没有道观，但是，它受道教的影响。南岳庙、城隍庙、土地庙等，都可以视为民间道教的存在。

第9章

款 约

1. 款组织

由于所处地理环境封闭性的特点，侗族十分推崇群体意识，导致了各种生产生活与祭祀礼仪等都是以集体形式进行的。面对自身的生存危机，他们充分组织起来，依靠集体的力量求得生存。而在经济上，面对各种不可预测与不可抗拒的自然灾害，他们也只有依靠群体的力量才能渡过难关。这种由生存环境与民族生死存亡的忧患意识而产生的群体思想直接导致了侗族社会聚族而居的特点。

光绪七年(1881年)的《九合局(即六甲三峒)扩大款序》，以一段十分标准的骈体文，表明了款组织将侗族社会紧密团结在一起的功能："窃以人心之聚散无常，时势之安危何托。四郊多垒，决策在夫当机；众志成城，同仇于马克敌。我团内村连百落，久沐王灵，地广一同，咸遵国纪。自古婚姻洽比，迄今休戚相关。出车徒于轨里连乡，融邑之搀抢尽扫。设隘于长城天堑，龙城之锋镝曾摧。俨国家之雄藩，实寇仇之劲敌也。争奈苗疆密迹，魑魅魍魉之蛮性，竟敢逞断发之狂。省会迢遥，熊罴虎豹之王师，难遽加不毛之地。地方连霄驰檄，扫境兴师，乃喇叭山负固未隆，扰成擒于再鼓。清江庙乘虚而入，遂瓦解于崇朝。加以黄金亮千百为群，长蛇封豕；石达开数十万众，倒海排山。十年烽火连天，百里危残日甚。闻鹤声之警唳，人望北以齐奔。叹鸟丧之群情，风噪南而不竞。□怪强邻窥伺，匪迹披猖。纠羊群乌合之俦，肆蚕食鲸吞之毒。挥戈边境，慨封疆之扰攘，唇齿广寒，击柝深宵，严守望于辛勤，腹心疾患。抚绣错星罗之众，胡为积弱难强，产拆为御侮之才，讵之能征惯战。是应章程早定，声势遥联，念切身家，同仇敌忾，盟深山海，拔帜争先，三更战戟光中，寒生星斗，百队旌旗影里，势展风云，运帷幄之筹谋，擒王射马，看烽烟之扫荡，突豕奔狼，使知草木皆兵，闻风声而震栗，将见苍桑永固，乐景连于升平。"

在长期的生产生活中，侗族社会内部产生了一种带有军事联盟性质的、以地域为纽带的民间社会组织形式。款组织的原始形态，是村寨与村寨或氏族与氏族之间的婚姻联结，后来则逐步发展成为村寨与村寨、部落与部落之间的政治和军事联盟。于是侗族社会便开始进入以款为核心的社会组织结构。从属于这些组织的各个村寨的头人聚集在一起，制定盟约，以便于处理氏族和村寨中的重大事务，称之为"款"。有意思的是，侗语的发音为"款"，而现代法律中也有"款"这个词语。

侗族社会最基本的单位是家庭，家庭是款组织的细胞，数个或数十个家庭组成一个"补拉"宗族组织，一个或数个"补拉"宗族组织又组合成一个村寨，毗邻的若干个村寨之间联合为一个小款。小款是侗族款组织的最小单位，是侗族实现民间自治的最基层的社会组织。小款主要解决村寨之间的民事纠纷和社会矛盾，处理村寨内部无力裁断的重大案子或跨村寨的社会治安事件，组织协调村寨间的军事自卫行动，并对所归属的上级"合款"组织履行应有的义务。

款具有款首、款脚、款众、款军、款丁、款坪、款的联络信号等要素。每一个款都会推选出有威望的人士担任"款首"。款首都是年龄较高的寨老，有着丰富的生活生产经验，对款约的内容十分熟悉。款首是款组织的头领，小款的款首是从联盟村寨的寨老中推选出来的，平时和村民一样参加劳动，没有任何特权，只是在遇到纠纷或战争时才行使款首的职责。款脚是款组织的工作人员，主要负责看守鼓楼、传送信息，一般由无产无业的独身男子担任。

款组织所辖范围内的全体村民就是款众，其中各村寨的男性青壮年为款丁，众款丁组成款军。款军是款组织的军事武装力量。款坪是款组织的活动场所，是款组织进行讲款、开款、起款、聚款等活动的重要场所。款还有自己的联络信号，主要包括放信炮、传送火急木牌、敲锣喊寨、击鼓传寨等。

毗邻的若干个小款联合为一个中款。中款也有款首，一般由款众推选出来，其人必须办事公正，德高望重；不设办事机构，但有中心款坪。《款坪款》记载："村脚横岭、黄土，村头高友、高秀，村中坪坦、坪墓，上大河坪合款是第六。"这是一个中款区，它所辖的区域较大，包括今湖南通道的两个乡（坪坦乡和黄土乡）和广西三江林溪乡的几个村，今有人口近两万。

大款是由相近的若干个中款联合而成的。大款没有大款款首，不设常设机构，也没有中心款坪。

《十三款坪款》中提到的十三个款坪所牵连的村寨曾组成一个大款组织，地域包括广西龙胜、三江，湖南通道和贵州黎平四县交界的侗区，坪坦自然也在其中。清同治二年（1863年），广西怀远县（今三江侗族自治县）之林溪、武洛、孟江等五百多个村寨联合成大款。

联合大款是由若干个大款联合而成的。联合大款没有款首，不设常设办事机构。据侗族民间款本记载，历史上曾有两次全民族的联合大款，一次是在宋崇宁初年，在双江龙头吉利联合三百款首、四百款长倒牛合款；再一次是在清乾隆年间，贵州榕江、从江、黎平，广西三江，湖南通道等地的一百名款首会合，史称"九十九公合款"。其中影响最大的是"九十九公合款"。清雍正八年（1730

年），由榕江县境龙塘水井款款首吴广海和龙崩寨的引郎两名老人率先提出"破姓开亲"，并游说动员各款首、寨老认同，相约聚会榕江的三宝侗寨月寨立款。贵州榕江、黎平、从江，广西三江和湖南通道五个县的侗乡共计大小款首九十九人聚会议款。

款组织并没有演化为统治机构和官僚组织，更不征收常规赋税。款的领袖"款首"几乎没有任何特权。他们由各村寨推选，没有特殊的福利待遇，没有专门的办事机构和办事地点。只有遇到重大纠纷或者发生战争时，款首才出面组织好村民。他们没有世袭继承的权力和地位，完全靠自己的才华和品格赢得大家的信赖。

在传统侗民眼中，没有建立常规国家机器的必要，当需要运转管理职能时，运用传统的"立款、讲款、开款和聚款"活动，就能高效地达到理想的效果。

所以侗族社会在外人看来是组织松散的，侗民只知道自己的父母，却没有君臣观念。各个村寨之间，也相互独立平等，谁也不能管谁。寨内除了一些德高望重的长者也没有什么专门的管理者。但是，由于款组织的存在，侗族社会却具有极强的凝聚力和紧急的社会动员能力。

《柳州志》记载侗乡"每遇巨大事变，即以鸡毛炭火置信封之中，为传发之紧急信号。闻者不避风雨，星夜奔赴指定地，如期而集者常逾万人，莫敢或后"。这种虽然没有建立政权但是为了一项共同事业临时动员的效率是非常惊人的。大规模联款活动可以临时推举款首，发布款约，"十块木板箍成一个桶，九股棕绳拧成一股缆"，这种社会管理的效率是非常高的。

款约的表现形式主要有碑石镌刻、口头传诵和书面传抄这三种形式。

碑石镌刻是指将款约镌刻在石碑上。这种碑一般都立在款坪中，日后的讲款仪式和执法仪式都在碑前进行。款碑有成文和不成文两种。一般说来，凡是建有款组织的侗寨，都有一个神圣的象征物：款碑。早期的款碑不刻文字，是不成文法的象征。汉字传入侗族地区以后，一些受过教育的侗族人也能够识别汉字。于是，侗族人就将款约镌刻在石碑上。这种款碑属于成文法。目前所发现的成文款碑中，最早的是光绪元年（1875 年）由柳州怀远县知县主持制定的《马胖乡苗侗族条规》。

由于侗族没有本民族的文字，无法将有关条款用文字记录下来，不利于广大民众掌握。款首们为了便于款众记忆，于是就采用词话的形式，把款约编成歌词，以歌唱的形式传播。侗族人喜欢唱歌，这一形式十分接地气，因而款约的内容也就世代相传。

时至今日，在许多侗族村寨，仍然可以找到能够随口背诵许多条文的款师或讲款人。各款每年都要定期聚众举行"讲款"仪式，宣讲"款约法"，称为"三月约青，九月约黄"，即农历三月农忙备耕和农历九月作物即将收获之时，重申款约条规，同时在日常活动中，如"月也"（即走村串寨集体做客）时，也把"讲款"放在首位，由此使款约家喻户晓。

书面传抄是通过借用汉字来记录侗族语音的方式将款规款约的内容记载下来的流传形式。广西三江县程阳乡马安寨老款师陈永彰保存有一部款约手抄本，已经有一百五十多年的历史了，有三百六十八条，共七百五十句。

从款的内容来看，其涉及社会生活、生产的各个方面，侗学专家认为可以分为以下几种。

款坪款。它主要记述款组织的区划地域和村寨范围，类似于地理志，如《十二款坪十三款场款》《款坪款》。

（1）约法款。即各个款组织制订的规章，其目的在于维护社会秩序，类似于法律法规。条款少的有十二条，多的可达三十条。

（2）出征款。即为了抵御外来侵略而出征战斗前进行宣誓而制订的款词，可以鼓舞士气。

（3）英雄款。即为歌颂缅怀侗族历史上的英雄人物而制订的款词，如《萨岁款》《吴勉王款》等。

（4）族源款。即讲述侗族起源以及迁徙历史的款词，如《姜良姜妹》《祖宗落寨》等。

（5）创世款。即叙述世间万事万物来源的款词，如《牛的来由》《鱼的来由》等。

（6）习俗款。即介绍侗族各种风俗习惯的款词，如《破姓结亲》《行年根由款》等。

（7）祝赞款。即侗族百姓在交往活动中相互进行祝福和赞颂的款词，如《赞老人》《赞村寨风水》等。

（8）请神款。即进行合款活动时讲颂的款词，因为需要邀请神灵参加，提高款的神圣性，所以被称为请神款。

（9）祭祀款。包括悼念款和公祭款，前者是在族人去世后举行祭祀仪式的时候念诵，后者是在讲款活动结束之后念诵。

侗族的款约是维护侗族社会制度的准绳，款约的存在使侗族社会形成了"道不拾遗，夜不闭户"的良好民风。

● 讲款

2. 款与法

"款约"条规不但特别具体，而且无论大小款约，都有明确的处罚条例和执行程序。

光绪三十年（1904 年），三江地区的《浔溶两江集议条例》，规定了十六条"议"，包括：

"一议，外匪宜合众御也。凡我浔溶两河六甲三峒三江合成大款，自此以后，需要同声相应，同气相求，相友相助，互相扶持，设有外匪逼境，见有飞牌传到，不拘昼夜，即刻起团堵御，如有孰团不遵者，即齐大款，公罚银一百大元。

一议，赌博宜禁开场也。人家子弟，各守自业，唯入赌场，始则赢人，继则输己，不服遂强复赌愈输，越输越赌，破家丧产，父母饥泣，妻子含冤，一切不顾。此等习俗，殊为可恨也。违者公罚银二十四大元。

一议，凡事宜当众为也。凡我款内，自此以后，无论大小事，需要先鸣团总理论，如理论不下，再鸣款公论，不许擅自告状。如有不遵，任凭条款将其送官究治。

一议，宜尊贤敬老也。凡人家子弟，务要教训孝顺父母，恭敬兄长。如有忤递不孝之辈，理该族长诘诫，倘若不遵，即传大款送官究治。

一议，洋烟宜禁戒食也。凡我同人，各守正业，不可放浪形骸。一入迷途，每多损己，各宜猛想回头。年迈之人，犹宜渐减，少壮之士，不可复加。凡我同人为此洋烟害者多矣，可不戒与？违者，公罚银十六大元。

一议，禾谷宜禁抬价也。凡殷实之家，皆由勤俭所致，推己有余，济人不足。乃为居心忠厚，后嗣昌盛，刻薄成家，理无久享。兹议每担照，价银一钱四，随时出卖，不许图贱卖贵，只图利己肥囊。违者，公罚银二十四大元。

一议，匪类宜禁停留也。此等不良之徒，犯法干纪，不听教训，出外荡游，专诱愚人，同伙小贼，无所不为，若不先察，食其口食，暗住于家，苟事犯及本身，窝主之罚所自致。违者公罚银二百大元。

一议，河路宜禁劫抢也。单家独产之处，并山居乡党之中，一经被劫，失主即时报明团目，齐人追赶，到处知觉围拿，不可使其逃脱。如有见贼不拿者，即与贼同党。违者公罚银三十六大元。

一议，牛贩固宜盘诘也。凡有牵牛过村者，无论红黑货，须要留难五日，方准放行，以待寻找之人。而贩牛者不得恃强要过，若是黑货，该失主应谢花红银十六大元。人赃两获者，赏花红银二十六大元，公罚在外。

一议，禾谷宜禁偷窃也。田甲之粟，自春夏及秋，历尽三时，勤苦一粒一颗，皆属人工汗血所为。丰年，本家所得，可偿劳？一遇岁歉不收，前功尽弃，坐受饥荒之苦，偷窃之罪所难逃。违者公罚银五十四大元。

一议，杂粮宜禁私盗也。山中生埋，各种不一，其余杂粮等物，皆以余力种之。妇女均甚辛苦，冀收得些，以助日用。务宜各守各业，倘有懒惰之人，不肯播种，一见人家所有，遂起盗心，岂能逃罪？违者公罚银五十大元。

一议，鸡犬宜禁偷盗也。鸡以司晨，犬以守夜，固盘于人家，非时宰杀，尚所不忍，惟游手好闲之辈，食充口腹，一切产物，恣意偷盗，一之不足，继之再三，越偷多，越胆大，青天白日无顾，黑夜自不待言。违者公罚银五十大元。

一议，大款宜互助也。既清内患，犹防外奸，或以口角酿成巨祸，或以小节挑成大衅，平地起风波。钉锤油火，勾生食熟，借端滋事。此等之人，近日甚多，无论彼此，同心勠力，庶足以制敌人。违者公罚银二百大元。

一议，公事宜集众议也。事出于公，不可徇一人之见。乡党中，智者未必无非，愚者容或有是。款中之事，当与众议之，或行或止，必合公心，方可承应。苟不先知会议，但有公事任意独行抗众，违者公罚十二大元。

一议，以上各条，俱就乡党中所宜禁也，倘有明知故犯，无论大小事合众款同科，不许私行自罚，方合公款，或归款罚，或呈官究治。

一议，宜免抽规新例也。兹本年腊月上旬，钱明府临宜，因同恕邀恩，现蒙面论，替我地方求其恩免，谅必管无戏言，怀阳沾恩不朽。"

违约的判定由款首在鼓楼集款众验戒执行。其程序是款首先让违犯者与款众进行论辩，每提到一件，即折稻草一节置之，让款众议决，违犯者可以反驳，如查证属实，按款约规定处理。否则把草收回，意指此事取消。

那些严重危害社会的杀人放火、拦路抢劫、敲诈勒索、偷盗钱财、强奸妇女、骑坟重葬、毁坏森林、破坏田塘、横行霸道、胡作非为、陷害他人等行为，如果发生在房族内部，就由本房族的族长处理。比较重大的刑事案件或者牵连到其他房族的刑事案件，就必须召开有关寨老会议进行评判，并按少数服从多数的原则处理。假如刑事案件牵连到别的村寨，就要召开款首会议或者款众大会，由款首或款众公开处理。

如遇到案情特别复杂难以决断，就采用神判的方法解决，如对天发誓、请巫师看香、杀鸡看眼、煮米、砍鸡头、抬菩萨、捞油锅、踩铁板等。侗族先民认为，凡事都有天在看着，天是最公平的主宰者。

对刑事案件的处罚措施主要有以下几种：一是对违犯款约者处以死刑，执行死刑的主要方式有活埋、火烧、沉水、乱棍打死、砍头、尸首异地等；二是把违犯款约者驱逐出寨；三是进驻违犯款约者家中吃喝；四是对违犯款约者进行羞辱；五是强制违犯款约者悔过赔罪；六是对违犯款约者罚款罚物。

侗族地区广为流传的"六面阴规"相当于今天的刑法。它对挖坟掘墓、毁坏地气龙脉的行为，做出了极为严厉的处罚规定。挖坟掘墓、毁坏地气龙脉的处罚方式是活埋、水淹等极刑："抓他三父子共（埋）老鼠洞，抓他五父子放下旋水塘。大潭让他去住，大窑让他去睡，塞他三丈黄泥，填他九丈红土。"

对于偷盗粮食、金银、家畜等犯罪行为，其处罚方式是抄家、开除寨籍："翻屋倒仓，拆屋倒梁，打他屋板破碎，门槛断节，家财捡尽，金银捡完。楼上不给留片瓦，楼下不给留块板；楼上打他稀烂，楼下打他破碎；打他凹进凸出，压他碎得溶溶。撵他父亲去三天路远，赶他儿子去四天路长，父不让返家，子不让归村。"

那些犯拦路抢劫、谋财害命和失火毁林、毁屋等罪行的，惩罚是极为严厉的。"如果谁人的子孙——虎胆龙声，狗肚狼肠；拦路抢劫，夺取金银；深山抓人，路上杀人；抓人不识面，杀人不知名；放火烧草中人，惊吓蕨堆里人；放火烧屋，放火毁林；谋财害命，天地不平"，处罚方式是处死。

侗族是一个非常重视伦理道德的民族，对于触犯伦理道德的人，都会处以极为严厉的惩罚，破坏伦理关系的处罚方式是进驻其家中吃喝，或者对违法者进行水淹。

对于欺诈行为的惩治方式，则主要是进行说教，使其退还原物，力求和谐："蛇肚挤出老鼠仔，骨鱼肚挤出小虾公；鸬鹚要它吐出，夜狗要它吐净。做到家财平稳地方好，做到买卖公平。齐来乡尾居，齐来乡头吃，金银共个地方收藏，牛马共个地方关管。像牛一样共山坡，像鸭一样共江河。"

民事纠纷的解决大都是通过调解的方法，可以充当调解人的有族长、寨老、歌师、款首等。调解人义务为大家服务，没有任何报酬。家庭内部的纠纷一般由本房族有威望的老人来解决；不同房族之间的纠纷由当事人向寨老提出，寨老们听取各方面意见后进行调解；不同村寨之间的纠纷由寨老向款首提出，由款首进行调查、协调，提出使各方面都满意的解决方案。上述方式确实无法解决，就需要进行裁决，这些都是一些轻罪轻罚的措施。

侗族广为流传的"六面阳规"相当于今天的民事法。它指出，侗族青年男女自由恋爱，长辈要主动提供方便。同时，青年人在行歌坐夜时要讲规矩，不能越规："走路不给碰翅膀，耙田不给碰头颅。"前者比喻作风不正，后者比喻行为越轨，这些都将受到处罚。

因为恋爱自由，难免也会出现未婚先孕的现象。这种情况，一般都是规劝双方早定婚期，如若违约，或在再次说劝的情况下仍不按约定婚期举行婚礼的，违约方将受到一些侮辱性的惩罚。

对于破坏别人家庭、与人私通、男换妻、女换房等违背礼俗的行为，款约也规定了惩处措施，一般是进驻其家中吃喝，并按穷富处以不同的罚款。

虽然侗族的民风很好，但仍免不了有一些小偷小摸的人。不过，侗族男女青年谈恋爱时偷些韭菜和南瓜煮着吃的做法，是允许的，并不用接受处罚。对于其他的小偷小摸，处罚也较轻，一般寨子内部就可以处理，只有不服从处理的违犯者才会被拉到款坪由款组织处理。

款约对山林管理也有一些规定，不能破坏侵吞别人的山林偷砍别人的树木，如果有人违反了规约，就要接受惩罚，比如父亲要赔工或者母亲赔钱。

款约对偷放集体或别人田水行为的处罚也有规定。侗族是传统的稻作民族，水是最为重要的资源，村民往往因为争水灌溉而发生冲突，所以侗族先民单独把田水塘水作为一条来讲。

偷人蔬菜的行为，不但要罚钱还要敲锣喊寨，并且在此过程中违犯者还得不断数落自己的罪过："瓜薯菜豆罚四两四，还得罚他喊寨敲锣。"

除此之外，各个地方也有自己的款约，对乡间常见的触犯他人利益的行为进行定性并进行惩罚。如《马胖乡苗侗族条规》就规定：

"半路强截，公罚钱六十四千文；头人受贿，偏袒不公，公罚钱六千四百文；挖墙破壁，公罚钱三千二百文；偷水田塘，公罚钱四千二百文；偷牛盗马，公罚钱三十二千文；放断头货，公罚钱三千二百文；私开赌博，公罚钱一十二千文；停留生面，公罚钱二千二百文；倒翻田产，公罚钱一十二千文；偷盗田禾，公罚钱四千四百文；拐带人口，公罚钱三十二千文；偷盗茶子，公罚钱四千四百文；强盗告失主，公罚钱一十二千文；偷盗棉花，公罚钱二千二百文；私代官讼，公罚钱一十二千文；妄砍竹木，公罚钱一千二百文；借名嚇索，公罚钱八千八百文；偷盗鸡鸭，公罚钱一千二百文；偷盗鱼塘，公罚钱八千八百文；放火烧山，公罚钱一千二百文；横行油火，公罚钱八千八百文；乱捞鱼塘，公罚钱一千二百文；私骗账目，公罚钱八千八百文；乱放耕牛，公罚钱一千二百文；勾生吃熟，公罚钱六千六百文；偷盗柴火，公罚钱一千二百文；银匠私裸铜银，公罚钱一十二千文；偷盗菜园，公罚钱八百文。"

尽管以今天的法律形式来看，这些规定是十分粗糙的，但它非常详细，对菜园偷菜这种行为的惩罚方式都进行了规定。坪坦村原来也有自己的一些款约，刻在石碑上，但目前已经残缺，无法读全。

如果将法律理解为一种某一社会所共同遵守的规则，那么款约与法律就没有本质区别；如果将中央政权的社会主导规则视为法律，那么侗族的规约显然不是法律，而是另外一个系统的规则。封建社会时期，在款组织非常发达的地区，款约肯定可以被视为法律而被遵守；在款组织并不发达的地方，那么款约通常让步于法律。

在历史上，维系侗族社会生活的最高权威不是个人，而是"非人格化"的约法款，"有款无官"是款众的意识形态基础。

3. 款的变化

1949年以后，款首制被废除，"款约"也被国家的有关法律、法规和规定等所取代，按照款约中的款规款条对罪犯施以极刑的例子也难以找到了，每年由款组织主持的"三月约青""九月约黄"的大规模款约宣讲活动也销声匿迹了。

但是，一些村寨每年正月在鼓楼里举行的讲款、诵款活动以及村寨间的"月也"活动却仍在进行，并已成为侗族人民集体性的文化生活交往活动。这些款约的传承也就通过文化娱乐的渠道得以继续下来。换而言之，现在坪坦的讲款活动，已经成为一种民族娱乐形式。款约对于村民的约束力已经让位于国家的法律法规。

改革开放以后，在一些侗族地区经常发生一些影响社会治安秩序的混乱现象，例如偷盗、赌博、斗殴、乱砍滥砍等，侗族群众的生产和生活秩序受到了严重干扰。因此，"村自为治"的呼声高涨起来，一种类似于历史上的款约而又包含诸多新内容的村规民约产生了，现在广大侗族地区的村寨几乎都制定了村规民约。

坪坦村的村规民约有两种，一种刻在石碑上，现在已经非常模糊，难以辨识。一种刻在木板上，竖立在风水林边，全文如下：

"为了保护广大村民的根本利益，维护农村社会治安秩序，共同创造美好生活环境，使人民群众真正能安居乐业，经全体村民大会讨论，特制定本公约：

一、保护公共设施和公共财产。凡有破坏公共设施和财产的，视情节轻重罚款100～500元，除罚款外，并责令责任人恢复原样。

二、消防安全管理。①严禁柴火进寨乱堆乱放，严禁在寨内焚烧柴草杂物，违者每次罚款10元；②对火灾隐患拒不整改的，村委会有权进行强制整改，并处以50元罚款；③未经批准无故不参加宣传教育培训的，每次罚款30元；④对引起事故的除按法律法规处理外，每起罚肇事者猪肉、白酒、大米各120斤。

三、环境卫生管理。①划分卫生区，责任到户，确保村内外整洁卫生。不准随地乱扔果皮、纸屑和一切生活垃圾，每月打扫卫生区一次（每月农历十五）。监督组应立即检查，凡达不到卫生标准的，应立即指出，并责令返工，所有垃圾应运送至指定场所进行处理，不准倒入溪河。②各家各户要做到室内外环境整洁、物体摆放整齐。③牲畜实行集中圈养，厕所要做到不渗不漏，保持清洁。

四、全体村民要热心于公益事业和公益活动，积极投工投资努力完成义务任务，对有意不参与者，可责令完成自己的任务。

五、小偷小摸的，凡发现一起，视情节轻重罚款20～100元。赃物退还原主，并写检讨公开张贴。

六、严禁乱砍滥伐。凡需砍伐木材者，经村里审批后，向乡林管站申请采伐证，无审批手续的属乱砍或盗砍。乱砍或盗砍直径14厘米以下树木的，每根罚款50元，直径14厘米以上的每根罚款100元。有套购木材的每立方米罚款500元，其中的40%奖励给举报人。套购情节严重的交上级有关部门处理。

七、严禁毒鱼、电鱼。凡发现在溪间、河里毒鱼、电鱼的，每发现一起罚款300～500元，并没收其工具，情节严重的交执法部门。

八、认真贯彻执行党的计划生育政策，提倡优生优育，男女平等。凡违反计划生育行为的，按有关政策予以处罚，情节严重的报上级有关部门处理。鼓励举报违反计划生育的人和事，救灾救济款优先安排独生子女和两女户。

九、严禁聚众斗殴。凡发现聚众斗殴的，以批评教育为主，不听劝告的、一意孤行的，根据情况罚款50～100元，情节严重的交派出所处理。

十、严禁赌博活动。赌博既腐蚀人们的思想，又浪费财产，妨碍生产，还会引起抢劫、盗窃、图财害命等严重事件，破坏社会秩序。因此，严禁赌博活动。凡发现有赌博活动的，报派出所处理。"

从这个规约来看，它带有早期的款约性质，如对于违反"消防安全管理"的，视情节轻重，对肇事者进行的处罚，是交给村民委员会"猪肉、白酒、大米各120斤"。显然，交了这些食物，是为了让全寨的村民集体聚餐，以示赔偿。对于一些违法甚至犯罪行为，村寨不再有处理权，而是直接将违法者交给公安机关。

另外一些公约，也是早期款约的演变。如为保护全村公共安全、防止火灾事故的发生，经村民讨论，通过了村民委员会制订的《坪坦村村寨防火公约》，规定如下：

"一、严禁柴火进寨，乱堆乱放，乱接乱拉电源线路；严禁在寨内焚烧柴草、杂物，违者每次罚款10元。

二、对火灾隐患拒不整改者，村民委员会有权进行强制整改，并处以罚款50元。

三、未经批准，无故不参加消防宣传教育和培训者，处以罚款30元。

四、村民要自觉爱护公共消防器材设施，损坏公共消防器材设施者，责令赔偿，拒不赔偿的按其价格两倍以上罚款。

五、任何村民不得擅自搭建临时建筑物（构筑物）、侵占防火线、堵塞消防通道，违者限期整改，逾期不改者，强制拆除或消除，所需费用由违法行为人承担，并处500元的罚款。

六、严禁私自动用公共消防器材设施；严禁擅自移动、圈占、埋压、拆除、停用消防器材设施。违者责令恢复原状，并处 500 元的罚款。

七、小孩玩火及重点人员无人监护的责令改正，拒不改正的对监护人罚款 50 元。

八、引起火灾事故者，除按法律法规处理外，对其罚大米 120 斤、米酒 120 斤、肉 120 斤。

九、发生火灾时，任何村民必须服从命令，听从指挥，严禁私自行动，违者罚款 50 元；对不参加救火，只顾个人利益抢救自己物资的，除罚款 100 元外，并将其抢救的物资归全村所有。

十、外来人员进寨，必须遵守本村'村规民约'和'防火公约'。"

· 坪坦村防火公约

《坪坦乡农村安全生产、消防、森林防火安全告知书》也可以视为款约教育的一种演变形式。它提出的都是一些具体的建议，如："家中贮放柴汽油时，请存放在阴凉处，远离常用火源地。""在生活中做到安全用火、用电、用气，在离家前先做熄火、断电、关气的检查。严禁存放易燃易爆物品及危险化学品，燃放烟花时要确保安全。""电烤箱开关必须是温控性开关。"

相对来说，《坪坦乡农村安全生产、消防、森林防火安全告知书》只是指出什么行为是妨碍安全的，并提出了提示以及预警，但没有提出应该对违反规定的行为提出惩戒。

现在，除了村民委员会，坪坦村的老人协会也具有原来款组织的一部分功能。老人协会是具有自治性质的民间组织，是历史上的款首制在当今社会的变体，主要处理本村内的违法行为和各种纠纷，尤其是家庭纠纷，他们通常晓之以理、动之以情，使当事人信服。

老人协会一般由各族内德高望重、秉公办事的老人组成，没有人数限制。他们办事不计报酬，平时也没有什么特权，只是在发生纠纷的时候才聚集起来共同处理。老人协会的处罚带有很强的随意性，但随意并不是乱来，而是较为灵活。处罚的依据或是本村的村规民约或是以前款款约的变体，如在三江独峒乡的岜团村，抓到偷盗的罚款 12 元，为了防止诬告，对举报不实者翻倍罚款 24元。老人协会处罚所得的项款，一般都用来买米、酒、肉，请全村的人吃一餐。

另外一部分款约形式，则完全成为侗族社会文化娱乐的一部分。坪坦村每年在芦笙场上的讲款活动，就是一个吸引外地专家或者普通游客的重要活动。

• 采访坪坦村老人协会杨会长

第10章

经济

老一辈的坪坦人，从几岁开始就跟着大人一起上山下田，参加劳动，到了十四五岁的时候，基本上可以作为一个正式的劳动力了。吴柳妮的父亲七十多岁了，每天仍旧早出晚归。割草、犁田、挑担子，一整天都在照料自家的农田，身体十分结实。普通的小伙子，最多也就能做到这样，但生产经验却是远不如他。

侗族人热爱劳动，首先是因为生活所迫。不干活，没有收入，没有粮食，就没法生存和立足。后来，大家自觉地将勤劳视为美德。到了可以劳动的年龄，却不为家里出力，天天白吃白喝的，会被村里人瞧不起。这一点，不论男女都是如此，除非是有生理缺陷确实无法劳动的。

坪坦人说："好女不嫁好吃懒做郎。"懒惰的小伙子，很难成家立业。大家自觉地将热爱劳动的人视为榜样。

一首侗族琵琶歌所唱的内容，表明侗族人一年四季都有不同的农活可做：

> "正月莫恋鞋袜，进山砍柴堆放。
>
> 二月挖土翻地，铲去杂草畲荒。
>
> 三月整理秧田，专候夹梨花放。
>
> 四月雨水充沛，赶耙旱田山榜。
>
> 五月芒种秧茂，耕牛催朦迎战。
>
> 六月薅苴谷地，棉花粟米勤铲。
>
> 七月砍割田坎，谷物免遭鼠殃。
>
> 八月摘棉种蒜，及时铲油茶山。
>
> 九月霜降摘禾，抢收回寨上晾。
>
> 十月禾把下晾，芋头红薯归仓。
>
> 冬月工夫稍缓，修补崩塌田塘。
>
> 腊月年关又到，合家团圆齐欢。
>
> 年年工夫依旧，四季切莫懒散。"

农副产品的丰富，必然促进物品的交换。早期，侗族主要采取物物交换的形式互通有无，如用米、辣椒、首饰等换盐、布、铁锅等，于是形成贸易。侗族人并不热衷于经商，当地的谚语说："吃饭不如老屋场，耕田种地为大本，生意买来戏台官。"其意在于说明，农耕才是生活之根本，商业贸易虽然带来高收入，但所承担的风险也很大。坪坦早期的商贸，是汉族商人带来的。

1. 劳作

传统的坪坦人在劳动的时候讲究男女分工，所以有"女不犁田，男不插秧"

一说。一般来说，男子从事竹工、木工、石工、铁匠、银匠等行业，做农活的时候，主要砍树、挖地、犁田、打谷、挑担、抓鱼等，显然，这些都是繁重的体力活，女性很难承受。妇女则从事育秧、插秧、种菜、摘棉花、做饭、照顾小孩、纺纱织布等轻一点的活。

跟中国的其他家庭一样，坪坦的家庭也是一夫一妻制。儿子结婚之后，就与父母分居，另外建立起自己的小家庭。等最小的儿子也结婚了，父母就根据自己的意愿决定住在哪个儿子家里。但这并不意味着，其他的儿子就不用赡养老人了。他们需要按月给老人生活费或者生活用品。兄弟分家时，家产均分。

侗族家庭虽然是以婚姻为基础，但仍旧保留着浓厚的氏族公社性质的"房族"。同一个房族认同往上追溯到几代的同一个祖宗。房族是一棵大树，每个家庭都是这个房族的分支。房族在坪坦的生产生活中仍旧起着很大的作用。因此，坪坦人的生活方式，结合了婚姻小家庭和房族。一个房族中的其他成员或者家庭有什么困难，房族内部的其他人员都会前来帮助。在生产上，房族最大的作用就是使其成员在内部互助劳作。

在过去交通不便的年代，坪坦的四周都是大山，潮湿多雾，野兽成群，生产力十分落后，生产方式多半还是刀耕火种。因为生产工具原始简陋，生产条件较低，如果是个体劳作，则效率不高。许多田地远离人烟稠密的村落，单身进入山林中的田地，更是难以抵御野兽的侵害。有一些农田周围，便建造起简单的木房子，除了存放些犁、耙等农具外，也可以关牛。也有人在此做饭、过夜，当作农忙时节的临时休息之所。

在湖南江永的勾蓝瑶寨，也有类似的建筑，被称为牛庄屋。上下两层，上面住人，下面关牲口、存放农具。农忙的时候，村民就在这里住一段时间，忙完了再回到村中。只是牛庄屋的规模较大，可容几十上百户人家集中居住。而坪坦的这些小木房子，则往往是散落在田野之中。不过，它们产生的原因是一致的，就是因为田地与村寨相距太远，来来回回耽误时间。

因此，为了生存，侗族人不得不想出各种方法来进行生产劳作。人多力量大，在生产工具没有改进的前提下，集体联合起来是提高生产力的最好方式。他们几家几户联合，通过焚烧山林而获得田地，播种收获，以便于维持生计。以血缘为纽带的房族联合互助，被认为是最可靠的同盟，借助于房族的力量，与大自然作斗争，保证了劳动创造的生产成果。

同时，房族也起到了调节劳动力的作用。房族内部，一户人家修建房子，力量有限，其他的房族成员就过来帮忙。进山伐木、将木料运出山、竖起房屋、盖上瓦片，都不是一家一户可以单独完成的，必须要有人帮忙。房族内部的帮忙，都是义务性的，没有任何报酬。

但帮忙的人也并不会吃亏，因为长期以来大家都是这么过来的，以前他家里生产的时候也被其他房族成员帮助过，或者在以后他家里有其他大事，别人也会来帮他。小家庭与房族之间相互依赖，相互扶助，利大于弊。

房族之间互帮互助，不同姓氏之间则有换工的习俗。甲家较忙的时候，乙家的人来帮着干活，不收报酬，但是甲家得记着，等乙家需要人手的时候，同样得过去帮忙。在秋天的收获季节，人手不够、工具落后、生产效率低，所以很多村民都采取帮工换工的方法互相支援。换工最重要的当然是劳动力与劳动力之间的交换，一般就在邻里之间进行，不会舍近求远。

另一种换工是在劳动力与畜力之间进行的。在坪坦，耕牛是最常见的畜力，畜力一天的劳作，相当于一个半或两个正式劳动力的劳作。在新的农业机械未普及之前，畜力与劳动力之间的交换非常普遍。它有特定的时效，主要是在农业劳动时的播种、中耕、间苗和收获期间发生。

养牛需要比较高的成本。首先要有一个固定的空间给它栖息，其次是一年四季要给它喂草料。这些都需要消耗一定的人力和物力，所以虽然牛是传统耕作中必须要用到的畜力，但并非家家都养得起牛。但是没有养牛的人家，可以通过借的方式获得。比如，杨家没有养牛，在春耕的时候可以向养了牛的吴家借牛进行耕田。作为回报，在吴家施肥或者插秧的时候，杨家就要派出劳动力帮吴家干活。这样两家的劳动效率都提高了。

劳动力和劳动力之间的换工、劳动力和畜力之间的换工，在机械农具尚未进入坪坦的时候，是极为常见的两种换工形式。它促进了坪坦的农业经济发展。随着机械农具的使用，坪坦也出现了劳动力与机械农具之间的换工。主要是大型的机械农具，比如有柴油动力的耕田机。对于小型的机械农具，比如洒农药的喷雾器，就不需要换工了，只要两家人关系好，直接说一下就可以拿过来用。

没有耕牛也没有耕田机的人家，当然也无力支付请人耕田的报酬，就用换工的形式，请人用机械耕作，于是就出现了劳动力和机械农具换工的形式。不过，这种换工形式存在的时间并不长，而且也不经常发生。因为机械的效率比人工的要高出很多，它们之间很难对等交换。一般请人机械耕田，都是直接付给劳动报酬。对于没有机械的人家来说，付钱给报酬的感觉比换工的感觉踏实，觉得没有欠别人什么。换工的形式，慢慢会被雇工所代替。

现在，坪坦村里的部分农民，不再进行农业种植。一方面，是因为为了申报世界文化遗产，有些村民的土地已经被征用了。而最重要的一方面则是，很多年轻的孩子早早就初中毕业出去打工了。多年过去，他们对于农业耕作已经十分陌生。杨建唐家里的两个儿子就是如此。他们常年在外面做事，只有过年的时候回来一次。他们在通道县城上班，到家里只有几十分钟的车程，但从不回来帮着干农活。对于他们而言，什么时候下种子、什么时候收获，也不太了解了。

杨建唐这一辈的人，四十岁到五十岁左右的，头脑活跃的，也把自家的土地承包给村里的其他人，选择去城市打工。只有杨建唐这样性格朴实的，才依旧守着家里的土地。不过，对于这些承包土地的农户来说，随着耕种面积的扩大，经济收入比过去还是高了不少。而且农业税免了，种地还有补贴，只要身体健康，不偷懒，再做点小零工，生活还是过得不错的。

只是农忙的时候，劳动力比过去难找，尤其是在村里，已经很难找到帮工或者换工的对象了。愿意换工的，都已经六七十岁了。二十岁左右还在村里溜达的，多半不喜欢做农活。农村几乎没有闲置的劳动力了。青壮年劳动力都在为城市的发展做贡献。

2. 农具

常用农具有筐子、铁叉、锄头、刨把、镂子、捞钩、抓钩、木锨、扫把、推板子、独轮车等。对于以水稻种植为主的坪坦而言，最重要的农具是稻作农具。它可以分为耕田耙地、灌溉、收割和加工储藏几大类。简单的农具可以自制，复杂一点的可以从集市上购买。

耕田耙地的农具主要有犁、手犁、耙、锄等物。犁是常见的耕地农具，由在一根横梁端部的厚重的刃构成，通常系在一组牵引它的牲畜或机动车上，也有用人力来驱动的，主要用来破碎土块并耕出槽沟，从而为播种做好准备。唐代发明的曲辕犁，其形制直到今天也没有发生太大改变。只是到清代晚期，有些耕犁改用铁辕，省去犁箭，在犁梢中部挖孔槽，用木楔来固定铁辕和调节深浅，使犁身结构简化而又不影响耕地功效。

锄头是一种长柄农具，其刀身平薄而横装，专用于中耕、除草、疏松植株周围的土壤。这种工具在中国人过去的生活中随处可见，不需要详细介绍。

耙由木把和耙头组成，是农业生产中传统的翻地农具。耙头装有铁齿，用

● 吴柳妮家的部分农具

于表层土壤耕作，可用于平地碎土、耙堆肥、平整菜园等。翻地时，农民手握木把的一端，把耙举过头先往后，再往前甩，铁齿由于甩劲插入泥土，然后向后拉耙，把土翻松。

手犁是类似于耙的农具，由手柄、犁身、脚踏板和铁犁嘴组成。扁状尖头的铁犁嘴后部有銎，装在厚实的长条木板上。木板肩部连接着弯曲而前倾的长柄。柄与耙头连接处有一段短木，末端安横木。使用时，手执横木，脚踩耙头短木，使耙头入土起土。现在，这种农具已经不太使用了。大面积的水稻田在耕作的时候，都用上了机械农具。

灌溉农具有龙骨车、水车等。龙骨车又名翻车，是一种刮板式连续提水机械，也是世界上出现最早、流传最久远的农用水车。东汉的时候，农民就开始使用翻车来灌溉或者排涝。它可以用手摇、脚踏、牛转、水转、风转等方式驱动。龙骨叶板用作链条，卧于矩形长槽中，车身则斜置河边或池塘边，下链轮和车身一部分没入水中。驱动链轮，叶板就沿槽刮水上升，到长槽上端将水送出。如此连续循环，把水输送到需要之处，可连续取水，功效大大提高，操作搬运方便，还可及时转移取水点。

筒车结构简单，流水推动，是和翻车相类似的提水农具。它利用湍急的水流来转动车轮，使装在车轮上的水筒自动舀水，将低处的河水提上高处的岸边，灌溉农田。由于承受水的冲力，筒车便旋转起来。筒底所在的外环半径大于筒口所在的内环，由于两者为同心圆，所以在低处时，竹筒盛水，在高处时，竹筒泄水。它可以通过调整水槽的位置和长度，使水槽接到更多的水。当水流的速度较低时，竹筒也要相对小一些。筒车本身的效率很低，但无须供给动力，十分便利。

● 坪坦河畔的筒车

这两种传统灌溉农具，现在已经退出了坪坦人的农业生产活动。他们通常使用效率更高的自动抽水机来灌溉。不过，在坪坦河的河边，仍旧可看到筒车的身影。它们在水流的作用下，缓缓地转动，成为人们旅游观光的风景。

坪坦的收割工具分为两大类，一类是收割粳稻的，一类是收割糯稻的。

收割粳稻的是镰刀和打谷桶。镰刀是收割庄稼和割草的农具，由刀片和木把构成。刀片为月牙形，刀刃上带有小锯齿，一般用来收割稻谷。收割的时候，左手握住稻秆的腰身，右手握着镰刀的刀把，朝自身的方向轻轻用力，稻秆就割了下来，再一束一束地在身后放好，准备脱粒。

脱粒的工具主要是打谷桶，又名舀桶、舀箱、合桶，是收割稻子时扬击稻秆掉下谷粒的农具。它呈四方形略似斗状，由四块木板拼合而成，敞口向上，有底无盖，四个侧面都呈倾斜的梯形，整个形状犹如缩略版的倒金字塔。稻谷收割以后，分成一束一束，在谷桶壁上打击，谷粒便与谷穗相脱离，落在谷桶里。收稻时多雨，稻田较湿，往往不能及时把割下的水稻运到晒谷场上，所以必须马上在稻田里进行脱粒。

收割侗家最喜爱的糯稻，需要用到的工具则主要是摘禾刀、晾禾架和脱粒板。早些年，坪坦人收割糯稻的时候，也用剪刀剪下稻穗。摘禾刀又名禾镰，是一种自制的农具。从集市上买来一块方形刀片，长约一寸；将其镶嵌在一种半月形的木块上；木块上穿一个小孔，横插一截木棒作为刀把，大小正好可以握住。使用的时候，右手握着刀把，将摘刀放在中指和无名指之间，将稻穗割下来。

糯稻的稻穗割下来之后，就放在晾禾架上晾干。晾禾架由两根立柱支撑，立柱之间横着嵌进去几根木梁，最顶上用杉木皮盖好，防止下雨淋湿。晾禾架多在鱼塘旁边，也有人家将住房和粮仓的三面架上的横杆作为晾禾架。每到秋天，坪坦村所有的晾禾架上都挂满了金灿灿的糯稻穗，如同镶嵌着黄金般的马赛克，形成了一道独特的风景。

●晾禾架

●晾晒糯稻

在稻穗晾干的这一天，大家同时将禾把取下来，在谷仓中的脱粒板上进行脱粒。脱粒板是一块大青石板，常放在碾坊或谷仓内。谷穗收割回来，晒干之后，就在石板上敲打出谷粒。家家户户准备好丰盛的酒菜，如同过节一般，相互邀约宴饮，称为"晾禾酒"。

坪坦传统的加工农具包括鼓风车、石碓等。

鼓风车又称风谷车或风车，它通过手臂力量带动鼓风车内部的叶片转动，形成风流，去除水稻等农作物果实中的杂质、瘪粒、秸秆屑等。它的基本构造较为复杂，顶部有个梯形的入料仓，下面有一个出谷子的漏斗，侧面有一个小漏斗是出稍微轻一点的杂质的，尾部出来的杂质最轻。木制的圆形"大肚子"藏有一叶轮，还有铁做的摇柄，手摇转动风叶以风扬谷物，转动速度越快产生的风越大，反之亦然。一架鼓风车榫头套榫头，通体不用一根铁钉，却结实无比。它通过摇动把手，带动风车里面的扇叶转动，形成风力，把谷物中的残留杂质去除。鼓风车可能是坪坦村中现在还能见到的为数不多的大型传统农具之一，几乎家家楼下都有一台。

石碓是舂米工具，可以分为水碓和脚碓。前者是通过水力工作，在坪坦较少。后者则是通过人力工作，很多坪坦人家里都有，虽然现在已经不再使用了。过去，舂米的时候，由一至三人协力踩踏，有节奏地起落，一人手拿小扫帚，随着石舂的升起快速拨动石盆里的粮食。逢年过节，许多坪坦人还用石舂来舂米粉、花生、芝麻等，用来做年糕。现在，随着碾米机、打粉机等机器的出现，昔日在生活中占据着举足轻重的位置的石碓已在不经意间逐渐消失。

●鼓风车

3. 种植

侗族歌谣说："最难谈的是朋友，不谈也愁谈也忧。当初不谈倒还好，如今谈了反忧愁。天天都在做活路，想到交友就痛头。一心想跟读书郎，恐怕读书难登头。嫁给先生是不错，但他斯文没盼头。嫁给官员倒是好，又怕他日把我丢。嫁给商人有钱用，又怕守寡在屋头。嫁给兵哥身体好，但他古板不风流。看来还是种田好，同度时光过春秋。轻重农活同去做，想要歇气就进屋。衣服破了我来补，房屋漏了由他修。谁也不会抛弃谁，恩爱坐到九十六。"它体现了侗族人对于农业的重视。

坪坦的耕地可以分为水田、旱地、菜园等。不同的耕地，种植不同的作物。水田种植水稻，旱地种植经济作物，菜园种菜。其中，水田是主要的耕地，又可分为坝子田、塝上田、山冲田和高坡梯田。最好的水田，种的是坪坦人最喜爱的粮食——糯稻。

坪坦种植的植物中，水稻是主粮，占大多数。除此之外，其他的作物基本上都是旱地作物，有麦子、红薯、玉米、芋头、旱禾、小米、黄豆、黄粟、辣椒、生姜、油菜、棉花等。其中，以红薯、玉米、小麦、油菜最为多见。在菜园里，蔬菜的种类也随着时序的变化而变化，有白菜、莴笋、葱、蒜、萝卜、南瓜、冬瓜、丝瓜、黄瓜、豇豆、辣椒、四季豆等。

在粳稻尚未普及之前，坪坦的水稻种子都是自留的。现在，即使杂交稻普遍使用，坪坦的糯稻仍旧是自留种。它们都只种一季。在收获的时候，将生长得较为健壮的水稻留下一些好好保存作为谷种。第二年谷雨取出来，用清水泡一天两夜，谷子在水的滋润下膨胀发芽后，就撒入秧田。秧田选在灌溉方便又阳光充足的地方，面积并不太大，每年几乎都是固定的。在撒种之前，农户需要对秧田进行精耕细作。土壤要捣得细细的，经过水的浸泡，就形成了很厚的一层淤泥，再施上农家肥料作为基肥，保证秧苗有足够的养分。

谷种撒下去一个月之后，秧苗就长到了20多厘米高。这时就可以将秧苗扯出来插田了。待插秧的水稻田也经过几次翻土、碎土的耕耘活动后，就往里面放入稻草、人粪、猪粪等肥料。插秧的行距与株距都有讲究，其中行距大约为25厘米，株距大约为20厘米，每蔸插5株秧苗。插秧的时候，一行10蔸左右，依次从左到右或者从右到左，弯着腰倒退着往后走。

插秧之后二十天左右，要将水放干，耘第一道田。耘田就是为水稻除去杂草。农田杂草很多，常见的有稗子草、异型莎草、眼子菜、鸭舌草、泽泻、牛毛毡、扁秆藨草、水莎草、矮慈姑、苹、小茨藻、陌上菜等。水分充足、泥土松软的湿泥田，直接将杂草踩到土里即可。土壤硬一点的稻田，则要用手将杂草拔出来，扔到外面去晒死。再过二十天左右，再耘第二道田。同时，将田埂上的杂草割下来，沤入禾苗空隙中的泥土里做肥料。勤快一点的农户，还可以用其他的农家肥追肥一次。七月中旬，水稻开始抽穗，幼穗从剑叶鞘内伸出。这时采取间歇灌水，也就是灌一次水，待其干透后再灌水入田。农谚称之为："前水不见后水。"这样能增加土壤的透气性，使水稻根深叶茂。

大约四十天后，也就是八月下旬，谷穗渐渐饱满硬朗，色泽也变成金黄，就可以准备收割了。在成熟期间，要防止大风将稻秆吹倒或者将谷粒吹落，导致减产，坪坦人会在田边插上木条，用草绳系稳禾苗。

随着双季稻的推广，坪坦人的耕作节奏加快了不少。早稻是正月下旬撒种，育秧二十五天之后，开始插秧。耘三次田，追肥三次。经过四个月之后，农历五月下旬开始收割。晚稻的播种则在早稻尚未收割的时候进行，因此种早稻的时候要留出一块田来育秧。

等早稻收割完了，要马上耕田，插晚稻秧苗，前后相距只有十多天。插秧晚了，会影响收成。在这前后十几天的时间里，要将成熟的早稻收割回来，脱粒，翻晒，归仓；再翻耕耙耘，将晚稻秧苗及时抢种入田里，因此又称为"双抢"。

农历十月份的时候，再收割晚稻。早稻米一般腹白较大，硬质粒较少，米质疏松，品质较差，而晚稻米则恰恰相反，品质较好。

水稻的种植过程中，会遇到各种问题，如害虫、稻瘟病、杂草等，遇到问题就要解决问题。解决问题的方法，都是一辈一辈传下来的，经历了几千年的积累。

● 春天的稻田

●秋天的稻田

　　红薯在清明节前后两三天下种。选好一块菜地，将土挖松、敲碎，施上农家肥，搅拌均匀并整平，再整齐地挖坑。将去年挖出保存的红薯挑选出来，放入坑中，用泥土轻轻盖上。过不了几天，红薯藤就开始冒出来。一个月之后，红薯藤长到 70 厘米左右，就剪断进行扦插移植。每段红薯藤只留两到三节即可，长约 20 厘米。移植的土地先整平并施肥。移植的时候，用一把短柄的小锄头挖开一坑，放进两段或者三段红薯藤，将土掩埋好固定即可。

　　经过二十多天之后，红薯藤生根、长得较长了，就将藤翻过来，往先前生长的反方向摆，使它的匍匐茎再次生根。同时，除掉杂草，加施一次草木灰或者人畜粪。不小心扯断的红薯藤，可以拿回去喂猪或者喂牛。九月下旬，秋高气爽，就可以收获红薯了。大大小小的红薯连成串，让农民特别有成就感。红薯的单位面积产量很高，一亩地可以收一千斤左右。而且，它很好管理，病虫害较少。坪坦家家户户都种植红薯。过去种红薯，是为了在灾荒之年有果腹的食物。现在，粮食不缺，种红薯就是为了喂猪或者自己改善口味。

　　跟粳稻一样，玉米也可以种两季。早玉米种在菜园或屋前屋后的小面积土地里，种得不多。坪坦种植的主要是晚玉米，跟红薯一样是主要杂粮。玉米的行距与株距之间空隙很大，占地面积多。玉米不需要移植，都是挖坑点种。夏至时分，即可播种。每个坑放三四粒种子。十五天之后，玉米苗出土约20厘米高，就需要间苗了。每坑留一株，其他的都拔掉。再过半个月，除草一次，并施农肥。经历两个月，大概就可以收获了。届时，一家人都到田地里掰玉米。力气较小者将玉米棒子摘下来放到箩筐里，强壮者再将其挑回去。

油菜是坪坦重要的经济作物。油菜花在含苞未放的时候，可以摘下嫩菜薹炒着吃；油菜花盛开时，大片大片都是金黄色，又成为坪坦吸引游客的一道风景线。但是它最重要的用途，还是用来榨油。油菜主要在冬季栽培，不与其他油料作物争地，适应性强。油菜吸肥力强，但养分还田多。它所吸收的绝大部分养分，都会以落叶、落花、残茬、饼粕等形式还田。种植油菜的方法有两种，即直播或育苗。

油菜是在头一年的冬天播种。刚好收割完晚稻的时候，将田开垦好。选好种子，放在光照充足的地方晾晒几个小时，然后把种子放在温水中浸泡半个小时，晾干后直接撒到地里。冬天万物凋零，油菜地里却是绿油油的一片。选择播种的时机非常重要。播种过早，受外界低温条件影响，容易造成寒害、沤根、烂根、抽薹等现象。播种过晚，则会导致开花推迟、产品质量差，降低经济收入。

立春后，油菜进入薹期，营养生长和生殖生长并进，植株迅速抽薹、长枝，叶面积增大，花芽大量分化，是需肥最多的时期，也是增枝增角的关键时期。此期的主攻目标是春发稳长。春发不够，难以高产；春发过度，则旺长郁蔽，也影响产量。施肥也需要根据实际情况进行。若底、苗肥充足，植株生长健壮，可不施薹肥；若底、苗肥不足，有脱肥趋势，则应早施薹肥。

正月到二月间，坪坦的油菜花开了。翠绿的群山之间，点缀着大片的金黄色，如同一块块地毯，十分美丽。花谢之后一个月左右，油菜的种皮呈现出黑褐色时，为适宜收获期。人工收割后要堆垛和晾晒，以便籽粒后熟，再及时晒干、脱粒、扬净。油菜籽是榨菜籽油的重要原材料。种植油菜正好是晚稻刚刚收获之后进行的，而油菜收获之后又可以进行早稻种植。早稻、晚稻和油菜的交替进行，确保了稻田一年四季都没有荒废。

这几年，坪坦村把发展油菜生产作为农民增收的主要工作来抓，对油菜的生产工作做了部署，鼓励农民利用冬季闲田集中连片发展油菜种植，同时积极争取项目资金帮扶。为及时掌握油菜作物的生长情况，村里还专门组织农技人员深入田间地头，指导农民进行中耕、追肥、除草、防治病虫害等。

不过，全国各地都在发展这个产业，利用油菜花来吸引游客。它最终也会变成普通的景观，但是对于农民来说，其还可以通过榨油来获取收入。

棉花是锦葵科棉属植物的种籽纤维，原产于亚热带。植株灌木状，一般为1到2米。坪坦的棉花，也是重要的经济作物。一方面，它可以织布，满足基本的生活需求。另一方面，在姑娘出嫁的时候，它也是重要的嫁妆。棉花的适应能力很强，但也需要按时播种收获。

农历三月间，翻整棉花地，除去杂草，施基肥。基肥以草木灰、人畜粪便为主。四月上旬进行播种，经过三个月的生长，棉花充分吸收阳光雨水，到七月中旬开花。花朵开始为乳白色，不久转成深红色，然后凋谢，留下绿色小型的蒴果，称为棉铃。棉铃内有棉籽，棉籽上的茸毛从棉籽表皮长出，塞满棉铃内部，棉铃成熟时会裂开，露出柔软的纤维。再经过半个月的日照，八月份棉铃绽开，就可以采摘了。

这种目前全世界普遍种植的农作物，最早出现在公元前四五千年的印度河流域文明中。大约9世纪的时候，摩尔人将棉花种植方法传到了西班牙。15世纪，棉花传入英国，然后传入英国在北美的殖民地。棉花传入中国的时间不会早于南北朝，《梁书·高昌传》记载，当时的西域有一种草，结的果实像蚕茧，里面有很细的丝，当地人称之为"白叠子"。从特征上来看，其描述的很可能就是棉花。

阿拉伯旅行家苏莱曼在其《苏莱曼东游记》中描述，当时他在中国看到的棉花，是种在花园里被当作观赏植物的。元代初年，中国已经大规模种植棉花了。朝廷把棉布作为夏税(布、绢、丝、棉)之首，设立木棉提举司，征收棉布。据记载，每年征收的棉布多达10万匹，可见棉布已成为主要的纺织衣料。

明朝也大力征收棉花棉布，出版植棉技术书籍，劝民植棉。从明代宋应星的《天工开物》中所记载的"棉布寸土皆有""织机十室必有"，可知当时植棉和棉纺织已遍布全国。

清末，中国又陆续从美国引进了陆地棉良种，替代了质量不好、产量不高的非洲棉和亚洲棉。坪坦现在种植的棉花，大概都是清代传入的。

此外，油茶也是坪坦人日常生活中重要的食物材料，坪坦的自然环境也适合油茶生长，因此坪坦的油茶种植也在逐步大面积推广。在不久的将来，它会成为坪坦的又一重要经济来源。

4. 养殖

当地侗族谚语说："穷不离猪，富不离狗。"又说："田不离鸭，河不离鹅。"一些老人平时给小孩子讲述的小故事，也多与家禽家畜有关。

有一个故事说的是山羊头上的角。以前，山羊和狗是好朋友。当时山羊的头上是没有角的，但是狗有一对角。有一天，它们在一起喝酒，狗把头伸进酒坛，因为有一对角不方便，就摘下来交给山羊。山羊看到这对角，就趁机拿走戴在了自己头上。狗喝完酒之后，去找山羊，但是直到今天也没有把角要回来。这个故事中，山羊扮演了一个狡猾的角色，与我们印象中的温顺形象大相径庭。狗则成了受害者。

有一个故事说的是水牛。水牛本来是天上的元帅，有一天得罪了玉帝，被罚到凡间去受苦，让他变成了一头水牛。元帅气死了，就骂玉帝说，既然要我当水牛，那我就大声吼叫，把你的天宫都震碎。玉帝听了很着急，派一个天将去阻止它。天将拿一面神镜，对着水牛的脖子照下去。此后，水牛的声音就没有原来那么洪亮了，变得嘶哑而短促，性格也因此变得温顺。水牛的角色性格，经历了从暴躁到温和的转变。

还有一个关于猪的故事，则与唐僧取经的故事有关。在取经路上，为了惩罚猪八戒的懒惰，孙悟空就变出一座宫殿在前面等着。师徒四人走进去之后，女主人说家里有六个女儿没有出嫁，问他们是否愿意当上门女婿。猪八戒乐坏了，就到一间房子里去找她的女儿，最后在屋子里抱着一根松木不放手，以为是她的一个女儿。松木上满是油脂，将猪八戒肚皮上的猪毛都粘掉了。后来，猪的肚皮上都没有什么毛。这个故事从《西游记》演化而来，说明它形成的时间很晚。另外，也体现了猪与侗家人的生活虽然紧密，但其形象一直不好。

坪坦的气候，既适宜于农作物的种植，也适宜于家禽家畜的养殖。坪坦养殖的动物，与中国西南地区的其他农村相比并无特殊之处，牛、猪、狗、羊、猫、鸡、鸭、鹅等，随处可见。

坪坦的牛主要是水牛和黄牛。在没有机械耕田的时代，牛是最重要的动力。牛的喂养是散养和圈养相结合的。以前，坪坦几乎家家都养牛。坪坦周围都是山，因此，农闲的时候，只要把牛赶到山上去就行了。牛在这里很自由，饿了就吃草，累了就歇息。也有的是几户人家专门雇人来看管。在春耕到秋收的这段时间，因为要积累肥料，就将牛养在牛圈里。圈养的时候，每天都得花一两个小时割草喂牛。远离村庄的稻田，就直接在旁边修一间小木房子关牛。这样就不需要走很远的路将牛粪挑出来了。有人觉得一家人养一头牛太浪费，就跟房族的其他人一起合起来养。或者一家出钱将牛买回来，另一家花时间饲养。或者是买牛的时候一起出钱，按季度或者月份轮流来养牛。

猪是最常见的动物之一。其养殖方式是圈养，这样有很多好处。因为猪粪对于农作物有极好的肥力，所以养猪的时候要注意囤积它的排泄物。猪圈又常常和人的厕所建在一起，既节约了空间，也集中了人和猪的粪便。圈养还可以增加猪肉的产量。

猪圈中的猪，活动空间小，活动量也就少了。猪吃进去的食物，大部分都转化成了肌肉和脂肪，增肥很快。猪是杂食性动物，跟人一样，人能吃的，猪都能吃。所以，养猪的人家，吃剩的食物都不会浪费，全部可以喂猪，给猪增肥用，避免了浪费。在饲料没有普及的年代，喂猪的主要材料是猪草，由妇人或者小孩负责去野外割取。

普通人家不会饲养母猪和公猪。养这类专门用于繁殖的种猪，投入的食物和人力较多，而且通常一头种猪要养好些年也不能卖掉吃肉，因此，就出现了专门养种猪的人。养公猪的一般是老头，一人只养一头，范围可以辐射到周围的几个村或者更多。养了母猪的人家，到了要配种的时候，就请他将公猪牵过去。配种之后，主人会给他一点报酬。虽然不多，但可以维持他一个人的基本生活。养母猪的人家相对来说就要多了，一个村可能有好几家都养着。成年母猪体型较大，大多都可以达到五百斤，而一头出栏的肉猪通常只有两百多斤。

正常饲养的情况下，一头母猪一年可以产两胎，每胎的数量都不相同。一般初产母猪为六头到十头不等，经产母猪可以每次维持在十头左右。五年左右，母猪生产的质量就会下降。这时就需要培养新的母猪。

产下的小猪数量较多，很少是自家喂大，大多都是卖给村里或者邻村的人。猪仔买回来，都要进行阉割。失去生殖机能的猪，性情变得驯顺，便于管理、使役、肥育和提高肉的质量，还可以防止它们自由交配。

现在坪坦的猪，都养在村后集中建造的猪圈中。但是猪圈中也没有几头猪，养的人少了。不管是吴柳妮家，还是杨建唐家，平时吃肉，都是去集市上买。逢年过节或者其他重要活动，需要一整头猪的，也是去外面买回来宰杀。

石婶的一番话，代表了养殖业的衰落给她的生活所带来的变化："以前，我们妇女平时的主要工作就是割草、喂猪、养鸭，不过，现在很少养猪，牛也没有什么了。原来养牛多的时候，地里都没有什么草。现在懒了，什么都不养，犁田都用机器。原来用茶油炒菜，现在用菜油。现在养猪少，猪油都少了。原来一年要杀几头猪，现在只有过年才杀。"

坪坦最有特色的养殖，是将水稻种植和养鱼、养鸭结合起来。这在前文关于"饮食"的章节中已有叙说。

5. 手工

坪坦的手工业不是很多。男人从事的，是制作一些简单的生产工具、家具、乐器之类的手工业，如木工、竹工等。妇女从事的，则是纺纱织布等。坪坦人戴银饰，但是本村并无银匠。这一带最著名的银饰产地，在坪坦相邻的阳烂村。坪坦街上有制作银器的作坊，就是阳烂人开的。坪坦人的银饰，基本上都是在这里购买的。作坊中的工具有几十种，包括羊角锤、小锤、火炉、风箱、坩埚、葫芦夹、拔丝板、冲具、刻具、焊板、焊枪、枕木、锉刀、锯、镊子、油灯吹管、铁模具、松脂板、铜丝刷、吊磨机、工作台案等；原材料包括银片、银条、银丝、复合金属、明矾、硼砂、焊条等。

银饰的制作工艺大体可以归纳为以下几个主要程序：第一，用砖子打刻出铁模具；第二，银片在铁模具上捶打出造型；第三，剪切修补后互相焊接；第四，清洗打磨；第五，与其他配饰之间进行连接；第六，盐酸洗或镀白铑。

传统的银饰手工艺品，全部为纯银打制而成。但是目前，很多人也开始佩戴合金银饰来替代纯银饰品。合金材料的成本造价比较低，适用于现代旅游工艺品的研制和开发。

最重要的手工，是侗布的制作。传统侗家人的衣服都是妇女手工织布、染色并最终缝制成衣服的。妇女在家庭经济中的地位非常重要。它最直接的影响就是，侗族家庭对于自己的孩子无论男女都一视同仁，因为妇女所起的作用丝毫不低于男子。

1949 年之前，侗族地区的主要布料是自制的土棉麻布。坪坦的侗族妇女也以自产的土布缝制衣服为贵为荣，排斥外来布料。外来布料在近代虽然已进入侗族地区，但是使用不多。在坪坦虽然有不少的侗族青年男女已融入现代时尚的行列，但是我们还是经常能见到许多身着传统服装的侗族妇女和老人。侗家谚语说："男子游村走寨，女子坐家绩麻。"直到今天，坪坦的一些人家仍然保持着男耕女织的传统。男人在外面种田锄地，女人在家里做饭织布。

侗家人的《织布歌》唱道：

绞车架上去棉籽，弹花老将笑呵呵。

手举弓锤上下舞，弓弦相碰高唱歌。

花仙忙把花来扦，纺车嗡嗡转旋螺。

夜来灯下把线纺，米汤浆成挑下河。

河中去把纱线洗，竹竿举起晾屋角。

门前栽桩把线牵，布梳理伸上楼阁。

织布机子安窗下，脚踏布梳手抛梭。

织得平布三百匹，织得裹脚五百棵。

斗纹斜纹凭手巧，心灵手巧织绞罗。

坪坦人自制的侗布，都以棉花为材料。他们采摘棉花之后，利用轧棉机除去棉籽。将棉花放在两条横木棍之间，通过同时摇动右上方的手摇柄和用脚踩踏左下方的脚踏柄带动两条横木棍，挤压除去棉花籽，得到干净的棉花，这称为"轧棉"。棉花去籽后，要弹松软才能使用。弹棉花的工具是弹弓，可以将棉花弹得松软柔和。之后，将棉花均匀地卷在木棍上，其目的是为了使棉花纤维呈中空带状均匀分布，这样纺出的棉线才能粗细匀称。

现在很多坪坦人已经不再自己种棉和弹棉了，因为市场上可以直接购买到已经弹好的棉花絮片。但多数人家都有纺纱的工具。

杨建唐家里就有一台织布机，放在阁楼上。我以为石婶会织布，但她告诉我说，她自己不会，需要请人家来做。虽然石婶不会织布，但是早些年村里有很多人会。以前年轻妇女不出去打工的时候，就是自己织布，自己染色，自己缝制衣服，不会到外面买。

但是，她接着说："我们现在都很少人能织布了，都是在集市上买的。产地来自广西和贵州，一块要卖一百五六十。其实，这个很难做，一针一针的，做一件最快要三天。看着这么小，要卖这么多钱，外面人觉得贵，其实如果看到怎么做的，就会觉得一点都不贵，加上材料，也不过就四五十块钱一天。"她今年买了一卷侗布，大概可以做四件衣服。好在这几年随着民族文化意识的增强，坪坦也慢慢地回归到原来的习俗中来了。村里出嫁的新娘，还保持着传统，前三天都穿侗布缝制的衣服。

2015年7月份，我在坪坦考察的时候，发现村寨中有一座较为简陋的玩具加工厂。工场设在杨建唐家对面的一位农户家中，规模较小，总共有10台缝纫机，请的工人都是村寨中的妇女。她们大多三四十岁，吴柳妮就在这里上班。

她告诉我说，来这里上班的妇女，都已经有孩子了。孩子就在村里的小学上学，她们早上送孩子去上学，傍晚接孩子回家。中间的这段时间，就在这里打工挣点小钱。村子附近没有其他更好的挣钱门路。技术并不复杂，就是缝线，普通人练习一天就会了。

她们做的是布偶玩具的外面一层，做好之后，快递到广州进行填充就可以在市场上出售。工钱是按件计算的，因此她们非常自由，有的时候七点多来，有的时候九点多来，中午则各自回家吃饭。常常有附近的老太太进来，在这里聊天。虽然这是工厂，但也成为妇女们聚会的地方。吴柳妮在这里做事，大概一天可以挣五十多块。货物要得紧的时候，大家也可能会被要求加班到晚上十一点多。

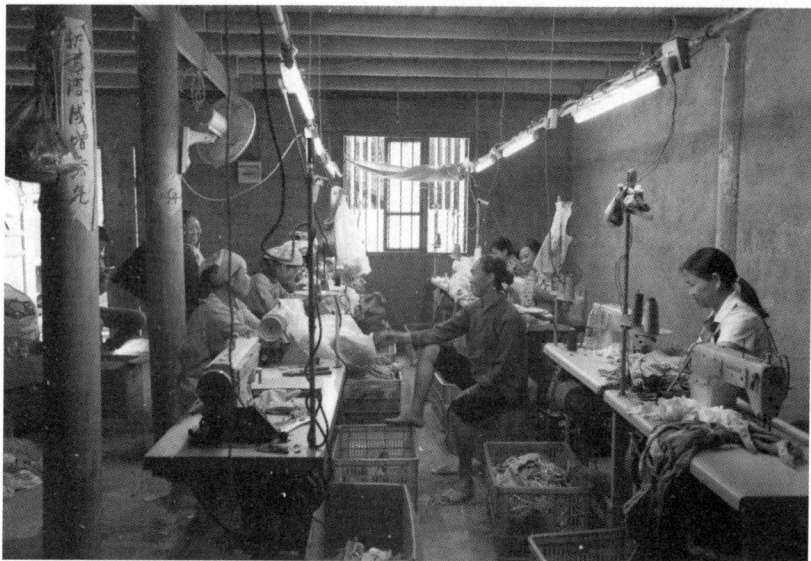

●玩具加工厂

6. 贸易

侗家人又说："是黄鳝，钻田坎；是老板，钻钱眼。"黄鳝是到处钻营且十分油滑的一种动物，以它为起兴，可见侗家人对于生意人的鄙薄。但是，如果没有小生意人的贸易活动，一个社会是很难周转。所以，仍有一些谚语表明侗族人对于生意人的看法并没有那么糟糕："人无我有，人少我多，人多我转。""春

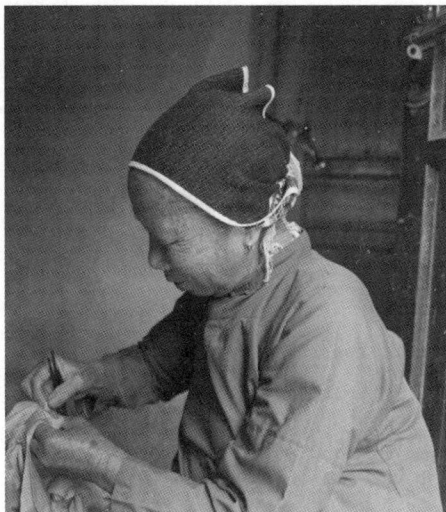

● 做手工的老太太

秋腊马，货卖当时。""摆个地摊，胜过做官。"

在坪坦河流经的侗族村寨中，坪坦村的位置靠中间偏上一点。它的地势平坦，适十农耕，能够容纳较多的人口，且承载能力强，成为交流凝集点地区的中心，是这一带最早开设市场的地域。原先的坪坦老街，在河的东岸，紧挨着普济桥。20世纪80年代之前，坪坦集市在坪坦河流域十分有名。老一辈人还对此津津乐道。

坪坦村一位杨姓的老农民告诉我说，在一个相当长的时期内，坪坦村都是湖南和广西货物交流的一个中转站。由于历史悠久和地理位置优越，坪坦村成为连接湖南与广西的"南盐北输、北米南运"的集散地。

从广西进来的，主要是盐。

《靖州直隶州志》记载："靖自嘉庆二十四年新派销盐九百四十六引每月盐派销七十八引八钱，但山河险阻，装运艰难，向无商人至境。民间食盐，皆系小贩等从汉口运至洪江，为一州三县之总汇。咸丰年来，长安古宜一带装运粤盐来境，现在双江设卡抽釐，解冲军饷，阖州改食粤盐久，人甚便之。"长安和古宜都在今天的广西三江，双江则是今天的通道侗族自治县政府所在地。从三江到通道，坪坦是必经之地。盐业主要由政府控制，但是，普通百姓可以进行少量的私盐买卖。刘坤一的《两广盐法志(卷十五)》记载说，当时的政府规定，没有粮食吃的贫民可挑贩一定数量的食盐易米度日。

从广西进入湖南的另一种货物，是蔗糖。广西地处亚热带和温带，适合甘蔗的生长，自古以来制糖业就十分发达。《广西经济地理》记载："竹蔗质韧瘦小，富于糖分，均用以榨糖，故又名糖蔗，在广西分布之地域甚广，大致以郁江沿岸、柳江流域及左江流域为集中之栽培地区。"事实上，到了民国时期更是如此，广西几乎每个县都产甘蔗。新桂系为了内固统治、外御强敌，对广西政治、经济、军事、文化等方面进行了大量的建设。在经济方面的一个重要举措，就是提倡大量种植甘蔗，以满足制糖业的原材料需求。

广西的蔗糖，行销南方一带。与广西相邻的湖南地区居民所食用的蔗糖，几乎全部来自广西。《靖州乡土志》记载："本境仅制米糖，其白糖、片糖、冰糖，由广西之长安水运至林溪，由水运入本境，每岁销数约五千石。其转运至会同、洪江、武冈及黎平销行者约五千石。"林溪进入会同、洪江等地，坪坦也是一个必经之地。

湖南西南部和广西北部一带出产的粮食，则向南运到广西的其他地方去。一方面，是因为侗族地区有着稻作文化的基础，虽然地少山多，但耕作水平却比较高，所以能够利用较少的耕地，生产出较多的粮食。另一方面，则是因为除了稻米之外，他们的生产能力有限，没有其他的收入来源，所以只能卖出粮食以换取其他的生活物资。对于生活在这一带的人们来说，只有以杂粮为主食(主要是玉米和小米)，把稻谷节省下来用于出售，才能解决生计，直到民国仍然如此。

在外界看来，此地粮食充足，实际上却有不得已的苦衷。但是不管怎么说，外界汉族商人带来的食盐、布匹和其他小商品与侗族大米的交换，促进了交易规模的扩大，逐渐在南部侗族区域形成了许多以米市为主的农村集贸市场。

就在今天的湖南通道侗族自治县区域内，著名的米市就有好几个，比如播阳米市、马龙辰口米市、石壁米市、地连米市、牙屯堡米市、地阳坪木兰屯米市等。而坪坦米市在其中占据着重要地位。

到了近代，由于木材贸易的繁荣、商品经济的发展，侗族地区与汉族发达地区的交往日益频繁。大量的工业棉布，从湖广涌入侗族村寨，逐渐冲破了当地自给自足的自然经济结构体制，市场上的工业棉布取代了相当份额的家庭土布。到了清朝末年，棉布经营的规模扩大，侗族地区出现了大的棉布商号和若干棉布商贩摊子。而侗族地区盛产的杉木、药材、茶油、桐油等土产，也都成为向外输出的重要商品。

对于当地的农民来说，经过商品交换，可以获得日常生活所需的物品，同时也可以将家庭生产的农副产品投入市场。这种经济交往活动，促进了村寨、民族之间的物资交流，带动了当地经济的发展，同时也在某种程度上加强了文化的交流与融合。在坪坦，一个文化交流最好的见证就是村寨中始建于清代的孔庙。

据目前的资料来看，这是侗族地区唯一的一座孔庙。它的出现，是汉族商人影响的结果。虽然规模不大，但它反映了当地经济的交流所带来的文化影响。汉族商人在坪坦经商，将汉族的文化带了进来。

对于商品的流通而言，交通的影响至关重要。过去从外界进入坪坦，途经的区域基本上都是大山，陆路交通不便。《三江县志》记载："古横线道。自古宜起、北经光辉、程阳、林溪、高步等乡，达横岭乡之黄土村、长九十五里，宽八九尺，其狭处约三四尺，全路完整，由此出境，通湖南之绥宁、通道。"

《三江县志》记载："自古宜溯浔至石眼口，由此入林溪、上航，北达林溪街，约六十里，春夏船载千余斤，冬可七八百斤。至此舍舟而陆，达横岭乡之平坦村，二十五里，可由平坦河顺流而下，达湖南省绥宁县之双江，其船载重量，与古宜至林溪略同。此线如能便利，则运盐出湘，运米入境，其益甚大。"水运是最经济的运输方式，而且坪坦河流经的区域确实较为"平坦"，这就使得坪坦河成为天然的运输线。

但是，现在的坪坦河，大多数时间里都较为清澈，没有水草的地方甚至可以直接看到水底，可见并不是太深。只是偶尔可以见到一些小筏子或者独木舟在里面捞鱼。询问当地四十岁左右的人，都不认为这条河里可以行驶那种运送货物的大船。只有上了年纪的老人才知道，在坪坦河中，曾经承载量超过一吨的小木船多的时候有两百多条。在崇山峻岭之间，这样的小河面上出现这么多船只，还是较为热闹的。

外面进来的日用品、大米等，经船过洞庭，入沅水，顺着坪坦河逆流而上，运到坪坦老街的码头，在此上岸，再由挑夫挑着运到广西。而广西三江市场上的盐、糖等土产，则通过挑夫挑到坪坦上船，运往靖州、洪江等地。大多数时间里，外来的船只到了坪坦，就不能再往南行了。只有在夏秋时节降雨量较大的时候，才可以勉强送到高步。再往南边到广西，或者从广西到坪坦，都只能靠人力挑运。所以，在一个相当长的时期内，坪坦成为湘桂边界的商道物资集散码头。当地有句俗话说："做只麻雀也要做坪坦的麻雀。"就是因为商贸给坪坦带来了富裕。

当年，因为地利之便，坪坦本村的人在家中就可以享受较为富裕的生活，但是在上游的一些村寨，很多青壮年劳动力却不得不依靠挑运货物来满足家庭开支。高步村就有很多七八十岁的老人，对自己年轻的时候担任过挑夫的事还有着深刻的记忆。一路有二十五里地，从数字上来看并不远，在道路交通较好的城市，开车只要十多分钟。可是，这条路都是山路，上坡下坡翻过"猫山"，并不轻松，而且还挑着一百多斤的货物。最强壮的劳动力，一天也只能挑一个来回。他们获得的报酬是一斗米，折合今天的计量，是6.25千克，显然十分微薄。侗族人的友好在这里也得到了体现，在道路的关键处，比如凉亭、风雨桥等地，都会准备好草鞋和茶水。草鞋造价低廉，容易磨损，需要经常换用。而茶水则更是远行的客人所必不可少的物品。这些东西放在路边，过路的挑夫可以免费使用。

现在，坪坦可以通过县道083线，向东在陇城镇上209国道，直达广西。陆上交通的改善，导致了水上交通的废弃。坪坦人已经不需要依靠船只来运输了。

伴随着经济的发展，维系现代社会运行必备的邮政等也在民国时期出现在坪坦。《三江县志》记载："县之古宜、林溪、富禄、梅寨，初各设邮政代办所，民国二十四年（1935）古宜代办所改为三等邮局，现设古宜长西街，兼办储汇业务，而于平坦、林溪、沙宜、老堡、梅林、富禄、丹州等处，各设邮政信箱，传递邮件。"

1946年，三江县的乡村电话线路中的古横线，即从古宜经先辉、程阳、林溪、高步四乡到横岭，共计五十五公里。不过，坪坦的村民能够享受的大概只有邮政，电话则集中于政府机关，普通村民实现电话通信要到20世纪。

今天的坪坦新街上，沿河的"坪坦边贸市场"代替了原来的集市。市场十分简陋，外表是侗族风格的建筑，青瓦，木柱子。不过，木柱只是起一个装饰作用，起承重功能的还是十多根水泥柱子。几排水泥台子摆在瓦棚下面。赶集的时候，这些台子就租给货主当临时的柜台。二七逢集，即五日一集，按照农历的日期计算，即每个月的初二、初七、十二、十七、二十二、二十七赶集。

集市的交易内容主要是村民的日常用品，如药材、茶叶、烟叶、农具、手工艺品、银饰、水果、粮食、玩具、布料等。一些牲畜如猪、牛、鸭、鸡等，也在市场上交易。

坪坦集市辐射到周边的其他村寨，在最偏僻的村寨中，也有人走几个小时的山路赶来。对于这些人而言，一方面是出售自己的农副产品，另一方面则是购买自己所需的日常用品。坪坦乡政府也常常利用赶集的时间，宣传党和政府的最新政策，或者对当地百姓开展森林消防、应急等知识宣传。集市是一个信息交流的场所。

在不赶集的日子里，坪坦边贸市场是静悄悄的，偶尔会有小孩子在里面玩耍。村民需要的物品，就在市场周围的店铺里购买。坪坦本村有几家小卖部，都是本村的老人在看店。规模很小，商品的数量也不多，多数是一些小孩子吃的零食、方便面、饮料等。

• 坪坦边贸市场大门

● 集市上交易的侗族老太太

第11章

教育

1. 孔庙

传统的儒学教育，在侗族社会中的影响并不深，在坪坦的影响也非常小。《三江县志》中收录的《新建怀远县儒学记》，是明代柳州人徐秋鹗所撰写的一篇关于在三江（当时称怀远）修建孔庙的文章，全文如下：

"粤稽越地，去王化号远，浸渍千余年，而东粤南粤，文教隆洽称上国。西粤在南粤之偏，大都郭内为齐民，而起彝杂处于郊，盖犹古称伊洛之戎云，而柳为甚。柳之邑，怀远为甚。五溪之峒，鬼方之酋，牂牁之徭，环而居之。邑孤县其中，去郡数百里，视邑在唇吻。奉顺恐后，更时时蹂躏之，莫敢谁何。成化弘治间，邑陷没守臣匿不以闻，所设令，率僦居郡舍，以间理他邑。其人民土地，存而若亡。矧文物声教哉。嘉隆间，图恢复者，歼其令；举征伐者，歼其师。议迁邑者，歼其官。自是不敢复习言怀远事。生儒假郡子弟充数，不识孔子庙庭。万历乙丑，邑令苏公至，大骇叹，谓令缘为邑设，无邑固无令为，有邑而鄙彝其人不治，亦无用令为。夫豚鱼可孚，彝人固吾人也。于是相度厥邑物土之宜而卜之，率湫隘不可城，土酋见公单车出入其巢，咸曰：'苏公真父母，至诚不欺，我乃以所据丹阳镇献。'公曰：'有是哉，是天启其衷而不吾弃也，挂之遇屯之革。'其酋曰：'洲之广矣，郁郁葱葱。山之樌矣，四水来同。绾毂其口，而邑其中。'公曰：'有是哉。兆符其形，是地效其灵而不弃吾民也。'遂邑之。庀材鸠工，众酋子来，不卒岁而事竣，乃建文庙于邑署之东。中殿巍然，翼以两庑屏以戟门，泮池环之。棂星门峙，之于仪东为儒学，稍进列义路礼门于东西又迤而北，为甬道，为月台，上为明伦堂，旁两庑为东西斋堂，后为启圣公祠，为乡贤名宦祠，又东为官廨，悉如制，而加丽焉。用是盛美于兹新县，而多士彬彬，质有其文，以仰称圣天子广励学宫之意。昔柳子厚曰：'仲尼之道，兴王化，远迩顾禹汤文武之道，即中夏犹渐灭焉。而九彝八蛮，图不知有仲尼之道，故子欲居九彝，岂真不以为陋哉？益其过化存神，将其潜移默夺，而衣冠文物之者，自不移于陋习耳。'怀彝固扳服靡常者，宜酋所以久安长治之策，今献地请城，输丁供赋，亦既明于上下之分矣，因其明而建学兴礼，邑之生需，法孔子弦歌舞蹈，以消其猛悍之气，而作其父母兄弟之心，意亦舞干苗格者欤？岂直饰学宫、宗祀典、诲子弟哉？夫粤自郡象郡千年，而柳子厚治以文学，家礼乐而户诗书，今俎豆而师事之，怀邑之弊也又千年，而苏亦文学治之，辟土改邑，明伦造士，已而进秩，守是邑，盖异数云。是役也，建殿之夕，星月映斗柄，直临其巅。而鹊巢殿中，累岁哺翼，皆若致者。夫北斗为喉舌之司，而驺虞为鹊巢之应。皇仁圣德，洽如远人，而天文灵鸟，兆于黉宫。维新之际，文治之符，休祯之应，其效亦可睹矣。"

• 孔庙和孔子像

这篇文章指出，修建学校，提倡儒学，并不只是针对汉人的，它也面向广大的侗族、壮族、苗族等其他少数民族。此后，很多侗族同胞都深受儒家教育的影响，并考中功名，跻身士流。不过，如果单从求功名的现实角度来说，儒学对于偏远的坪坦的影响还是非常微弱的。明清以来的庠生（即秀才）中，坪坦村只出了一个，名叫杨昌盛。现在连村里人都不知道他了。他的一生，浓缩到了只存在于县志中的一个名字。

但是，坪坦村有一座孔庙。虽然规模不大，只有一间没有隔开的三间房，但是在侗族地区来说已经非常少见了。孔庙为砖木结构，前面部分的下半部分为砖，上半部分为木构的门窗。后墙和左右两边的墙壁全部为青砖。大门凹进去，门口两边的柱子上有一副对联："至圣无疆泽天下；威德有范垂侗乡。"里面孔子的塑像正对大门，合手而立。后墙上"万世师表"的字迹已经脱落。前方四根木柱子上，也分别有两副对联。

现在，这里已经没有读经的琅琅书声了。平时，它被用来放置芦笙。孔子塑像前面的香炉则表明，当地人也将孔子视为神灵而供奉。只有右边的小间房中，摆着几排书架，里面放置着一些书籍，还表明它曾经是一个读书的地方。我粗略地看了一下，都是些畅销书，一部分还是盗版的。经费的捉襟见肘由此可见。村里的大人没有时间来光顾，小孩子平时则依靠上网来消遣或者获得知识。并且，它平时不开门。每次去，都看到一把锁挂在门上。

2. 学校

现在，坪坦的小孩子都在坪坦乡中心小学接受教育。这所学校修建在风水林的边上，紧靠着荷花池。坪坦人把它视为风水最好的一块地，用来建学校，培育下一代。坪坦乡中心小学的前身是原来的"平坦村国民基础学校"。要明白"国民基础学校"，有必要先了解一下国民基础教育运动。

20世纪30年代，西方的普及教育理论传入中国，与中国原有的"有教无类"及"一视同仁"等传统教育理念相结合，这促使中国兴起一股普及教育的思潮。1922年，孙中山在桂林学界欢迎会的演说中提出："建设一个新地方，首在办教育。要办普及的教育，令普通人民都可以得到教育，然后人人（才）知道替国家去做事。"出生于广西南宁的教育家雷沛鸿，不仅从心中赞同孙中山的这一号召，而且将之付诸行动，成为广西普及国民基础教育的发动者和设计师。

当时大半个中国的农村地区，农业经济枯竭，农村社会崩溃，要振兴整个社会的经济，离不开农村的支持。中国的社会基础在农村，中国的绝大多数需要

● 坪坦乡中心小学

受教育者也在农村，所以必须重视农村教育的发展。当时的广西政府高层意识到了这一点，因此对雷沛鸿加以支持，开展他的国民基础教育运动。受教育的对象不仅有儿童，也包括成年人，不分男女老少。该运动除了让民众识字之外，还要培养他们的国家民族意识、生产劳动技能以及积极健康的生活方式。雷沛鸿提出，广西的普及国民基础教育，是一种"做人的基础教育"，也是一种"民族复兴的基础教育"，其目的在于使广西境内的民众努力于"新国民的创造"。所谓国民基础教育，"就是要替中华民国创造国民，替整个中华民族打算……我们要创造国家，创造人民，同时，我们还要知道，要创造国家，先要创造人民"。这一教育理念，将农村教育提高到了与城市教育并重的程度。

由此，当时的广西政府制订了《广西普及国民基础教育六年计划大纲》，计划在1936年7月以前，在全省各村（街）普遍设立国民基础学校；1938年7月以前，在全省各乡（镇）普遍设立中心国民基础学校。《广西国民基础学校办理通则》规定："村（街）国民学校以每村（街）设立一所为原则；如居民密集相距不过三里者，可联合数村（街）设立；居民散处三里以上或山川阻隔不便集中施教者，可酌量设立分校。中心学校亦以每一乡（镇）设立一所为原则；如因财力及其他特殊关系，可由数乡（镇）联合设立。"

尤其是对于少数民族的教育，国民基础教育运动可谓功莫大焉。广西的少数民族包括了苗、瑶、壮、侗等，他们生活的区域有些近乎蛮荒，被称为"特种部族"，当时共32万人，基本上都没有什么受教育的机会。广西政府针对他们，制定了特殊的教育政策，称为"特种教育"。1933年2月，广西省政府公布《广西省苗瑶教育实施方案》，这是对1928年拟定的"苗瑶教育计划"方案的深入，对推进广西境内的少数民族教育产生了极大的促进作用。1934年年初，当时的广西省教育厅由雷沛鸿担任广西省特种教育委员会主任委员，负责规划广西省的少数民族教育事务。委员会派出委员奔赴包括三江在内的少数民族地区调查各族人口分布、生活状况和风俗习惯等，其中就有刚刚从清华大学获得硕士学位的费孝通。

1935年底，广西政府制定了《特种教育区域设校补助办法》和《广西省特种教育实施方案》。国民基础教育推行以后，包括三江在内的少数民族地区就开始施行"特种部族教育"，原先的"化瑶小学"统称为"国民基础学校"。广西政府设立了特种教育师资训练所，选拔优等少数民族子弟入学，以培养师资；划定少数民族区为特种教育区，开办学校，并加大资金补助。到1939年为止，广西境内总共设立特种部族中心学校 37 所，基础学校更是达到了 627 所，平坦村国民基础学校就在其中。

1951 年，在原来平坦村国民基础学校的基础上，建立了坪坦乡中心小学。这也是整个坪坦乡唯一的一所完全小学。其他的四个教学点，则分布在其他几个村寨。这所小学占地面积为 7670 平方米，建筑面积为 4264 平方米。我去调查的时候，有教职工 27 人，包括 24 位专任教师，2 位职工和 1 位代课教师。专任教师中，具有本科学历的 3 人，大专学历的 11 人，高中阶段学历的 9 人。如果以今天的学历要求来看，教师的水平并不太高。而我所知的是，在省城长沙，很多硕士研究生毕业后挤破脑袋要进一所小学都非常难。教育并不是公平的。这些教师的职称中，12 位为小学高级教师，10 位为小学一级教师。在校门口的告示栏，他们穿着民族服饰的半身照都贴在上面，其名字及电话号码也都一一标出。

虽然是义务教育阶段，但在贫困地区仍然有一些辍学的现象。因此，小学生的人数经常出现变动，很难有一个准确的数字。坪坦乡中心小学所能容纳的学生人数大概为 400 人。

学校的网页上，将配置了多媒体教学的设备，有符合标准的实验室、电脑室等内容都特别进行了强调，而在一般的城市中的小学，这些显然都是"标配"。这所学校所获得的官方荣誉有：国家十五重点课题"小学语文自学辅导教学实验研究"工作市级先进单位、全县学校常规管理先进单位、全县信息技术教学评估先进学校等。2006 年，坪坦乡中心小学通过怀化市学校常规管理工作先进学校评估，成为全县仅有的五家市级先进学校之一。

坪坦乡中心小学还有一个名称：明德小学。这是台湾台塑集团董事长王永庆在贫困地区所创办的一个兴学项目。2004 年，台塑集团本着"取之于社会，用之于社会"的宗旨，开始启动实施捐资兴学项目，计划在大陆的贫困地区捐资援建上万所小学，为 300 万名学生提供优质的学习环境，并将之统一命名为"明德小学"。其资助对象为确定长期保留的农村学校，并以位于国家或省级扶贫开发工作重点县(区)或特殊受灾害贫困县区的为主，以项目办理前一年农民年人均收入低于省平均农民年人均收入(或 2500 元)以下之县、市、区(或乡、镇)的为辅。这一资助对于坪坦乡中心小学的办学来说，有着重要的帮助。校舍的改建、教学设备的购置、学生奖学金的扶助等，使得学生的精神风貌都出现了很大改善。

这几年来，通道在非物质文化遗产保护中一直注重文化与教育的联姻。坪坦乡中心小学以传承民族文化作为素质教育的重要手段，大力开展"侗族文化进课堂"教学活动。学校把侗族的芦笙、琵琶、笛箫等乐器引进校园，让学生们零距离接触民间乐器技艺，使侗族乐器在校园里得到了传承和发扬。

2016年1月，中共湖南省委宣传部、湖南省教育厅、湖南省文化厅下发了《关于公布首批湖南省非物质文化遗产传承学校和实践基地名单的通知》，通道侗族自治县坪坦乡中心小学入围首批湖南省非物质文化遗产传承学校，入围项目为"芦笙音乐（侗族芦笙）"。湖南省非物质文化遗产传承学校和实践基地每三年公布一次，此次首批非物质文化遗产传承学校和实践基地评选，涉及传统音乐、传统舞蹈、传统技艺、传统美术、传统戏剧、传统体育与竞技、民俗等多个门类。这对于坪坦乡中心小学而言，也是一个极大的鼓励。

不过，年轻人所受的教育仍旧有限，大部分都是初中毕业之后就出去打工。吴柳妮向我介绍她当时16岁的儿子时说："他初中毕业，读书不进，就不读书了，现在在家里闲着。有时候跟我妈妈（他的外婆）去外面做点农活，大部分时间在家里玩。想让他去我们县城打工，当服务员。他现在只有临时身份证，用一年，等大一点了就让他去远一点的地方。"

3.其他教育

除了学校教育，坪坦人也将传统家庭教育贯穿在小孩子的成长阶段。坪坦的传统农业生产方式就通过父辈的言传身教向下一辈传授。男孩成长到十来岁，便要跟随长辈参加诸如放牧、割草、种田等较繁重的体力劳动，在生产活动的过程中，通过长辈的讲解与示范，逐步接受与掌握前人总结的历法、养殖、种植等相关的生产生活知识。而女孩在长到十多岁时除了要做相应的家务劳动外，还要跟随母亲及其他女性长辈学习挑花、刺绣、纺织等知识。家庭教育的内容包括了生产劳动技术的传承以及个人品行的塑造。

由于父亲出门做农活的时间很多，所以孩子基本上都是由母亲带大的。孩子的成长有很多都取决于母亲。不过，现在普通人都知道的常识，母亲却并不会告诉孩子。很多教育内容与现代科学认知完全不同。比如，有小孩子看到家里的小鸡出壳了，就问母亲，人是从哪里出来的？母亲当然不会告诉他真实的情况，而是会敷衍地说：从井里捞起来的。对于喜欢抓燕子的小孩，母亲会警告他说，不能抓，抓了燕子手就会烂掉。诸如此类，虽然没有科学依据，但并不会给小孩子的成长带来不良影响。因为到了一定的年龄，他就会明白母亲所讲的这些，完全可以当成童话来听。

与传统家庭教育将劳动生产教育作为教育的首要内容不同，民间传统的社会教育注重的是社会公德教育。社会教育所涉及的手段较多，包括款约宣讲、祭祀、节庆等活动。

在历史上相当长的一段时期，侗族社会都处在款组织的有效管理下，这种管理以各种款规款约为依据，深入侗族民间的方方面面，大至拦路抢劫、勾生吃熟，小到偷鸡摸狗、赌博抽烟，都有条规治理。

款组织活动从其开始到结束，其中的每一个过程都在对青少年进行着潜移默化的款规款约和伦理道德教育，尤其是春耕秋收之际，款组织都要集中款众对款规款约进行集中宣讲，这就是"二月约青，八月约黄"。

侗族地区流传甚广的"六面威规"，就是属于款约在社会教育中的内容。它一开始就教育年轻人："你到我的村寨，我给威给你；我到你的村寨，你给威给我。你来我村，我去你寨，都是一样。夜晚有月光，白天有太阳。莫让谁人的子孙——吃饭脏碗，睡床脏毡。吃一碗，乱一掰（长桌）；睡一时，脏一季。那我们要雷威给他听，那我们要电威给他看。"它也教育青年，兄弟之间要和睦相处，财产分割明白，不相互侵占："要像悬崖千年不塌，要像石山万代不崩，金子不能砸碎，银子不能破边。要他塘里积深水，要他塘基通大路，肩膀不能互相碰撞，膝盖不能互相扭打。"

对于犯偷猪、偷羊、偷牛、偷马等偷盗家畜罪的人和窝藏偷盗者及其偷盗之物的人，要与偷盗者一并处罚。犯这种罪过的人都需要拉到款组织进行处理，并且联款的各寨都要派人来参加："偷猪出栏，盗羊出圈；偷马过坳，盗牛下山；拉他出门，拖进款坛；推上大庭广众，游过四村八寨；你扛黄旗走先，我扛红旗走后。让他父受重罚，让他子受重惩。"

在同一地域内要讲民族团结，各民族各个姓氏家族之间要和谐相处，款组织是绝不允许侗族人里有惹是生非、闹民族不和谐行为的人的，一旦发现有这样的人，款组织定会进行严惩："不论你的儿孙，不论我的儿孙，不能安仇在脚底，不能夹恨在肩窝（指惹是生非，制造冤仇）。如果谁人，抓苗人，赶瑶人，害杨家，害吴姓。那我们要他——草鱼三百斤，龙须三百根，米三百斗，酒三百坛，银三百两……那就拉人上坛，那就牵牛进款。那就抓人灭性命，那就抓牛剥毛皮。耍弄聪明强占山坡林场的人，可以将其送到款组织进行处理。"

《怀远县上峒团禁条序》也指出："盖闻朝廷有法律以治奸顽，乡党有禁条以齐风俗。"通过这些款组织活动，侗族款众与青少年能充分地了解合款村寨相应的规约，明了其伦理道德规范与民间风俗习惯，有力地促进良好社会风尚的形成。

通过节日庆祝与交际联谊活动而实现的美育、体育以及生活礼仪与行为规范教育，也是社会教育中的重要一环。侗族民间群体性社交频繁，在侗族民间产生了众多丰富多彩的民族节日与民俗活动。每逢重大节日，人们都会举行盛大的庆祝活动，享用美味佳肴之外，还有娱乐与体育活动。这些活动既是各项物质文化的集体展示，同时也是诸多精神文化的集中表演与示范场所。孩子们就在这种娱乐中受到教育。

在平时，由于聚族而居，村寨里的人际交往也是非常频繁的。每逢嫁娶、起屋建房、丧葬等大事，乡邻及亲友都要前往庆贺或吊唁。村寨之间也有很多集体做客的联谊交际活动，各种礼俗歌与生活歌就在联谊中产生与传唱。在这些节日庆祝以及平时的人情往来中，年轻人不知不觉就会受到老一辈的感染。民族的传统习俗就这么一代代地相传。

• 老年人的活动

● 学吹芦笙的女孩

2015 年 7 月，我在坪日村看到一个有关吹奏芦笙的培训通知："为了弘扬侗族文化，为把我们坪日村老一辈流传下来的琵琶歌、芦笙、耶歌等文化传承下去，吴永春琵琶歌手决定在我村举办一期免费培训班。培训时间：从 7 月 6 号到 8 月 6 号（一个月）。星期一至星期五每天上五节课。上午三节课，从 9 点半到 12 点半；下午两节课，从 3 点半到 5 点半。星期六、天休息。培训地点：廻龙桥（上）。欢迎我村年满 10 周岁以上的学生爱好者，前来报名学习培训（男女不限）。请各位家长相互转告与支持。"

在廻龙桥上，我遇到了三个吹芦笙的小孩子，一个男孩和两个女孩。两个女孩读小学六年级了，男孩读三年级。他们从马路上一直往桥上走，边走边吹。因为还处于学习的阶段，很不熟练。女孩子年长一点，吹得很认真。小男孩处于懵懂的状态，十分顽皮，没人监督，他就不练习。他们在桥上等老师过来教，但是老师一直没有来。

学习者要年满十岁，是因为这个年龄段的孩子才能有足够的肺活量来使用这种乐器。一方面，当地人已经意识到了自己文化的珍贵之处，自觉地开始为弘扬侗族文化而努力了，这是一件值得庆幸的事。但是另一方面，它也说明了芦笙这种乐器需要有意识地进行保护了，而过去在侗家人的生活中，它类似于空气，重要性不言而喻。

坪坦村就挨着坪日村，坪日村的影响，也会蔓延到坪坦村。

在丧葬、祭祀、祈福、消灾等活动中，都要举行相应的法事活动，以祈求神灵保佑。在举行这些宗教祭祀活动时，参与者及观众往往成百上千。通过参与这些活动，侗族人都直接或间接地接触到了一些宗教的仪轨仪式、祭词与祭歌、祭祀的戏曲与舞蹈以及一些本民族的英雄史诗与神话，客观上也受到了侗族传统文化的教育。

社会教育的场地，主要在鼓楼。闲暇时，村民们多集聚在鼓楼，或商讨村寨大事，或调解邻里纠纷，或审理违法案件。在鼓楼的各项重大议事中，起主要作用的是寨老。他们在村寨中辈分较高，年龄较大，生产生活经验丰富，办事公道，熟悉乡规民约，善于处理各种纠纷。坪坦的青少年通过参加鼓楼的活动，潜移默化地接受着关于本民族的伦理道德、生活礼仪、生产知识以及文化艺术等方面的全方位的教育。

第12章

婚育

1.恋爱

我问杨建唐的妻子石婶:"你和杨叔是怎么认识的?是别人介绍的吗?"她有点不好意思地说:"不是的。我们是自由恋爱。我们侗家人都是自由恋爱。两个人觉得合适了,就告知父母,请人说媒,然后就在一起了。"我问:"你们唱情歌吗?"她说:"不会唱歌。不唱歌。"她不唱歌,并不是说其他坪坦人就都不会唱歌。事实上,坪坦人中能唱歌的还有很多,尤其是老一辈。在干活的时候,他们经常会突然唱起歌来。

坪坦村20世纪60年代及其以前出生的人,大多数都是通过男女对歌而结成婚姻的。《三江县志》说:"会必有歌,歌而后生情愫,男女婚姻缔结之始于此场中者,虽尚有必经之过程,其最先媒介,则歌声也。"他们恋爱时参加的活动,称为"行歌坐月",也称为"行歌坐夜"。当然,还有很多其他的名称。狭义的"行歌坐月",主要是指在晚上去特定的场合,进行情歌对唱。广义的"行歌坐月",则主要指以"歌"为媒介的情感交流方式及其行为。一般认为,侗语"甲寨(走寨)""甲腊乜(走姑娘)""俩腊乜(访姑娘)""甲乌(走聚堂)""瑞乜(坐姑娘)""吝乜(跟随姑娘)"等,都是"行歌坐月"。

各种节日活动,都是青年男女相互认识的机会,都有可能为"行歌坐月"创造条件。《三江县志》载:"旧制称苗、瑶罗汉好吹笙,今苗、侗皆盛行,盖为其男女间最大最爱之公共娱乐。在元宵、中元之夜则必举行,其集会则因人数而见笙之多少。女子衣华服,亦集为一班。每至一村,宾主各奏笙,互答三次而后作友谊之比赛,于是唱歌跳舞,声韵抑扬,举止各节亦殊娱乐悦耳。比赛后,他村递相迎送,率宰猪款宴。晚间,男子必向女家坐夜,唱歌调笑,煮糖粥,作通宵之谈情,父母兄弟不禁之夜,男女婚姻多由此构成之。侗族人中秋节农隙走同年,亦皆有六笙队之游行,但男女虽相伴坐夜,而有乐而不淫之趋向……"又说:"其他集会,有定期者,为春秋社,清明节,旧历之三月十五日、四月初八、九月十五,或春季土壬用事日,随地而定。届期,不约而同毕集于一定之山上,男女各为群,男择女之相悦者相款曲。订期会,再进则可议婚云。"

老一辈中,缔结婚姻的一方,除坪坦土生土长的人之外,另一方大都来自坪坦附近的侗族村寨,它们在半天的时间内,都能够步行到达,包括坪日、高步、高团、阳烂等。这些村落与坪坦一样,都是典型的侗族村寨,不仅语言相通,而且在习俗文化生活上也几乎完全一致。这为"行歌坐月"习俗的通行创造了良好的条件。

传统上，在坪坦，一般孩子到了十一二岁，按照现在的年龄也就是小学毕业之后，便开始分别聚集在火塘边，由老人为之教歌、教唱，进行对唱前的训练。女孩长到十五六岁，即可与族内或邻居的姐妹结成同伴，傍晚聚会于其中一家，一边从事针线或其他手工活，一边等待本寨或外寨的小伙子前来。其他的青年小伙子，则带着礼物到女方家唱歌，直到深夜甚至凌晨才归。简单来说，行歌坐月就是侗家小伙子夜晚到侗家姑娘家里通过唱歌对歌来谈情说爱，定下终身。

　　月朗风清的夜晚，侗家小伙子打扮一新，相约上几个伙伴，一边吹着侗笛之类的乐器，一边走村串户，寻找正等待他们前去行歌坐夜的姑娘。年轻的姑娘也要邀请几个同伴，通常不分辈分，只要年龄相当即可。她们把门紧紧关闭，在房间里或纺纱织布，或做针线绣花。青年小伙子到达姑娘屋边后，不能直接敲门，因为没有人会搭理他。他需要做的是放开歌喉唱上一首恳求姑娘让他进门的"敲门歌"。所以说，在以前的坪坦乃至整个侗族地区，会不会唱歌，关系到一生的幸福。唱歌是一项必备的技能。歌词内容一般是："开门哟，快开门，让我们进来歇歇脚，外面已经刮风了，我们身上的衣服太单薄。莫把我们关在门外哟，冷风吹来叫人打哆嗦……"

　　姑娘听到歌声一般就会停下手中的针线活之类，打开楼上的窗门，探出头来，对唱着情意绵绵的答歌。如果小伙子口才不错，姑娘就会很快把门打开，让其进屋。若是小伙子不善唱歌，姑娘肯定会延长"考验"时间，故意推迟开门。

　　当然，一般情况下也只对上四五首歌，就会让外面的小伙子进屋来，围坐在火塘边上。坪坦侗族的所有建筑大都是三层楼的房子，火塘设置在二楼的中间位置，所以活动的特定区域就位于二楼中间的火塘边。火塘边的两间厢房主要是父母及长辈居住，一旦"行歌坐月"进行到某一阶段，围观的家长和长辈就要进房回避，绝不干涉他们。若是寒冷的冬天，还会帮助准备柴火，让客人们取暖，消除寒气。

　　姑娘的母亲会准备糯米、饭豆、芝麻之类的食品，交代姑娘煮稀饭给小伙子当夜宵。姑娘马上从坛罐里倒来一碗香喷喷的油茶，给小伙子洗尘接风，表示欢迎。

　　小伙子边喝茶边唱一首"探望歌"说明来意。歌词大意为："我来探望你啊，好比鱼儿见青草；鱼儿见青草舍不得离去啊，妹的人才世上真难找……"如果姑娘还在审视这几个小伙子尚未用歌来回答，小伙子就会调转歌头，采用"激将法"，邀姑娘对歌："唱歌吧，姑娘，你为什么不肯唱，莫不是你有了丈夫，对我们已经不屑一顾……"

在这种情况下，姑娘一般就会和小伙子一来一往地对唱起来，唱关于友情或者爱情方面的歌，或者是礼俗方面的歌及酒歌、茶歌等。在唱歌的过程中，可以相互了解对方的性格、爱好、见识、胸襟和品德。投缘的话，可以一直唱到半夜三更。

如果姑娘对前来的小伙子们不甚满意，或者小伙子们对姑娘情意不深，那么唱歌就要有礼貌地适时结束。女方要对前来的青年一视同仁，而不能厚此薄彼。一旦女方拒绝先来的青年，那么当晚就不能接待其他人了。如果女方确实对后来者有意，则要等下一次小伙子登门的时候再表达出来。对歌过程中，如果姑娘和小伙子彼此都有意，那么其他小伙子就应该自觉地离开姑娘家回家休息或者到别的姑娘家去继续对歌，留下这对情侣倾诉衷肠。

侗家的男女之间结成恋爱关系，主动权在女方手里，正如侗家人所说的那样："只有船来靠岸，绝无岸去投胎。"

此后，小伙子可以经常来姑娘家，商定终身大事。定情时，两个人都要利用一段时间"明查暗访"了解对方的各种情况，双方均感满意后，便禀告双方父母定情。然后，小伙子给姑娘赠送银笛之类的心爱之物，姑娘给小伙子也回赠"侗锦"之类的心爱之物，寓意着爱情常青。开明的侗家父母完全支持儿女自由选择的婚姻，两家只待协商择取吉日良辰完婚喝喜酒了。

行歌坐月深刻地反映了坪坦侗族传统社会的婚恋习俗。他们积极倡导婚恋自由，但又不彻底否决包办婚姻。二者之间并不矛盾。

被卷入到行歌坐月活动中的青年男女，常常投入除工作之外的几乎全部闲暇时间和感情，频繁地交往，用他们自己的话解释就是"好玩"。正因为有了这样的认同，才让充满活力的青年们总是流连忘返于"姑娘"的火塘，甚至老年人对过往年轻岁月的无限回忆中也多是描述"行歌坐月"的自由与快活。

在诸多的描述中，不可缺少的更是诉说者对"行歌坐月"的"战友"和"对象"的无限追忆，描述他们当初是怎样地团结合作与默契，圆满地完成了一次又一次的行歌坐月活动。

行歌坐月的习俗，不只是男女建立婚姻的前奏，对于已婚的男女来说，他们同样也经常参加这种活动。已婚的女性只要还常住夫家便仍可参与行歌坐月，其丈夫无权干预。但青年小伙子们知情后，语言上便会很谨慎，少与其搭腔，只偶尔以讥讽之语打趣。常住夫家后，女性这种社交活动就宣告结束了。

男的更加自由，不受婚否约束，即便是已经有了几个孩子的父亲，四十多岁了，仍可涉足"月堂"。甚至有父子同堂闹姑娘的情况发生，去之前父亲会特意叮嘱儿子，"月堂"里双方以"哥弟"相称，这种情景也屡见不鲜。而姑娘对此也不忌讳，侗族姑娘呼之为"韶客"（即"人家的丈夫"，是一种男女互尊的称谓），与其戏谑，对唱情歌。

● 行歌坐月

在行歌坐月中，可以有很多的嬉笑打闹，但有一个原则：不允许发生性关系。

行歌坐月有着强烈的择偶目的性和娱乐性，吸引了大量青年人的踊跃参与，充分调动了他们融入集体生活的积极性。在传统上，这一习俗几乎成为坪坦侗族传统社会活动中，所有适婚的青年们都必须参加的人生洗礼。

不过，现在很多年轻人都不会唱侗歌了，而手机与网络的流行，也让感情交流变得更为便捷，行歌坐月的恋爱方式也许会慢慢消失。

在吴柳妮的父母那一辈，还盛行一种名为"种公地"的恋爱方式，侗族话叫"月地瓦"。甲房族的小伙子们和另外一个房族的姑娘们如果有意相爱，就事先商量好，在农历年的最后一个夜晚参加茶歌会。它由姑娘们组织，小伙子们带上糯米粑粑一起参加。同时来的，也有乙房族或者丙房族的小伙子。为了博得姑娘们的好感，甲房族的小伙子们要更加努力地唱歌、说话，并趁机向其传递信息——想共同结一场"公地"。

如果姑娘们表示同意了，甲房族的小伙子们就在正月初二的晚上选出几个代表，再次拜访这些姑娘们。这些青年男女同坐在火塘边上，一起嬉笑玩闹，直到凌晨。这时大家肚子都饿了，姑娘们就泡上油茶，吃过宵夜后，再将小伙子们送出大门，并告知他们，同意到甲房族种公地。

回去之后，甲房族的小伙子们就要开始忙活了。这一天，要摆上合拢宴，迎接姑娘们的到来。合拢宴的饭菜由小伙子们集体准备，而米酒则由姑娘们提供，但需要小伙子们前去挨家挨户领取。同意参加种公地的，就给两三斤酒，不同意的则可以拒绝。

吃过午饭，小伙子们一派盛装，在芦笙坪等待，到齐之后鸣鞭炮，吹芦笙，前往姑娘们的房族区域。姑娘们也早早就打扮好了，在某一户人家中集中，便于小伙子们迎接。小伙子们将姑娘们接过来之后，一起"多耶"、跳踩堂舞，到了傍晚，则分别拉着自己中意的姑娘到自己家里去做客。老人们给也许是未来儿媳妇的姑娘上茶，并向姑娘打听是否愿意成为自家的一员。虽然姑娘在小伙子家里做客，但都在芦笙坪上的合拢宴吃晚饭。寨子里的其他老人也可以参加，主要是给小伙子们的父母当参谋。

● 坪坦合拢宴

合拢宴之前，先由一位长者念诵《种公地请神词》，敬奉"桥头祖母""花林四萨""门楼土地"以及列祖列宗。祖先及神灵们享用之后，凡人才能动筷子。宴席上，年轻人一起敬酒并唱赞歌，赞美老人、青年人、酒、肉、鱼等。老人吃完，就早早离去，留下活动的主角们唱情歌。第二天，初定种公地活动结束，小伙子们吹着芦笙送姑娘们回到家中。

确定种公地之后，双方在离寨子不远的山坡上选一块地作为"公地"，并提供红薯、玉米、大豆等粮食作物的种子。其中，最常见的是大豆。到了播种的时节，小伙子们带着腌制的鱼、肉和糯米饭，这是在公地上的中午饭，姑娘们则带着作物种子和工具，一起到公地上。

大家一起愉快地劳作，休息的时候对唱情歌，交流感情。晚餐则是回到姑娘们的家中享用，当然，仍旧有唱情歌等活动。在农作物的管理过程中，施肥、除草、松土，种公地的活动还在持续，一直到收割完毕。收获完的这天晚上，小伙子带上腌鱼、腌肉等食物，到姑娘们家中举行晚宴，庆祝农作物的丰收，更庆祝这一年来通过共同劳动所收获的爱情。此后，双方的恋爱关系正式确定，只待结婚那一天的到来。

2. 婚姻

旧时，侗族的婚姻自由，是相对于汉族而言的。其实，在侗族传统中，同样有着自己的一套规则。比如，他们实行严格的民族内婚制，而且通婚的范围基本上都是本村寨或者其他相邻的村寨。正如侗族民谣所说的："外寨家有十等，不如寨内五拜为佳。""十等"就是"一百斤稻谷"，"五拜"则是"五十斤稻谷"。这是因为两家的婚姻若是结得太远，在交通不便的时代，很难经常来往。如果与其他民族通婚，在语言、生活习俗等方面，则差异很大，容易造成家庭不和，也不利于亲属关系的扩展。

虽然是族内通婚，但"同宗不婚"，即双方的父亲来源于同一个祖先，不能通婚。同宗不婚实质上就是氏族外婚制。另外，如果双方的母亲来源于同一个母亲，也不能通婚。姨表兄弟姐妹的母亲是亲姐妹，血缘相同，所以禁止通婚。

但是，如果一方的父亲与一方的母亲有血缘关系，则其通婚不受禁止，因而"姑舅表婚"极为风行，甚至被很多地方视为首要的婚姻原则。"姑家有女，定为舅媳"，姑姑家的女儿，首先考虑的结婚对象是舅舅家的儿子。除非舅舅家没有儿子，或者表示不要，才可以许配他人。宋代洪迈的《容斋随笔·四笔·渠阳蛮俗》记载："姑舅之婚，他人取之，必贿舅家，否则争，甚则仇杀。"清代仍是如此，《龙胜厅志》说，侗族"婚姻必姐妹之女，谓乏还头"。

如果确实难以结成姑舅亲，那么外甥女可以选择自己对象，但其丈夫必须给舅舅家一笔钱，称为"舅公礼""娘头钱""外甥钱"等。对于舅舅的姐妹，即外甥女的母亲来说，自己虽然没有继承氏族财产的权利，但将自己的女儿嫁回兄弟家去，则可以弥补这一损失；另外，对于母亲的娘家来说，女儿出嫁之后带走的作为嫁妆的财产，通过将外甥女嫁回来而又得到了补充。"姑舅表婚"的习俗，也在其他很多民族中流行，包括苗族、瑶族、藏族等，甚至部分汉族地区都有这种说法。

坪坦的婚姻习俗，一方面，有一部分受到了汉族的影响，比如，事先要看双方的八字；另一方面，又保留着很多的侗族特征，比如，他们的恋爱是自由的，但婚姻仍旧需要获得父母及家族成员的支持。在得到双方父母同意的基础之上，男方组织人手上女方家提亲求婚。

侗族对于媒人的背景要求很苛刻，必须是父母双全、已生男育女的亲友或族人。他或她带上一点糖果之类的礼物到女方家求亲，介绍男方家的情况和未来女婿的年龄、品德、性格等。若女方家同意，就收下礼物；若不同意，则婉言谢绝。还有一种情况，如果父母不答应，而两个人执意要在一起，男方家就会请媒人第二次到女方家说亲；女子则主动请支持她的族里人去跟父母做工作。女子当面接糖果交给父母，大部分父母只好依从。

以前，"姑舅表婚"盛行的年代，女方家接到男方家的说亲后，首先要征求舅舅家的意见，如果舅舅家同意外甥女外嫁，女方家长便会和男方家相互交换定亲物。

女方的父母认可未来女婿的人品之后，还要对男方的家庭做进一步的了解，所以要在姑嫂和婶婶的陪同下到男方家走一趟，因为她们有眼力和经验。这一过程称为"看屋"。

此行对男方而言极为关键，因为弄不好会竹篮打水一场空。所以，男方早早就得准备好，多方迎合，将家里扫得干干净净，并设宴款待。女方父母亲眼察看后，便与姑嫂和婶婶商量，达成一致的意见。如果女方满意，便入席吃饭，并接受男方的馈赠；如果不满意，则无论路程多远，滴水不喝即转身回家。

双方父母都首肯之后，就要推算男女双方的生辰八字是否相符。也有的人家采取占卜的方式来确定这桩婚姻是否合适。如果是吉卦，则允许他们结合；如果是凶卦，这一段恋爱也不一定就会告吹，但会受到很多阻挠。他们认为，婚姻是天定的,人如果执意要违背天意,会带来很多不幸。

亲事说定之后,男家就向女方交一定的定亲金。如果女方今后悔婚,便要如数退还;如男方另选对象,则此钱不退。不仅如此,男方还要准备一桌丰盛的酒菜,请媒人、家族长辈、兄弟、女方的家族成员和舅公一起聚餐,双方的家族成员、亲戚因此得以认识,这一过程称为"煮小篮子"。同时,在酒桌上,他们一起确定"煮大篮子"的时间。

"煮大篮子"又称为"讨八字",即"订婚"。男方准备一头猪(备八桌酒菜的肉)、一担酒、两斗米、一担"家媒酒菜"、一担开礼的肉和糖、鞭炮等,还要送去四至八件衣料,同时备有一份"鸾书","鸾书"上写有男方年庚。到了女方寨子开始放鞭炮,要让全寨的人都知道今天某家女孩订婚。这时,女方的家族老少、亲戚朋友,就在家门口放炮迎接。女方开始用男方带来的礼物操办酒席,拜祭并告知祖宗家里的女孩子要嫁出去了,希望得到保佑。男方家鸣放鞭炮之后,开始吃订婚酒席。

酒席过后,男方拿出外面描有鸾凤、里面可供书写的"鸾书"和笔墨放在桌子上,请女方的兄弟提笔,把女方的年庚写在"鸾书"的"坤"的位置上——男方的生辰八字早已经在"乾"的位置写好了。这一仪式称为"合八字",也叫"发八字"。女方的名字写好就表示乾坤已定。男方拜谢之后,用茶盘接过"鸾书"。女方则向男方回赠布匹、糯米粑粑等物。

● 侗家新娘

订婚后，姑娘就成为男方家未过门的儿媳妇。两家的父母可以相互称呼对方为"亲家"。男方回家之后，摆好酒席请亲戚族友前来庆贺。

定亲以后，男方拿着双方的年庚八字，请专人择定结婚日子。再由媒人拿着写有成亲日子时辰的"课单"和礼物，到女方家通知成亲的具体日期，同时把"花园酒钱"交给女方的父母，叫"报日子"。

当成亲吉日选定后，姑娘在出嫁前就开始"哭嫁"。一到晚上，寨子里的姑娘们就去陪伴哭嫁，互相用歌倾诉情怀。这既是一个仪式，但对于新娘来说，从此以后就要离开生养多年的父母，在一个尚不十分熟悉的家庭中生活，自然也确实是出于真情流露，所以她唱的内容饱含了对父母养育之恩的感激和与兄弟姐妹的离别之情。而对于她的玩伴们来说，姐妹们以后相处的时间就会大大减少，姐妹出嫁，既值得祝福也确实会带来思念，所以她们唱的多是对新娘的祝福和思念。

● 吴柳妮结婚时穿的服装

在婚前几天，男方的整个家族就开始上上下下忙碌了。他们要为新娘的到来做好充分准备，包括新房布置、婚礼仪式及酒席安排等。结婚不仅仅是两个人的事情，甚至也不仅仅是两个家庭的事情，它可能与很多家族都有关系。新郎在这几天，既紧张又兴奋，这是他人生中十分重要的一件事情。结婚的当天，新郎家要派出十多人的迎亲队伍到新娘家接亲，称为"官亲郎"，但新郎并不前往。

待迎亲对伍到达时，女方便将大门关上，以唱歌的形式向"官亲郎"提出问题。按照规则，"官亲郎"对答不出的话就不能从大门进去，但迎亲人员中通常都有熟练的歌手，他们能轻易地以歌声作答。

因此，这一过程只是一个象征性的仪式。进到新娘家后，接亲的队伍便可以享受丰盛的酒肉款待。当晚，举行歌会。一唱一和，对答如流，歌声不断，直至通宵达旦。新娘这边的人可以嬉戏"官亲郎"，如用锅底灰拌水抹"官亲郎"的脸等，目的在于试探其机敏和歌才。新娘选择在卯时即早上五点到七点之间出门。她穿着"露水衣"，顶着布伞，由兄弟背着迈过大门槛。新娘是队伍的焦点，一路上吹吹打打，在人群的簇拥下去往新郎家里。送亲的队伍称为"皇客"。

当新娘的队伍行至新郎家门前时，包括新郎在内，男方全家都要回避，叫"躲喜"。当地人认为，新人过门时喜气太盛，如果两个人过早见面，会冲淡喜气，对新人今后的生活不利；而新人如果与公婆过早见面，则以后两辈人之间会经常发生口角。

所以，迎亲队伍来到新郎大门前时，由接亲婆接待。她先迎上前去将伞收起来，把新娘的队伍迎进中堂或火铺上，打出一盆掺有甜酒汁的热水给新娘沈脸，换上男方为新娘备好的新装。待皇客吃完油茶后，接亲婆请新娘和女皇客进洞房挂帐子，并取出新娘家送的被子铺床，还要祝福新人"天长地久，早生贵子"。之后，新郎一家才能与新娘相见。

当晚，大摆宴席款待宾客，酒歌唱到天明。一般要设宴三天，第一天为"迎亲下马酒"，第二天为"家族迎亲酒"，第三天为"皇客上马酒"。这三天酒宴期间，新郎新娘都不能同房。新娘由女皇客相陪，或者由婆婆陪着睡。吃完三天的婚宴，新郎就陪同新娘回娘家，称"转脚"。新娘在娘家住一宿，第二天回到婆家，炖一个猪肚子共餐，叫"合肚"，象征全家和睦团结。此时，新婚夫妻方可入洞房。

结婚后，新娘大部分时间里都住在娘家而不是婆家，称之为"不落夫家"。民国时期的《三江县志》记载："女私奔三日后，男方家遣人报知女家父母，女家始知其女之所适。此后来往不时，仍是以住外家为多，须待养畜，始长在夫家。"在这期间，新娘的个人生活还是自由的，她可以参加男女之间的社交活动，如行歌坐月。这不仅不会受到任何责难，反而得到了社会舆论的认可。

遇有农忙、节日或重要事情时，丈夫就会过来将她接回婆家住上一阵，顺便帮忙做事。但是事情一过，她仍旧需要回到娘家。直到怀孕生子后，新娘才可以正式入住夫家。不落夫家的时间长短不一，或是几个月，或是几年，有"三年上，五年下"的说法。

3. 生育

对于新婚的女人来说，怀孕是一件值得庆祝的事情。如果是在娘家被查出，则要第一时间通知婆家；如果是在婆家被查出，则要第一时间通知娘家。之后，让其他亲属也分享这一喜讯。此后，媳妇不需要再长时间地住在娘家了，而是回到丈夫家中，等待新生儿的降生。这既是对孕妇的爱护和关心，也是对新生儿的期待。往长远看，怀孕还关系到家庭、家族的兴衰。所以家中有过生育经验的长辈或者其他姐妹，都会告知孕妇，如何才能保重身体、保护胎儿以及顺利生产。孩子的外婆和奶奶也开始准备甜酒，等到婴儿出生的那一天用来招待客人。

为了保证胎儿的正常发育和出生，当地人对于孕妇产生了很多禁忌。比如，不能放生竹子进家，别人也不能拉着生竹子从门前过；不能装修房子，修修补补更不可以；不可以打灶、打钉、修板凳等。一位老婆婆告诉我，这些行为很可能会导致孕妇流产。如果有人当着这个家或者孕妇的面做这些事情，不管是否导致孕妇流产，都是对这个家庭的大不敬，可能会引发邻里矛盾。与此同时，孕妇也有一些行为要注意，比如上文中说的，在祭萨的时候要尽量避开。尽管在受过现代科学教育的我们看来，未免有些可笑，但这些现象在当地老人眼中十分平常。

此外，火塘里的灰要等孩子生下来之后才能动，起新灶也不行。在侗家人眼里，火塘是一处神圣的地方，祖先和送子神"四萨花林"都在火塘享受香火和祭拜。祭拜祖宗，胎儿和孕妇都可以获得祖宗的保佑。如果孕妇出现身体不适，就要拜祖宗，严重的话则要去拜土地庙和飞山宫。

以前孕妇生孩子都是在家中进行。家中有经验的妇人大概知道孕妇什么时候即将分娩了，于是提前做好准备，守在孕妇身边。负责接生的是上了年纪的有经验的妇女，或者由家婆来承担，或者请接生婆。在婴儿顺利出生以前，一般不让外人知晓。老人说，如果被外人知道，生产会延迟一个小时。如果这时有外人进屋，生产也会延迟，增加产妇的痛苦。就是出外做活的男人也不能进屋。孕妇生产的时候禁止外人入内。

由于当地浓厚的鬼魂观念，人们认为，越多人知道就有可能引来孤魂野鬼。婴儿呱呱坠地后，要用煮好的老姜、柚子叶水来洗，洗好后用黄连染的黄布包着。有的则在婴儿出生前将大人穿过的旧衣服改成小衣服给小孩穿。

主家会主动邀请性格开朗、身体健康并且在家族和村寨中比较有威望的人第一个进入家中，这就是"踩生"。当地人认为，新生儿或多或少会受到踩生的人的影响，尤其是在性格、成就方面，会与踩生的人相似。

对于坪坦人来说，无论生的是儿子还是女儿，都一样看待。虽然坪坦村中也有"生儿生女都一样"之类的标语，却并不说明他们重男轻女。尤其是第一胎，无论生男生女，家里人都非常高兴。如果生的是男孩，婆家就会派人带上猪头、鸡、酒等到飞山宫和土地庙去祭拜，告祭神灵，以取得神灵的保佑。若生的是女孩，则是去萨坛祭拜。

生下孩子的第一天，由孩子的爷爷奶奶操办酒饭，邀请本房族的奶奶伯母婶婶、嫁出去的女儿以及舅妈等所有相关的妇女，欢聚一堂，庆祝本房族增加新成员。家中准备一只没有黑色杂毛的红色公鸡，先去掉羽毛，剪掉爪子，掏出内脏，再煮熟摆上桌子，烧一炷香敬奉先祖，然后将鸡肉给孩子的母亲吃，称之为"下床鸡"。刚刚从公鸡身上剪下来的鸡爪和内脏，则煮汤待客，表示大家一起分享新生儿降生的喜悦。因为以鸡爪的象征意义最大，所以这一仪式被形象地称为"吃脚爪"，但它并不是说大家只吃鸡爪。

吃脚爪的酒席主要在中午举行，客人多的时候可以达十桌，都是妇女。孩子的外婆家族的妇女，被当成最尊贵的客人招待。男性参加的酒席在晚上，主要是孩子的外公和其他男性，陪客的则是孩子的爷爷及其他叔叔伯伯，规模也要小很多，只有两三桌。

按照规矩，新生儿降生的第三天，要办"三朝酒"。但有的时候，第三天并非他们认可的吉日，可能会推到第六天或者第九天举行，但习惯上仍然称之为"三朝酒"。三朝酒要举行两个主要的仪式。第一是请侗族的巫师祭祀"桥头婆"。"桥头婆"来自侗族传说。侗族先民认为，每个人来到阳间，都要由"四萨花林"带着走过一座桥。桥头婆就是四萨花林。祭祀的供品有鸡蛋、猪头、酒、茶水、黄豆、糍粑等。新生儿的衣服、剪裁背篼的布料等也都放在供桌上。

第二，在祭祀的时候，婴儿会正式得到他的名字。外公外婆、爷爷奶奶、父母等为婴儿取几个名字备用，请来师傅卜卦。师傅将两个竹刀抛起，如果两面向上，就说明鬼神、祖先同意用这个名字。当地人认为，如果婴儿喜欢这个名字，他就不哭闹了。

祭祀仪式过后，三朝酒就可以开席了。三朝酒的客人包括整个家族成员以及亲属，男女老少都要参加。宾客们带来的贺礼包括鸡、鸡蛋、酒、孩子的新衣服等。如果孩子的母亲有姐妹，这些姐妹就会每人送她一根自己制作的绣花带。孩子外婆的家族，每户人家要送一竹篮糯米粑粑。三朝酒的规模比第一天中午的酒席要大很多，家族大的人家可能超过四十桌，而且中午、晚上都要吃。

生下孩子的一个月之内，母亲不能出门，称为"坐月子"。这是中国人普遍信奉的一个仪式。他们认为，这一个月内，母亲不能洗头洗澡，不能打开门窗，尤其注意不能吃凉的食物。如果月子没有坐好，会让母亲以后落下很多病根，称为"月子病"。满月之后，选一个吉日，孩子就可以到外婆家去吃饭，称为"满月饭"。去的时候，孩子由房族中的中年妇女背着走在前面，孩子的母亲则跟在后面。这位选出来的妇女要求身体健康，儿女双全。孩子的外婆家早早准备好腌鱼腌肉，盛情款待客人。外婆家的宗族妇女都要参与接待，而且每户人家都要邀请客人到家里来喝油茶。整个活动持续一天，吃完晚饭客人才返回。

婴儿出生一个月后，家人就给他剃胎毛。在侗家，一般由爷爷奶奶来剃，或者请一个技艺很高的理发师。在具盘村，剃胎毛还有一个仪式。出生一个月的婴儿是很娇嫩的，所以剃头要特别小心。在剃头前，把葫芦瓢盖在婴儿的头上，剃头的人深呼吸，用剃刀在葫芦瓢上刮三下，然后再给婴儿剃头。侗族人认为这样就能剃得很顺利，不会伤着婴儿。

一般是在婴儿睡着的时候剃头，第一次剃头婴儿不哭，下一次就不会吵闹了。剃下的胎毛不能乱丢，要用布包起来，放在屋檐的瓦片下，或者放在一个不会被人踩到的地方。因为人们认为，如果胎毛被人踩到，婴儿就会头痛、生病。

满周岁的时候，有的人家会去河里捞几条鱼煮汤给小孩子喝。他们认为，喝了鱼汤的小孩子，行动就会像鱼一样迅速。另一些人家则会去山上抓一只会叫的小鸟给孩子炖汤，认为喝了鸟汤的小孩子，会变得伶牙俐齿。

4. 家庭

坪坦的家庭规模都比较小，人口不多。一个独立的家庭，其成员一般为五六口人。普通人家都生两个孩子，但是现在也有的夫妇只生一个孩子，并不是响应计划生育的号召，而是因为经济原因。吴柳妮介绍说："我们侗族原来是不管男女，每对夫妻至少都要生两个，现在养不起，我就生一个。"她只有一个儿子，已经四十多岁了，也没有再生一个的打算。

子女成婚并生儿育女之后，便与父母兄弟姐妹分居，另外建立家庭。有的人家只有一个儿子，所以即使成了家也需要与父母住在一块。如果他生了孩子，就会出现祖父母、父母、儿女三代同堂的情况。另外，有的父母会和最小的儿子生活在一起，也会三代同堂。一般没有曾祖父母、祖父母、父母、子女四代同堂的情况。

　　一个家庭中，长一辈的男子地位最高，是一家之长。其对内负责组织和安排全家的生产、生活及处理日常事务，对外则代表全家向社会负责。长一辈的妇女是一户的"内当家"，负责操持家务。长子与父母兄弟姐妹分居后，便成为一家之长，独立掌管全家经济及处理日常事务。但遇到天灾人祸、婚丧喜庆、起房盖屋，家庭成员之间仍有互相帮助的义务。如果双亲早亡，长兄对弟妹还有抚养的责任，直至弟妹成家为止。

　　家庭分工，基本上是"男耕女织"。耕田犁地、割草喂牛、伐木砍柴等重体力劳动，主要由男子承担。女子则纺纱织布，经营园地，从事家务劳动，只有农忙时节，才参加插秧、收割。也有个别家庭，妇女既负担家务劳动，又从事农业生产，砍柴、割草，无一不做。男子倒反而在家看管小孩，很少参加农业生产。家庭财产，一般由儿子继承。儿子较多的，则请房族长者和舅父做中正人，抓阄平分。

　　现代婚姻法在侗族地区实行之前，坪坦一带的婚姻关系是比较宽松。经历过行歌坐月，结合容易，离散也不难。夫妻均可提出离婚要求。离婚程序简单，只需一方提出要求，亲口或委托亲友通知对方及其父母，即可终止其婚姻关系，告诉对方另娶或者另嫁。离婚的原因，往往都是感情不和，所以对方也绝不勉强或纠缠。

　　离异的方式多种多样，如砸坛离异，双方面对萨堂或土地庙，砸碎坛子或陶碟一个，表示今后同碎片一样互不相干。也有的是由先提出离婚的一方相约一起上山砍伐竹筒一节，用刀劈成两半，各执半边竹筒而去。夫妻提出离婚，一般都先由寨老和亲族劝导，如果无效，才办理离婚手续。

　　离婚时，通常由先提出离婚者承担一切经济责任。赔偿订婚或结婚所花的费用和彩礼，有原物的退回原物，无原物的则折价退还，至于在结婚过程中所付出的代价，则概不退还。子女抚养由双方协商，留在男家或随母回娘家。受母权制遗风影响，在侗族的情歌中，离婚往往被称为"忘夫"，意思就是离弃丈夫。

　　也有特殊情况导致两个人走不到终老。比如，配偶一方死亡，则双方婚姻关系自然解除。而活着的一方，可以继续下一段婚姻生活。鳏夫可以续弦。当地人认为丧偶之夫再婚，理所当然，可以娶妻之姐妹，也可娶外姓人为妻。寡妇可以再嫁。生有子女的寡妇，再嫁时有所限制。如果丈夫亡故，只要生了子女，尤其是生了男孩之后，妻子一般都要终身守寡。

收继婚同样也需要取得婚姻双方的同意，大多要在前妻或前夫去世一两年后方可。一般而言，年过四十岁的男人或者妇女，因为他或她的孩子都已长大成人，甚至已经有了孙辈，再续弦或再嫁，会招致村里其他人的笑话，不被社会所欢迎，所以再婚的较少。

少数家庭中由于没有青壮年劳动力，出于繁重的农业生产劳动的需要，一般要留一个女儿在家"招婿上门"。吴柳妮是家中最小的女儿，几个姐姐出嫁之后，父亲的年龄也大了。而吴柳妮也乐于留在父亲身边，所以就招了一个夫婿，为父母养老送终。

招婿的婚姻缔结程序，与一般的婚姻缔结过程大致相同，不同之处在于，接亲时只从女方家接走新娘而不用带任何嫁妆。婚礼过后第三天，新娘新郎在媒人及伴娘伴郎的陪同下一起到女方家，从此就定居下来，自然也不存在不落夫家的习俗。而且所生子女一般从母姓，吴柳妮的儿子就随自己姓吴。

● 高坪鼓楼中的老太太

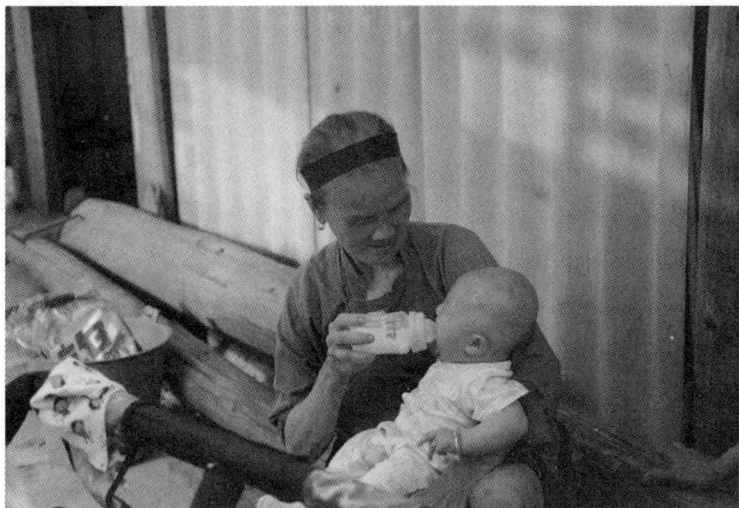

● 抱孙子的奶奶

第 13 章

生 死

1. 死亡观

在一个崇尚万物有灵的民族看来，死亡并不那么可怕。因为死亡只不过是肉体的消失，而灵魂仍旧存世，并可以在特定的时候与尚在人世的亲属进行交流。

在侗族传说中，阴间与阳间的交界处有一条河，因河水一半清一半浊而名阴阳河。河的阳岸有阳间的村子，亲人死后，人可以在阴阳河的阳岸与亲人的鬼魂相见。阴阳河上有座桥，世人在出生及去世之时都要经过此桥，灵魂转世之时也要经过此桥。这就使桥在侗族人的思想观念中成为生死转换的媒介，具有十分重要的作用。

侗族先民认为，一个人出生之后，其生命、健康状况就与桥紧密联系在一起。而人之所以生病，是因为其灵魂暂时离体，需要通过桥将其灵魂接引回来。因此，每个人都有一座属于自己的桥。每年的大年初一，侗族人都要祭祀自己的桥，代表祭祀自己转世的灵魂。因此，修风雨桥也是为了其灵魂转世之便。

所以，吴柳妮告诉我说，村里的人去世之后，灵魂可以通过普济桥通往阴间。桥是连接两岸的工具，既然此岸的人可以过去，那么彼岸的灵魂也就可以过来。坪坦人相信，家中亡灵的"灵魂"仍然可以同活人保持原来的关系，亡灵可以对其后代在人世间的生活、生产产生有利或有害的影响，亡灵的处境直接关系到后代的祸福、贫富和兴衰。

三江侗族著名的琵琶歌《阴阳歌》，可以较为形象地体现出侗族人的生死观。《阴阳歌》的故事在当地民间广为流传，20世纪80年代由三江侗族自治县老歌师吴贵元根据本县梁同云歌师的演唱搜集记录而来，由吴浩译成汉文。不过直到1987年，被收录三江侗族自治县古籍整理办公室编印的《侗族琵琶歌》一书，《阴阳歌》才首次见诸公开文字。

在这首琵琶歌中，阴间被称为"高胜牙安"。这是死者的灵魂所居住的村寨，离人间世界遥远又似乎不遥远。人沿着茅草路，翻山越岭就可以走过去。"高胜牙安"附近有人居住，也有街道、旅店、货店。鬼又常来人的村子买东西，人鬼可以对话。那里有黄泉井。鬼会来黄泉井挑水。这些鬼都不是恶鬼，他们有常人一样的形貌，在"高胜牙安"像常人一样生活着。"高胜牙安"有半清半浊的阴阳河。河隔开了阴间和阳间，阴间那边终年烟雾重重。

《阴阳歌》不是一个单独的故事，而是由几个故事组成的。

第一个故事与江西人马冒有关。马冒是个单身汉，因打单身而诅咒阎王，到阴间去找阎王论理。阎王让他自己翻簿子看，马冒才知自己认领过"一世单身干净"的命运。阎王看到马冒有才能，就让他处理曹操和孔明之间的一场历时五百年之久的纠纷，并让马冒下次投胎做宰相。

第二个故事是通道播阳人龙银与团妹的故事。团妹与表哥订了婚，但是她爱上了龙银。于是，几经努力，团妹向表哥退了婚。团妹与龙银成亲后，生有一男一女。突然有一天，团妹离开丈夫，丢下儿女，去了"高胜牙安"。痴情的龙银苦苦寻找妻子，来到"高胜牙安"附近的村街，诉说于投宿的店家。店家陪他去黄泉井等团妹。团妹来挑水的时候，龙银拖着她的手臂叫她回家。团妹说："哥哥，我再也回不去了。下次投胎，我们也不用再相爱。"并告诉龙银将有钱氏女与他婚配。龙银不依，紧紧抓住团妹的手臂。鸡快叫时，团妹递给龙银一束丝线，让龙银回家给儿女缝衣裳。龙银双手去接，团妹脱手而去，留下的是团妹的一缕青发。

第三个是通道芙蓉人潘新绍的故事。潘新绍有五女一儿，儿子潘愿保十八岁时染病死亡。潘新绍失子悲伤，去了"高胜牙安"，在阴阳河边的平洲见到了愿保。愿保却劝父亲和五个姐姐不要太悲伤，说自己阳间年限已满，是不能回家的。新绍只好回到家中，后来娶妾生子。

第四个是杨楼银的故事。打单身的杨楼银不知道自己是认领了一世单身的命运，怪罪阎王害他，并扬言要杀阎王。阎王说他命中注定，是胡乱告状，把他的魂魄关进地牢的第三层囚笼。杨楼银回家生了一年的病，最终死去。

第五个是桐木村陆宗良的故事。陆宗良上山砍树，被斧子伤了脚，血流不止，之后死去。但是，他的灵魂到了"高胜牙安"的时候，却被阎王告知他有七十二岁的寿命，不该来黄泉乱跑。于是陆宗良只好回到阳间，并娶了妻子，后来还生了四个儿子，度过了完满的一生。

第六个是龙图贯洞宗唐的故事。宗唐的儿子相条十八岁时病死，临终前告诉父亲说："阎王批我年满十八岁回阴间。"宗唐跋山涉水去"高胜牙安"，寻找自己的儿子。走了一个月，来到"高胜牙安"附近的村头店铺住下。店主让宗唐藏在木桶里。黄昏时分，相条到店铺里买货，被告知说："你父亲来找你。"相条听到父亲来寻找自己的消息，一点都没有高兴的样子，反而说："我父亲该杀，我只有十八岁阳寿，父亲偏偏把我脚套锁颈套链，让我不得回阴间。"宗唐在木桶里听到儿子的话之后十分难过，却也无可奈何，只得回家。他告诉乡亲们，今后谁碰到这样的事都要平淡看待。

这几个故事中，人们对于亲人的死亡都没有过多的悲伤。命运仿佛是天生注定的，该有什么就会有什么。而且，一些人并不留恋人世的生活。如团妹，她离开人世，并不是因为在人世过得不好。她有一个爱她的丈夫，还有一对儿女，却没有任何理由就去了"高胜牙安"。在银龙来找她的时候，她想尽办法也不回去，并且指出即使是来世也不再相爱。潘愿保和相条也是如此，他们都在十八岁的时候死去，留下悲伤的父亲。他们俩的父亲去"高胜牙安"找到了他们，他们却都拒绝返回阳间。宗唐从此以后告诉乡亲们说："今后谁碰到这样的事也不要太悲伤。"

　　"灵魂不灭""转世轮回"也是侗族社会的主要生死观念。转世在佛教教义中是指一个人的灵魂在肉体消亡后仍保持不灭的状态，还可以依托新的生命达到灵魂转世与再生。侗族人的生死观念亦是如此，他们认为每个人甚至是自然界的万事万物皆有灵魂。人死后，只是人的躯体离开阳间，而灵魂不死，只是进入了"高胜牙安"去生活。"高胜牙安"是侗族民间传说故事中的天堂，是侗族人心中理想的极乐世界。"高胜牙安"风景如画，一年四季歌声不断，没有贫富差距，人们皆友好相处，无忧无虑。这种死亡观念在一定程度上消除了人们对死亡的恐惧，起到了安抚心灵的作用。也正是因为如此，所以《阴阳歌》中的团妹、愿保、相条都不愿意再回到阳间。

　　跟其他侗族同胞一样，坪坦人也认为亡者灵魂可以通过投胎转世，重返人间。他们相信人有"三魂"或"七魄"。人死后，其三个灵魂就离开肉体，分别守坟、守家和投胎；或七个灵魂中，一个守坟，六个投胎还阳。其中，守坟和守家的灵魂能得到后代的尊崇，得以享用人间香火。而投胎的灵魂则表现出侗族人对亡人的怀念。但非正常情况下死亡的亡者灵魂不可能守坟、守家，会被视为恶鬼，祸害人间，是人们禳除的对象。因此，这类亡者不能葬于祖坟，并须远离村寨，停棺待葬几年之后，成为"正常"死者再行入葬，否则不能投胎转世和认祖归宗。因此，在他们的生死观念里，人死亡之后可以转世，转世就意味着死亡并非生命的结束，而是新生的开始。这种死亡观念使侗族人在面对死亡时，并不完全充满恐惧，反而能够坦然相对。因为转生即将到来，来生充满愿望和寄托。

　　坪坦人的这种转世观念对侗族社会的葬礼仪式及祭祀仪式产生了重要影响。他们为了趋利避害，对正常死亡的成年人，葬礼庄重繁缛，需经历一系列礼仪程序，依其生前的生活模式，尽量为之满足，并请道士超度，安抚亡灵。侗族人时常对已故亡灵进行祭拜，祈求保佑家人的平安、家族的兴旺；也会为了避免恶鬼的危害进行供祭，祈求其勿再加害于人。在坪坦，每一个家庭的堂屋的后壁正中，都设有神龛，敬供祖先。逢年过节时，神龛前香火不断。

因此，坪坦人在对待亡人的灵魂上，既表现出怀念亲人、希望灵魂能够早日投胎转世的一面，又表现出畏惧的一面。这种死亡观念不仅是侗族人祖先崇拜和鬼神崇拜形成的内在思想核心，也是坪坦葬礼仪式、祭祀仪式形成及开展的基础。同时，这种死亡观念也对坪坦的社会生产实践活动及日常行为观念产生了深刻的影响。

此外，坪坦人对待死亡和灵魂的观念还直接促成了当地社会积善修德习俗的盛行。他们相信因果报应，人们所行善恶之事皆会在来世得到相应的报应。他们认为在阴间存在一个"花林山庄"，阴魂都聚集在那里。山庄内有一个花林大殿，大殿内有个南堂，掌管灵魂转世裁决之事的花林四婆就住在其中，花林四婆会根据人在世的表现及所修功德决定其投胎转世的去向。

灵魂的转世投胎可分为三种：前世、现世皆为人；前世为动物，现世为人；前世为人，现世为动物。因此，民间流传着"积善德，转世为人胎；行邪恶，转世为动物"的说法。这种思想影响着他们在现世生活中的行为，使其在日常生活中尽量近善远恶、行善积德。这也使得他们普遍热心公益，如乐捐、建桥、修路。村中的鼓楼、风雨桥等常年有人照看，附近居民轮流日夜生火、烧水泡茶，为行人提供方便，这都是他们追求积善德的表现。

这些在灵魂不灭生死观影响下产生的转世传说，引导着侗族人民为了有"较好的来世"而在今世"诸恶莫做，诸善奉行"，在侗族地区起着"劝善惩恶"的作用，使侗族社会形成了良好的社会公德。而且，侗族人也并不因为相信灵魂不灭而忽视现实生活。即使是在井边舀水的木瓢上，都刻着"长命富贵"的文字。

侗族人的死亡观念是侗族人对生命及自然界的认知及思考，既有顺天命、顺自然的客观认识，也有极力改变命运的主观愿望，这种愿望包含侗族人对安宁生活的向往和憧憬。侗族人将这种愿望寄托于灵魂不灭及生命的转世轮回，希望经过现世的善恶积累，通过因果报应作用于来世，使自己的灵魂获得理想的来世。

这种死亡观念在侗族社会具有独特的社会教化功能，使得侗族人在日常生活中，因对来世抱有的希冀，而在现世普遍积累善行，促成了侗族地区良好道德风尚的形成。

● 刻有"长命富贵"的木质水瓢

2. 丧葬

在坪坦，在寿终正寝的情况下正常死亡的成年亡者，实行土葬，并葬入祖坟，土葬墓址的选择极为讲究。

坪坦村的墓地，集中在村寨东北角的山上。每一座坟墓都有一块墓碑，每年清明祭祀时留下的纸幡，经过长期的日晒雨淋都褪去了最初的颜色而全部变成了白色，挂在竹竿上，远远望去，在青山之间像一面面白色的旗帜在风中招展。

坪坦的丧葬跟其他侗族的丧葬方式相差不大，其葬礼规模一般根据死者的死亡原因及年龄大小来决定。亡者寿龄越高，葬礼越隆重。

其中，正常死亡的亡者葬礼都需经历繁缛的礼仪程序，这些礼仪又根据侗族分布区域的不同呈现出一定的差异，但"灵魂不灭""转世轮回"的生死观念贯穿侗族各地区丧葬仪式的始终，使其在主要程序上趋于一致。

在老人生命垂危之时，家中子女要将其抬至火铺之上，日夜守候，听其遗嘱，看其断气，俗称"接气"或"送终"。老人逝世之后，其子女需焚烧纸钱、放铁炮或纸炮，意为送死者灵魂到侗族传说中的"高胜牙安"。

一家人随后将死者去世的消息通知邻里寨人，若死者为女性还需去死者娘

● 坪坦村的祖坟

舅家报丧。南部侗族地区在死者逝世之后还不能立刻痛哭，需立即用一个空器皿烧香化纸，作为死者去"高胜牙安"路上的盘缠。另需请一位地理先生测算亡者的生卒时辰是否相克，化克之后，家人方能痛哭。

老人落气之后要清理遗体更衣，谓之"沐浴"。由死者亲人到井边或河溪边焚烧纸钱汲水，且在舀水之时要顺着水流的方向舀，然后将水挑至家中烧热，请同姓老人清理遗体。部分南部侗族地区还要请一位与死者同辈的老人到井边烧纸钱"买水"，给死者煮"清明茶"喝。

清理遗体完毕后，要给逝者穿上寿衣。寿衣的件数也有讲究，一般为单数，三、五、七件不等，有衬衣、棉衣和外衣、青布裤、白布袜、青布鞋。寿衣均无纽扣，内青外白。更衣之后，要放些碎银或米粒、茶叶入死者口中，称为"含口银"或"口含"。"口含"之物不能放多或在入棺时取出，意在让死者在"阴间"得到安宁，并使其子孙言行稳重，不惹是生非。

沐浴穿戴后的遗体被抬至灵床之上，称之为上"薨床"。灵床一般由两把长凳和一块门板制成，上铺一张垫单，将逝者按头朝神龛、脚朝大门的方法抬移并安置于灵床之上。然后将逝者以纸钱盖面，白布遮身，或加盖床单或被面。脚前还要置香案，上摆灵位及祭祀物品。灵床下点一盏油灯，称为"地府灯"，其间香纸不断，彻夜通明。灵床上还放一把旧伞、一双草鞋、一袋米、一根拐杖，作为亡者的行装。这时，子女需守孝于灵床之前，并等待逝者（女性）娘家人到来。同时还要派人四处报丧，请巫师超度亡灵。

逝者娘家人到来之后，舅家要对死者尸体、穿戴等进行检查，确保其为正常死亡、穿戴符合传统礼仪。如有不满之处可要求补救，直至满意为止。在整个葬礼中，舅家具有重要的决定作用，葬礼规模也由舅家决定。

一个人去世，村里其他没有血缘关系的人家也都要派出代表前去吊孝，随礼10块或者20块都可以。我在坪坦考察的时候，正好一户人家的老人去世。他家在坪坦古侗寨的东北角，隔着一片稻田。一大清早，村寨中的腰鼓队就在鼓楼前面集合，都是些上了年纪的老太太。她们身穿自己染织的侗族传统服饰，挽着发髻，包着头帕，腰挎着红色的腰鼓。有的老太太手中提着竹篮，篮子里放着一个瓠瓜，瓠瓜中则放着糯米饭。人到齐了之后，就一路敲鼓一路向死者的家中走去。但是，她们并不进门，而是排队站在门口两边的路口。有宾客前来吊孝的时候，就敲一阵鼓。

楼下有一个男人头戴孝帕，正在路边焚烧纸钱。门口有一个人，则负责写礼单。礼单是一张白色的纸，写字的工具是毛笔和墨汁。宾客到了楼下，将随礼递上，并报上名字。负责人将其名字和随礼记载下来。另一位男性负责接待上楼前往灵堂宾客，并分发一块白色的长孝布，可以挽在胳膊上，也可以戴在头上。堂屋当头，有两个乐手正在吹唢呐。这是花钱请过来的。吹唢呐的调子都是固定的，由唢呐手自己决定什么时候吹奏什么曲子。堂屋中间摆着很多圆桌，等待宾客入席。

在大堂中忙碌的基本上都是女性，泡茶、摆桌子、分发碗筷等。灵堂即火塘，死者躺在中间，其子女亲属则跪在一旁，不时有哭声传出。有的是发自内心的悲伤，有的则只是在巫师的要求下完成一个仪式。子女亲属负责守灵即可，其他的事务活动都交给房族来处理。这些场景，在中国的其他地方也可以看到。尽管我们非常谨慎，但死者的女儿还是出来告诉我们，丧事跟喜事不同，喜事可以随便拍照，越热闹越好，而丧事不能拍照，但欢迎外人前来悼念。

针对客死他乡的亡者，还有招魂的仪式。一般由巫师率孝子端着灵牌，抱着雄鸡，带着刀头肉、斋粑、豆腐到村头村尾朝死者死亡的方向念经、打卦，迎接亡灵，返回时还要沿路烧香、点蜡、点香，放炮相迎。端灵牌的孝子在往返途中都有人打伞护送。"超度"则是凡有子女的成年死者都要经历的仪式，也是一种传统宗教活动。一般包括"开路"、"印七"、"踩灯"（限女性）、"拜忏"。超度

● 丧礼中的乐手

● 吊丧的客人

时所念经文一般包括《消灾经》《二十四孝经》《天地咒》《雷霆咒》等。

坪坦人普遍信仰"灵魂不灭""生死轮回"。为了亡者的灵魂能够顺利投胎转世，安葬需择吉日。因此，有因死者的生卒年、月、日相克，就要停棺待葬的风俗。停棺待葬一般在死者入棺之后，将其棺木移至寨外或偏僻之处，架于木凳之上并以杉树皮、草帘遮盖，待村寨中同辈人死后再择吉日下葬。还有部分地区会将棺木先埋入土中"浅葬"，或用竹竿插入棺木底部表示尚未落土，待来年吉日之时再落土。

直到今天，坪坦人还是非常讲究入土下葬的日子。

3. 祭祀

亲人死去之后，他与生者的关系并没有断绝。这种关系通过祭祀活动来维持。祭祀活动的形成有赖于当地死亡观念引导下产生的祖先崇拜。他们崇信祖先的灵魂不灭，还可轮回转世，并能以积极或消极的方式影响子孙后代，因此要经常对其祭拜，以求趋利避害，具有祈福禳灾的目的。侗族的祖先崇拜包括远祖崇拜(即"萨"崇拜)、宗祖崇拜、家祖崇拜。当地对祖先的祭祀活动也围绕远祖、宗祖、家祖进行，主要表现为祭"萨"活动和对宗祖、家祖的祭祀活动。

宗祖祭祀指同一宗族的人对其宗祖的祭祀，多以集体方式进行。侗寨往往由一个或几个姓氏的家族聚居形成，每个家族都有一个自己祭拜的祖先。因侗族人的宗族意识强烈，所以每个家族都建有自己的宗祠，作为祭祀自家宗祖的场所。坪坦宗祖祭祀活动主要包括各姓氏的祖先节祭祀、清明节"挂众亲"活动。

祖先节也是姓氏节，是侗族多数地区专门的宗祖祭祀日。宗祖祭祀日一般为祖宗忌日或由宗族合议而来，选取一年中的一天或几天，将其固定为宗族一年一度的祖先节。不同家族的祭祖活动有所差异，但礼仪程序大体相似。一般在祖先节当天，整个房族的成员会聚集在祠堂，通过烧香化纸、讲述家族历史、共同聚餐的方式祭拜祖先，并以此教育后辈族人勿忘本根、团结一致。部分地方还会举行斗牛或演侗戏等娱乐活动。

这种宗祖祭祀活动除了每年定期举行外，部分侗族地区还会每隔几年举行一次大祭。每个宗祖除各户逢年过节、兴办喜事祭祀外，每隔三五年还要联族到祠堂、墓地进行大祭。不过，坪坦没有祠堂，他们的祭祖活动基本上都在家中举行。

清明节是宗祖祭祀和家祖祭祀的重要活动。《三江县志》中载："清明会之组织，各由族人酬金置产，或以基金放贷，取其租息，以供蒸党之需。至扫墓时，分大小族，先后宰猪羊，至其各级之祖墓祭之。依其族系男女咸集，祭后聚餐。有约亲友参加者，形式颇隆重。大族之子孙，率集数百至千人，无居远近，有作客他乡，届时亦遄返者。邑之侯姓，每岁祭扫其双石顶之始祖以下三百塚时，集者千数百人，其一班也。同此习者为僮人，次侗族人。"这条记录明确地说明了包括坪坦在内的三江地区侗族清明祭祖的组织情况、礼仪形式、祭品等具体信息。这种传统的清明祭祀风俗今天仍在坪坦流行，但其形式逐渐趋于简化，规模有所缩小。

清明祭祀活动一般以家庭为单位或由同宗祖的房族组织各家集体进行。当天，全体成员会携带酒食、甜藤粑、水果等祭品去墓地上坟、祭祀。其上坟方式与汉族相似，先将坟墓周围的杂草处理干净，并修整坟堆，然后撒纸钱、在坟顶插树枝、挂彩色坟飘、摆设祭品、鸣响鞭炮、跪拜、祈祝家祖，最后众人分食祭品，以示与家祖共食同乐。

清明节集体祭祀活动也被称为"挂众亲"（部分书中也将其称为"挂青"），意指将家族中的成员合聚在一起给宗祖扫墓。家祖祭祀每年都会举行，但是"挂众亲"是在给宗祖迁墓立碑、修建祠堂或修家谱等重大活动时才会举办。宗族内的各户都需派代表参加，有时多达几百人，规模庞大。

家祖祭祀是以家庭为单位对先人亡灵的祭祀，所祭祀的先辈必须为正常情况下亡故的亡者。现在坪坦的每个家庭也都有专门为自家祖先设置的神龛或神位，在年节和生活事件中都要进行祭祀，香火不断。

春节时，腊月三十或二十九日（小月）下午，每家的家长都要举行年终祭，主要活动为带领自家孩子前往先人墓地祭拜。祭拜需携带"三牲"、糍粑等祭品，汇报和分享一年的收获，敬祭、答谢祖先。过去还曾有在祭祀时念诵一遍家族祖辈名称的习惯，意在告诫子孙勿数典忘祖。大年初一也要烧香化纸，并斟茶致祭。

中元节又称鬼节，也是专门祭祀家祖的节日，一般在每年的农历七月十五日举行。在中元节当天，侗族各家各户都要烧纸钱祭祀祖先。但这些纸钱须用老纸封包装好，封皮上还要分别写上历代祖先的姓名，但一般只写直系近亲，并落款寄烧纸钱者的姓名，称为"烧包"。晚间时分，当地人携带备好的"烧包"和祭品，至寨外路边或河边焚烧，以示供奉祖先。中元节祭祀以家庭为单位，讲究在祖先亡地焚烧纸钱，当地人认为在外地焚烧，其祖先亡灵会因不识路而无法获取钱币及供品。

家祖祭祀的规模虽然较小，但非常频繁，下田节、吃新节、吃冬节等都有祭祖的内容。除这些定期祭祀外，也有日常生活中的不定期祭祀，且不同时期的祭祀活动在形式、规模及具体要求上也有所不同。尤其是家里出现重要事情时，都以糍粑和酒祭祀祖先，祈求保护和庇佑。

正如《三江县志》中所说的："岁时则祭，有事则祭，此不时之祭也。大祭，则扫墓祭祠……岁时则祭，有事则祭不时之祭，清酌庶馐。中元盛盆以鸡鸭酒礼。墓祠之大祭，则具牲。牲用猪羊，以敷族人聚餐为率，非祭品必备之数。"每月农历初一、十五日的早晚，每家的老人或家长须给祖宗神位作揖上香、化纸斟茶。

4. 医药

坪坦村中有一个诊所，但只能治疗普通的小病。

● 集市上卖药材的人

在坪坦这种四周都是山林的村寨，外人初来乍到很容易水土不服而患病，过去称为"瘴气"。《三江县志》说："南人凡病谓之瘴，率不服药，惟祀鬼神，夫伤寒阴阳二病，岂可坐视而不服药耶？且南方之人，往往多汗。上盈下虚，用药者妄发其汗而使吐，其祸可立而待也。瘴之作，率因饮食过度，气癖而痰结，槟榔能下气，消食化痰，故岭南多服之。一旦病瘴，当下则虚弱而不能堪。"本地人则已经适应了这里的自然环境，但也会有其他的病。生病是人的一生中难以避免的事情。

侗族医药历史悠久，但在 1956 年以前，本民族的医药也难以依托文字记载进行传续，而主要依赖侗族古歌、古代神话传说、巫辞、民间故事、民间谜语或谚语等在民间流传。民间故事《玛麻妹与贯贡》和《叶香与亮光草》，就反映了侗族医药的起源和侗族先民早期的医疗活动。

《玛麻妹与贯贡》是侗族古歌记载的古代侗族孝子贯贡的故事。贯贡的母亲生病，他四处为病母求医，途遇医仙玛麻妹，病母方被治愈，贯贡与玛麻妹因此得以结缘成亲，并一起行医，玛麻妹教贯贡学习药物知识："苦的药能退热，涩的药能止泻，味香的药能消肿止痛，关节疼痛要用叶对生。"

《叶香与亮光草》则记载了贯贡的朋友叶香的故事。叶香在拜访贯贡的途中，救下了即将被绿公蛇晰素强奸的母蛇曦婶。为了报答救命之恩，曦婶的丈夫将治疗眼病的亮光草献给叶香，并教其使用，后来叶香用亮光草为不少侗族人治好了眼病，叶香也因此得到侗族人的喜爱。

除了当地神话传说、古歌、巫辞等口头文化外，也有流传至今的侗族医药的古籍抄本，这些抄本清晰地记载了侗族常见疾病及疑难杂症的病名、症状及所开药方、常用侗药等内容，较为详尽。但这些抄本皆形成于明代以后，如成书于明万历年间的《正体秘录》，现为三江侗族自治县政府调处办干部谭正荣所藏。明末清初的侗医药古籍抄本《秘传医方》，现仅播阳龙吉村粟丰厚医生有抄本。另在部分明代以来的古代历史资料中，也零星见有关于古代侗族医药的记载。

作为古代侗族医药文化载体的古歌、神话传说、巫辞等口头文化，一般都掌握在佼能庚老、佼贺佬（山寨头领）和冲傩手中，他们承担着其所处时期侗族医药的传承及创新，在原有医药文化的基础上进一步补充、完善，并通过师徒间的传唱，以口传心授的方式将这些传统医药知识传继给下一辈，使得侗族医药得以延续至今。因此，他们是侗族医药文化的继承者、创新者和传播者。

与传统中医一样，侗医、侗药难分难解，医师、药师、护师三位一体，承担着看病、采药、制药、开处方、护理等一系列工作，这与西医的分工细致、明确有较大的差别。侗族地区流行的"医者先识药，识药欲成医"即说明了这点。

侗医主张看、摸、算、划、问、闻六种诊断方式结合，并遵循天、地、气、水、人"五位一体"的思想断定病人的病因及疾病。"五位一体"是侗族医药思想的核心。侗歌中曾唱："天上生人是股气，地下养人是水和土。""气多气少人遭病，人死断气精化水。"

侗医非常重视气和水的作用，认为气和水两者失去平衡，人就要生病。据此辨明病因之后，就要针对不同的疾病，配以不同的药方。侗医用药需根据药物的性味进行，认为药物具有内在的对应关系，形成"六性、六味"理论。其中，"六味"为酸涩、苦、辣、香、淡、甜；"六性"为热、凉、收、散、退、补。用药时须结合疾病的临床表现，对症施治。

诸如根据药性对症配药，根据病名投药，内服药多为汤剂，多种药需以黄酒为引，复方制剂较单方多，多以生品入药，常为一病多方、一方多用，师承药方各异、各师自拟，群方中同药异名、同药异用者多见等，都是侗医的特色。除汤剂口服外，常佐以内证外治及其他手段。侗医治疗疾病的方法也十分多样，具体可分为十八种：推捏法、爆灸法、熨烫法、拔罐法、针刺法、刮疗法、熏蒸法、烘烤法、扯肌法、清洗法、化水法、敷药法、吹末法、吮吸法、冷麻法、热烙法、复位法、服药法。

侗族医药经历了古代巫傩医学、医巫结合至民族职业医的发展过程。其中，侗族医药与当地傩文化的结合是侗族医药的一大特色。其早期医学甚至被称为冲傩医学，这也使得侗族医药具有鲜明的民族特色。

现在坪坦人看病有多种形式，包含了传统侗医、汉医、西医等。有的时候是单独一种，有的时候则结合了两种以上方式。当然，随着经济条件的好转，越来越多的人在遇到疾病的时候，都是进入正规的医院就诊。

第14章

申遗

坪坦村和其他侗族村寨一起，现在已经进入《中国世界文化遗产名录预备名单》。这一荣誉来之不易。侗族的文化，延续了上千年。坪坦村的延续，也持续了几百年。而从专家提议申报世界文化遗产开始，到它被列入预备名录，又经历了十多年。在最后的这一章节中，我将按照时间的顺序，罗列申报世界文化遗产(简称"申遗")这一漫长的行程。

● 坪坦村(谷歌截图)

2002 年，时任国家文物局古建筑专家组组长的罗哲文在通道进行实地考察后，认为包括坪坦在内的通道侗族古建筑群及其周边侗族聚落完全具备"申遗"的先天条件和其他条件，并与甘伟林、唐学山、邓微等专家联名签署了《以湖南省通道侗族自治县马田鼓楼、芋头侗寨、廻龙桥为中心申报世界文化遗产的考察意见》，建议湖南省政府尽快上报国务院，尽早列入国家预备清单。

2002 年，湖南省文物局副局长何强专门撰文《通道——湖南省通往世界文化遗产的唯一通道》，认为通道侗族自治县侗寨具备"申遗"的可行性。

● 坪坦村规划图

　　2007 年，联合国教科文组织专家、澳大利亚卧龙岗大学地球与环境科学系的罗伯特·瑞博士指出，万佛山、侗寨景观即使不是世界上独一无二的，也是非常罕见的，值得进行世界性的深入科研考察。

　　2010 年，通道侗族自治县县委提出了"生态立县，旅游兴县"的发展战略。

坪坦村被确定为通道侗族自治县第三批新农村建设示范点,怀化市市委建立扶贫工作队进驻指导。

2011 年 7 月,通道"申遗"工作正式启动,纳入"申遗"提名范围的是包括坪坦在内的 6 个保存现状完好、文化元素齐全的侗族村寨。怀化市也举全市之力,力推通道侗族古建筑群申报世界文化遗产,并着手编制申报文本。湖南省文物局认为,包括坪坦在内的通道侗族村寨"申遗",具有明显的遗产资源优势。其原生态和民族个性鲜明,体量规模宏大,并明确由北京大学遗产中心主任孙华教授领衔担任"申遗"保护规划和文本编制任务,具体承担《湖南通道侗族村寨申报世界文化遗产文本》及《湖南通道侗族村寨申报世界文化遗产保护规划》文本编制工作的单位为北京清华同衡规划设计研究院和历史文化名城研究所。

2012 年 1 月,即春节前,通道两度派员前往北京大学孙华教授设在贵阳的湘桂黔三省、自治区侗族文化遗产"申遗"工作室,大部分"申遗"基础资料已经提交北京大学专家用于文本编制。通道专家石愿兵、吴景军亲自参与了申报文本的编制工作,听取了编制单位专家关于通道"申遗"中有关遗产地综述、侗寨测绘、侗寨描述、遗产监测、遗产保护、法律法规跟进等方面的意见和建议,进一步加大资料搜集、基础研究和保护整改,确保通道侗寨当年进入国家预备名录。

2012 年 2 月 1 日,由石愿兵主持,通道侗族自治县"申遗"领导小组办公室召集本县有关领导、专家,在县文物局召开通道侗族村寨申报世界文化遗产工作部署会议,紧锣密鼓地推进通道"申遗",明确要求尽快完善基础资料,抓紧通道侗族村寨进入国家预备目录申报文本的编制,确保在 3 月 31 日完成并呈报国家文物局。双江镇迅速组织召开全镇干部职工会和百里侗文化长廊所经村寨村支部书记、主任、党员和骨干会,对"申遗"工作意义和"申遗"工作目标进行宣传部署,呼吁全镇干部及村民站在传承人类文明遗产和人与自然和谐的高度,增强责任感和使命感。为开展好各个环节的工作,从镇到村都成立了相应工作领导小组,镇由分管领导任组长,文化站站长任专干,村由村主任任组长,每个村确定一名专干,具体负责"申遗"工作的具体事务和与上级部门的衔接。严格按照"申遗"工作的具体要求抓好落实,制订"申遗"工作方案,排出工作时间进度表,对保护管理工作中存在的任何问题逐一进行摸底造册,做到无一遗漏。加大综合整治及执法工作力度,让群众参与进来,共同为保护传承侗寨及其文化而努力,把好新建房屋关,严格审批程序,注重日常的跟踪监控,确保侗寨风貌自然本真。

● 山中的侗族木楼

2012年2月9日，在通道侗族自治县政府会议中心召开了县"申遗"工作领导小组相关成员单位调度协调会。县人民政府副县长、"申遗"工作领导小组办公室主任杨清波通报了当前"申遗"工作的进展。

2012年6月27日，国家文物局专家、西安建筑科技大学建筑学院院长刘克成和教授肖莉，在坪坦村现场深度考察、指导"申遗"和侗族村寨保护工作。刘克成院长细致考察了整个侗寨的风貌、民俗、民情，对坪坦侗寨还能保存有如此丰富、完整的侗族建筑和非物质文化元素给予了很高的评价和赞赏。他认可通道侗族村寨申报世界文化遗产具有突出的普遍价值和当代意义，同时也对存在的不足提出了意见和建议，特别是在了解到坪坦乡建设总规划和村支两委近期新农村建设的规划设想后，他认为所有规划和建设都应该从保护的角度出发，不能为了追求建设绩效而破坏侗寨的原始风貌，否则将会破坏侗寨"申遗"的核心价值，造成不可挽回的损失。

2012年8月，联合国教科文组织北京代表处文化遗产保护专员杜晓帆对通道侗寨进行了全面考察并指出，就全世界而言，古侗寨建筑群都属于稀缺建筑，属于被鼓励的类型,这么好的侗寨建筑群以及它蕴含着的侗族文明形态和生活模式,不仅是中国的,也是世界的。

2012年8月底9月初,在国家文物局组织的中国世界文化遗产预备名单专家评审会结束后,为进一步夯实侗寨"申遗"基础、理顺"申遗"思路,通道侗族自治县副县长杨林带领通道侗族自治县"申遗"领导小组办公室先后专程赴北京、怀化衔接汇报"申遗"工作,请求支持,适时推进了通道侗寨的"申遗"工作。他们先后在国家文物局、中国文化传媒集团文化报社、北京大学文化遗产保护与研究中心、清华大学建筑设计研究院、中国建筑设计研究院,向有关领导、专家翔实汇报了通道侗寨"申遗"的进展、下步打算和存在的困难,并请求国家级层面专业权威在文物保护、历史文化名城申报、遗产地保护规划编制、侗寨核心价值研究和"申遗"宣传推介等诸多环节给予通道"申遗"以大力关心和支持。

2012年9月,清华大学建筑学院教授、国家遗产研究中心副主任、历史文化名城规划学术委员会副主任委员张杰教授专程来到通道,就侗寨的捆绑"申遗"工作进行专题调研。他指出:通道侗寨完全具备"申遗"的先天条件,符合申报世界文化遗产的标准。但是,在调研中他也发现随着外地文化对侗寨的冲击以及侗寨年轻人对外部世界生活的向往,侗寨原汁原味的风貌正遭到不同程度的破坏,严重影响了侗寨的文化价值和历史价值。张杰认为,通道侗族自治县县委、县政府要加大引导侗民族群众保护文化遗产的力度,并向村民灌输这样的观念:民族文化是世界文化的重要载体和组成内容,具有鲜明的民族符号和民族内容,是人类文明的重要财富。

2012年10月14日至17日,清华大学建筑学院张飏研究员来通道调研"申遗"情况。他认为,总体上,侗族村寨有一定程度的变迁和局部的破坏,但是整体原真性和完整性仍然是非常突出的,多数村寨布局没有改变,和谐没有打破,文物遗存十分丰富,需要整改和所需花费的保护成本没有想象的那么严重,对于"申遗"是一种很大的优势。

2012年10月12日至13日,湖南省文物局文保中心副主任陈学斌到通道侗族自治县检查文物保护单位规划编制工作。在通道侗族自治县人民政府副县长杨林、文广新局局长张建国及文物局局长杨少勇的陪同下,陈学斌一行对通道"申遗"的侗寨进行了实地检查。通过两天细致的检查,检查组一行全面了解了通道全国重点文物保护单位(简称国保单位)及准国保单位的保存现状和文物保护规划编制情况。陈学斌认为,坪坦风雨桥的保护规划和维修方案设计已通过国家文物局评审，应尽快开展修缮工作，保护文物的同时也为侗寨"申遗"做好基础工作，使文物保护与"申遗"、侗寨保护工作真正落到实处。

2012 年 10 月，受湖南省文物局执法监督处委派，湖南三家省内从事文物安全技术防范系统、消防设计与施工的顶级专业队伍的专家实地考察了通道坪坦河流域"申遗"区域，联合对这些国保单位的生存现状、周边环境尤其是安全状况进行了详细考察调研，认真为国保单位把脉问诊开处方，并与通道侗族自治县文物局签订了有关国保单位的技防、消防改造、安防工程、雷防工程设计合同。他们设计好国保单位的各类安全设计方案，报送国家文物局，并实施好这些项目，从源头上杜绝文物安全隐患，支持包括坪坦在内的通道侗族村寨"申遗"工作。

2012 年 11 月，湖南省人民政府副省长李友志和湖南省文物局局长陈远平等人深入通道调研侗寨"申遗"工作。在调研中，李友志指出：通道侗寨建筑风格独特、保存现状较好、文化元素齐全，具备申报世界文化遗产的先天优势和时空条件。要按照侗民族文化特色，全力推进侗寨"申遗"的保护与开发工作。当前，武陵山片区区域发展与扶贫攻坚试点已经启动，侗寨"申遗"工作面临难得的历史机遇。通道需要加快推进侗族村寨和侗族文明形态"申遗"工作，尽快完成侗寨的保护规划和标识工作，加强侗寨的坏境整治和侗文化研究。

2012 年 11 月 17 日，国家文物局发布更新了《中国世界文化遗产预备名单》，通道侗族村寨成功入选。这是一件让坪坦村村民和通道侗族自治县政府为之振奋的事情。不过，进入预备名录只是一个开端，要想成功申报，还有更长的路要走。无论是坪坦村，还是通道侗族自治县，仍旧在为此积极努力，包括继续对村容村貌进行改造，对群众进行安全防护宣传等内容。这三年多以来，"申遗"也许是通道出现得最多的一个词语。

2012 年 12 月 17 日，湖南省人民政府组织召开了全省申报世界文化遗产工作会议。李友志副省长与通道侗族自治县人民政府签订了《世界文化遗产预备名单 2013 年度保护与管理目标责任书》。为掌握通道侗族村寨申报世界文化遗产工作的进展情况，指导下一阶段工作的开展，湖南省政府办公厅、省发改委、省财政厅、省文物局组成调研组，专程在通道开展调研督查。

2013 年 1 月，通道侗族自治县"申遗"领导小组办公室联合县文物局、县安监局及各乡镇党委政府组成检查组，对全县 8 个"申遗"村寨开展了一次消防安全排查。排查的重点是各"申遗"村寨农户家中电取暖器的使用情况及农户家中用电线路凌乱、老化等情况。检查组深入实地，对各村寨使用电取暖器的情况进行统计；同时，针对部分农户家中的电烤箱未安装恒温器、线路凌乱问题的情况，责令其限期安装恒温器和进行线路整改，采取强力措施坚决杜绝火灾隐患。

2013 年 4 月 18 日，坪坦乡横岭风雨桥河滩上，坪坦乡党委、乡政府组织侗寨"申遗"村义务消防员举行演练活动，主要进行了应急人员集结分工、消防器材使用以及应急现场群众疏散等科目。随后，坪坦乡政府为各村配发了新购置的消防机动泵。

2013 年 7 月 23 日，清华大学建筑系张杰教授在坪坦村指导侗寨申报世界文化遗产工作。他细致考察了整个侗寨的风貌、民俗、民情，充分肯定了坪坦村的侗寨建筑风格、保存现状以及独具魅力的文化元素，同时，也对存在的不足提出了宝贵的意见和建议，要求乡、村两级要按照侗民族文化特色，全力推进侗寨"申遗"的保护与开发工作。

2013 年 8 月 10 日，湖南省人民政府办公厅副处长冯亮带领湖南省世界文化遗产预备名单所在地"申遗"工作调研督查组，调研督查通道侗族村寨申报世界文化遗产工作。在坪坦侗族村寨，他们实地了解侗寨"申遗"工作的落实情况和存在问题。调研督查组认为，总体上，入围预备名单的通道坪坦河流域侗寨是一个至今仍是物质文化遗存和非物质文化遗存高度集中展示的核心区域。但是由于发展与保护矛盾的日益突出，侗寨原始风貌的延续面临较大的挑战，局部出现了现代文化元素渗透，这对于侗寨原始人文景观有现实影响。

2013 年 8 月 11 日，怀化市人民政府主持召开了侗族村寨申报世界文化遗产工作汇报会。怀化市文物处、怀化市文广新局、湖南省文物局有关领导认为通道"申遗"工作取得了阶段性成效，摸索前进，成绩可喜，并分别就通道"申遗"的可行性、必要性、重要性、紧迫性以及当前需要重点突破的问题作了建设性发言，一直认为通道侗寨"申遗"是一项功在当代、福泽子孙的系统工程。侗寨文化景观作为侗族文化遗产中的核心，应当作为一种重要的战略资源加以认识，必须加强保护，而"申遗"是实现对其长远和实质保护管理的重要举措，需要推进侗寨保护管理规划编制，深化侗寨核心文化价值研究，加快侗寨"申遗"项目建设，建立"申遗"长效工作机制，在原有基础上实现侗寨"申遗"的稳步推进。

2013 年 8 月 16 日，湖南省消防总队检查组对坪坦乡古侗寨的消防工作进行实地检查，并详细查看了消防疏散通道、消防设施及消防安全管理台账，同时现场检验了坪坦村义务消防队的消防演练操作。检查组对该乡今后的消防工作指出了方向，并要求切实将消防安全责任、消防法规制度落到实处。

2013 年 8 月 21 日，通道侗族自治县县委副书记、代县长赵旭东带领文化、交通、国土、财政等部门对 6 个"申遗"点 8 个村的新建房屋规划区选址、双坪公路线路走向等内容进行现场办公，他强调：村寨建设时要保护好侗寨和谐的基本风貌。"申遗"不仅仅是政府的事，也是全体通道人的事。要保护好侗寨和谐的基本风貌不受到破坏，制止一切破坏侗寨和谐的基本风貌的行为。同时，加大对代表性建筑的维护、维修。做好抢救性规划、保护。特别是要加强对语言、文化、习俗的保护，使侗族文化在世界文化大潮流中不会消失。推进侗寨新区规划编制工作和新村基础设施建设，有效引导当地百姓自觉规范房屋建设行为。"申遗"侗寨内不允许新修房屋，最大限度地恢复和保护侗寨的原生态文化形式。

● 普济桥大修

2013 年 9 月 10 日至 11 日，受怀化市人民政府和市"申遗"工作领导小组委派，由市文广新局、市文物处领导、专家组成的调研组，在通道进行侗寨"申遗"及相关文化遗产保护工作实地调研和督查，了解"申遗"工作进展和存在的问题及困难，以便形成调研报告向市人民政府进行汇报，并进一步研究对策，推进侗寨"申遗"。

2013 年 9 月 28 日，通道侗族自治县副县长杨林率县文广新局、县旅游局、县"申遗"领导小组办公室、县文物局有关人员赴"申遗"村寨进行调研，了解各"申遗"侗寨的"申遗"动态及风貌保护情况。之后，召集坪坦乡党委、乡政府及芋头、横岭、坪坦、阳烂、高上、高步、克中、中步 8 个"申遗"村的村支两委干部在坪坦乡政府召开"申遗"点国庆长假文化旅游活动及"申遗"点秋冬消防安全工作部署会。

2013 年 10 月 28 日，湖南省农业厅厅长刘宗林在坪坦视察指导侗寨"申遗"工作。

2013 年 11 月 19 日至 20 日，湖南省委常委、宣传部部长许又声来到通道侗寨，了解"申遗"工作情况。

2013 年 12 月，通道"申遗"团队在副县长杨林的带领下，前往世界文化遗产地广东省江门市开平碉楼考察取经，并与当地"申遗"专家广泛交流经验，达成初步的合作共识。

2013 年 12 月 31 日，通道侗族自治县副县长杨林、副县长杨长青带领县"申遗"领导小组办公室、县文广新局、县旅游局、县文物局等相关单位负责人，在百里侗文化长廊各个"申遗"侗寨和重点文物保护单位走访调研，并与乡镇、村组干部谈话，分别就持续推进侗寨"申遗"项目建设、牢牢紧抓文物和侗寨消防安全、做大做强文化旅游产业等做了具体部署。

2014 年 1 月 16 日，通道侗族自治县国土资源局执法监察大队联合双江镇政府、县住建局、县旅游局、万佛山管理处、县城市执法局、县"申遗"领导小组办公室、县文物管理所等相关单位组成联合执法队伍，对"申遗"侗寨近来出现的违法违规违章建筑进行综合整治执法，各部门工作人员通过与村民谈心、宣讲法律法规等政策使老百姓理解通道"申遗"工作的重要性。

2015 年 4 月，通道决定在坪坦乡坪坦村建设一座侗寨"申遗"博物馆，将"申遗"的宝贵材料放置其中，并将侗族特色建筑、服饰等以模型或实物的形式存放其中进行集中展示，这对推动侗寨"申遗"和拉动民俗旅游具有重要的作用。

2014 年 6 月 11 日至 12 日，湖南省文化厅副厅长、省文物局张陈远平率省文物局文化遗产处、政策法规处、综合处有关领导和专家，来通道侗族自治县专题调研侗族村寨申报世界文化遗产和传统村落整体保护利用工作。他指出，国家层面已将传统村落整体保护利用提到了重要议事日程，住建部和国家文物局确定在全国的 270 余个古村落开展整体保护利用工作试点，湖南达 28 个，通道的坪坦村是其中的一个重点试点村落，机遇十分难得，它的整体保护利用工作迫在眉睫。

2015 年 4 月 15 日，通道侗族自治县县委常委、副县长王华深入坪坦乡调研通道侗寨"申遗"工作。王华指出，要加快实施文物本体保护工程，重点推进民居、风雨桥、寨门、鼓楼等文物遗存的抢救性和保养性修缮工作；提高"申遗"侗寨的基础设施建设；通过有效手段营造浓厚的"申遗"氛围，通过入户宣传、发放资料、送戏下乡等多种形式，全面宣传侗寨"申遗"的意义和要求，让群众了解与支持"申遗"工作；加快推进农村"三清五改"整治，特别是侗寨清洁卫生等环境工作。

2015 年 4 月 17 日，世界文化遗产申报地——通道侗族自治县坪坦乡坪坦古侗寨内的村民们穿上盛装，吹起芦笙，跳起哆耶，举行侗族最古老、最庄严隆重的"祭萨"活动。来自浙江、广东等地区的游客近千人参与了活动。

2015 年 4 月 25 日，通道侗族自治县副县长蔡迪文在县文广新局、县民宗局等部门负责人的陪同下，到坪坦村调研侗寨"申遗"博物馆建设工作。蔡迪文实地察看了位于坪坦乡坪坦村高坪组的侗寨"申遗"博物馆的选址和周边环境情况，与各部门负责人交流改造意见，同时，向坪坦乡负责人详细询问了土地、房屋征收情况和相关筹备工作进展。侗寨"申遗"博物馆将展示"申遗"材料、侗族特色建筑、服饰等模型或实物。

2015 年 8 月 5 日，世界遗产志愿者活动亚洲区项目走进坪坦，开展了为期 14 天的侗族建造技艺研究，助推当地"申遗"工作开展。来自意大利和清华大学的 29 名志愿者，学习了侗族建筑技艺的基础知识，记录了侗族建筑师的建筑草图，用中、英两种文字翻译了侗族建筑的建造说明，并进行了如意斗拱的建造实践。

2016 年全国两会期间，湖南省文化厅厅长李晖向全国人大提交了一份《关于加快推进湖南侗族村寨申报世界文化遗产的建议》，建议国家相关部委进一步加大对湖南侗寨申报世界文化遗产工作的支持力度，加快推进项目申报，并将湖南侗寨申报世界文化遗产项目列入国家"十三五"期间的正式申报项目。

2016 年 4 月，通道侗族自治县县委、县政府就通道侗寨申报世界文化遗产工作向国家文物局进行了汇报，国家文物局局长刘玉珠对通道在保护文化遗产和奋力"申遗"方面所做的努力和贡献给予了高度赞扬，并大力支持侗族村寨

"申遗"。

为全面冲刺"申遗",近年来,通道确实花了大力气,前后共投资了 1.51 亿元。对于一个国家级贫困县,这不是一个小数目。因为通道一年的公共财政收入也不超过 3 亿元。这些资金被用于文物本体保护、环境整治、"申遗"侗寨观景台及监测点建设、溪河整治、三边绿化等 38 个"申遗"项目。目前,已修缮了侗寨古建筑群、风雨桥群、寨门、萨坛、古驿道等文物遗存 121 处,300 余栋民居建筑也完成了侗族风貌修缮。

为加强侗族村寨核心价值研究,通道与北京大学、清华大学、同济大学等高等院校及有关研究机构协作和研究,绘制了以侗族鼓楼为标志,民居团簇、紧凑围合的"山、水、田、林、寨"圈层布局的优美图景。研究出的侗族稻鱼鸭共生复合系统被联合国粮农组织列为首批五个全球重要农业文化遗产保护试点,并入选中国第一批重要农业文化遗产。同时,依托国际专业机构的力量和专家经验,对照申报要求和评估论证程序,进一步采集基础信息数据,完善了相关史志、侗寨相关书籍及图片资料,高标准、高质量编制了"申遗"文本,已通过省、市两级评审。出台了《侗族村寨保护条例》等地方性法规,出版发行了侗族文化集成丛书,组建了 300 余支民间文艺团体,培养民族文化技艺传承人 1500 余人。策划组织了"侗族美食节""为耶节""中国侗族大戊梁歌会"等重大节事活动,大力弘扬侗族文化。

为确保通道侗寨全面冲刺申报世界文化遗产,湖南省委、省政府已将"通道侗族村寨申遗"列入了《中共湖南省委关于贯彻党的十七届六中全会精神加快建设文化强省的意见》,并每年安排 1000 万元"申遗"工作经费。湖南省文化厅、湖南省文物局、怀化市委市政府对当前申遗工作、文物保护工作给予了进一步指导和大力支持,助力通道侗寨在"申遗"道路上进行全面冲刺。

坪坦村也充分利用民族文化旅游资源优势,加快"侗寨景点化"建设。根据当地官方的材料显示,2011—2012 年,坪坦村累计投入建设资金达 300 多万元,进行了改造,具体包括:完成了 300 亩茶林低改;3 公里的村道石板路铺设;5 个消防池的修建,蓄水量达到 600 立方米;投入 10 万元实施村内"绿地"工程,村内绿化率达 90%;完成普济桥至乡汽车站河道整治、码头与防洪坝修建、河岸绿化;投入了 40 万元修建了村级公路;拆除了影响村容村貌的 40 户建筑,拆除面积达 300 平方米;对大团寨 30 余户砖房实施"穿衣戴帽"工程;新建了占地 90 平方米的耕牛集中圈养点和占地 104 平方米的牲猪集中圈养点;投入 70 余万元修建了 2000 多平方米的芦笙文化广场；投入 50 多万元建立了坪坦村文化综合大楼；投入了 5 万元完成了公厕、垃圾站建设，共设置垃圾篓 40 个，新建垃圾焚烧炉 5 个；投入 20 多万元对村里的电力设施进行改造。到 2012 年 1 月为止，坪坦村"三清五改"（清污泥、清垃圾、清路障、改水、改灶、改厕、改路、改圈）已基本完成，已完全实现"五通"（即通电、通路、通水、通闭路电视、通互联网络）目标。全村电视占有率达 100%、电话持有率 90% 以上、电脑用户使用率 35% 以上。这些投入，一方面是为了坪坦村的脱贫，另一方面，则是为"申遗"做准备。

严格来说，目前包括坪坦在内的侗族村寨"申遗"工作，基本上都是政府主导的。对于坪坦村的村民而言，他们也许能感受到"申遗"所带来的好处。但是，另一方面，一些村民对于村寨的改造还是持有不同的意见。村寨中间的一些土地，原本可以种菜，现在都被征收作为绿化之用。每个月只能得到几块钱的补助，而他们一日三餐必需的蔬菜则要到市场上购买。实际上，村民的不满还是有的，只是他们比较温顺而已。

● 垃圾处理处

村领导似乎也并不能完全意识到"申遗"到底意味着什么。我所采访的一位村干部向我提供了他对于坪坦村的规划蓝图：准备在坪坦河中修一个水坝，购买一些塑料船只，添加一些划船的项目；在芦笙场的边上，再征收一些稻田改造成烧烤场。他认为，游客们应该喜欢，"申遗"就是为了旅游，吸引更多的游客过来消费。外地游客在这里消费，就能促进当地经济的发展。他不知道，城里的游客到这个山村中来，并不是为了吃一串烧烤，或者划一次公园里随处都有的小船。

至今为止，《中国世界文化遗产预备名单》中，共包含了 26 项文化遗产，13 项自然遗产。包括坪坦在内的侗族村寨虽然已经被列入其中，但是每年申报的项目非常有限。中国参选的世界遗产共计 48 次，评选次数 22 次，平均每次 2.2 个。按照现在的规定，每年只有一个申请名额，而如果遗产地提出的申请被拒，将不得再次提出申请。2016 年，左江花山岩画文化景观入选世界文化遗产名录，湖北神农架则入选世界自然遗产名录。2017 年，鼓浪屿国际历史社区入选世界文化遗产名录，青海可可西里入选世界自然遗产名录。2018 年，梵净山入选世界自然遗产名录。侗族村寨进入正式申报的名单，可能还需要一定的时间。而它最终能否通过联合国教科文组织那些挑剔的专家们的审议，我们还不得而知。

无论"申遗"是否成功，坪坦村的村民都将在这片土地上继续繁衍。坪坦河也将默默地继续向前流淌。它比我们的生命都要长久。这一点是毫无疑问的。

附 录

坪坦村耕地种植面积一览表

单位：亩

村民小组	农户姓名	农业税计税面积	水田面积		种植面积		
			原面积	现面积	合计	中稻	小麦和玉米
1	吴先斗	2.96	2.96	2.96	2.96	2.96	—
1	杨浩霭	0	1.58	0	0	0	—
1	杨新余	3.7	3.7	3.7	4.2	3.7	0.5
1	吴敏宪	2.96	2.96	2.96	2.96	2.96	—
1	吴敏章	2.96	2.96	2.96	2.96	2.96	—
1	肖敏军	2.96	2.96	2.96	2.96	2.96	—
1	吴兴忠	2.96	2.96	2.96	3.56	2.96	0.5
1	吴兴会	3.7	3.7	3.7	3.7	3.7	—
1	杨兵号	2.96	2.96	2.96	2.96	2.96	—
1	杨兴领	2.96	2.96	2.96	2.96	2.96	—
1	杨秀军	2.96	2.96	2.96	2.96	2.96	—
1	吴玉华	2.96	3.7	2.96	2.96	3.7	—
1	吴文刚	3.7	3.7	3.7	4.2	3.7	0.5
1	吴井忠	2.96	2.22	2.96	2.96	2.96	—
1	杨培书	2.96	2.96	2.96	3.46	2.96	0.5
1	吴永忠	1.58	1.58	1.58	1.58	1.58	—
1	吴文敏	3.7	3.7	3.7	3.7	3.7	—
1	石全万	2.96	2.22	2.96	2.96	2.96	—
1	杨建明	0.84	0.84	0.84	0.84	0.84	—
1	杨建忠	2.96	2.22	2.96	3.36	2.96	0.4
1	杨兴刚	3.7	3.7	3.7	3.7	3.7	—

村民小组	农户姓名	农业税计税面积	水田面积		种植面积		
			原面积	现面积	合计	中稻	小麦和玉米
1	杨玉新	2.96	2.96	2.96	2.96	2.96	—
1	吴培福	0.84	0.84	0.84	1.34	0.84	0.5
1	吴国仟	2.22	2.22	2.22	2.62	2.22	0.4
1	吴敏志	2.96	2.96	2.96	2.96	2.96	—
1	吴先权	2.96	2.96	2.96	2.96	2.96	—
1	吴永元	2.96	2.96	2.96	2.96	2.96	—
1	杨秀辉	2.96	2.96	2.96	3.36	2.96	0.4
1	吴敏杰	2.96	2.96	2.96	3.46	2.96	0.5
1	杨艳斗	2.22	2.22	2.22	2.22	2.22	—
1	杨俊革	2.96	2.96	2.96	3.46	2.96	0.5
1	杨建雄	3.7	3.7	3.7	3.7	3.7	—
1	吴敏万	3.7	3.7	3.7	3.7	3.7	—
1	肖朝刚	3.06	3.7	3.06	3.06	3.06	—
1	吴义凡	0.84	0.84	0.84	0.84	0.84	—
1	吴义陆	2.96	2.22	2.96	2.96	2.22	—
1	杨建塘	2.96	2.96	2.96	2.96	2.96	0.5
2	吴万雄	4.61	4.61	4.61	4.61	4.61	—
2	吴庆献	3.29	3.29	3.29	3.69	3.29	0.4
2	杨 能	6.58	6.58	6.58	6.58	6.58	—
2	冼能凤	2.63	2.63	2.63	3.03	2.63	0.4
2	吴道山	1.32	1.32	1.32	1.32	1.32	—
2	吴道能	4.61	4.61	4.61	5.01	4.61	0.4
2	杨建克	2.63	2.63	2.63	2.73	2.63	0.1
2	李兵锡	3.95	3.95	3.95	3.95	3.95	—
3	吴文锡	4.3	4.3	4.3	4.3	4.3	—
3	吴天龙	2.13	2.13	2.13	2.65	2.13	0.5

续上表

村民小组	农户姓名	农业税计税面积	水田面积		种植面积		
			原面积	现面积	合计	中稻	小麦和玉米
3	李代军	2.13	2.13	2.13	2.53	2.13	0.4
3	吴兵雄	3.42	3.42	3.42	3.42	3.42	—
3	李万华	2.13	2.13	2.13	2.53	2.13	0.4
3	银春朋	4.3	4.3	4.3	4.3	4.3	—
3	吴天伍	1.43	1.43	1.43	1.83	1.43	0.4
3	石腾海	4.3	4.3	4.3	4.8	4.3	0.5
3	杨兵堂	2.83	2.83	2.83	2.83	2.83	—
3	杨兵毛	2.9	2.9	2.9	2.9	2.9	—
4	杨秀敏	1.45	1.45	1.45	1.45	1.45	—
4	吴总全	3.6	3.6	3.6	3.6	3.6	—
4	吴文明	4.32	4.32	4.32	4.32	4.32	—
4	杨　敏	3.6	3.6	3.6	3.6	3.6	—
4	杨盛辉	3.6	3.6	3.6	3.6	3.6	—
4	杨俊芳	2.16	2.16	2.16	2.66	2.16	0.5
4	杨秀安	1.45	1.45	1.45	1.85	1.45	0.4
4	杨斗军	2.88	2.88	2.88	2.88	2.88	—
4	吴庆妞	0.73	0.73	0.73	1.13	0.73	0.4
4	吴国能	0.73	0.73	0.73	0.73	0.73	—
4	杨秀春	2.88	2.88	2.88	2.88	2.88	—
5	石光敏	2.96	2.96	2.96	2.96	2.96	—
5	李玉满	2.96	2.96	2.96	2.96	2.96	—
5	石光元	2.96	2.96	2.96	3.46	2.96	0.5
5	吴庆雄	0.74	0.74	0.74	0.74	0.74	—
5	石新颜	1.5	1.5	1.5	1.5	1.5	—
5	李通广	2.96	2.96	2.96	2.96	2.96	—
5	石新令	1.5	1.5	1.5	1.5	1.5	—

村民小组	农户姓名	农业税计税面积	水田面积		种植面积		
			原面积	现面积	合计	中稻	小麦和玉米
5	李玉能	2.96	2.96	2.96	3.46	2.96	0.5
5	吴坤銮	0.74	0.74	0.74	0.74	0.74	—
5	石全丰	4.46	4.46	4.46	4.86	4.46	0.4
5	吴义登	2.96	2.96	2.96	2.96	2.96	—
5	石全山	1.5	1.5	1.5	1.5	1.5	—
5	吴永凤	3.7	3.7	3.7	3.7	3.7	—
6	银仕科	0.8	0.8	0.8	0.8	0.8	—
6	吴庆兵	2.4	2.4	2.4	2.4	2.4	—
6	银春兴	3.2	3.2	3.2	3.2	3.2	—
6	杨俊敏	4.8	4.8	4.8	5.2	4.8	0.4
6	李全建	3.2	3.2	3.2	3.5	3.2	0.3
6	李万清	3.2	3.2	3.2	3.2	3.2	—
6	杨仁仲	2.4	2.4	2.4	2.4	2.4	—
6	吴祖业	2.4	2.4	2.4	2.9	2.4	0.5
6	杨成共	2.4	2.4	2.4	2.9	2.4	0.5
6	李万兵	4	4	4	4	4	—
6	银新勇	3.2	3.2	3.2	3.2	3.2	—
7	吴文清	3.4	4.16	3.4	3.4	3.4	—
7	吴利丰	2.9	2.76	2.9	3.1	2.9	0.2
7	杨俊义	3.2	3.45	3.2	3.2	3.2	—
7	吴敏正	3.9	4.16	3.9	4.2	3.9	0.3
7	杨盛瑞	3.4	3.46	3.4	3.4	3.4	—
7	吴祥智	2.8	2.76	2.8	3.2	2.8	0.4
7	吴庆荣	3.3	3.45	3.3	3.3	3.3	—
7	杨盛年	0.7	0.7	0.7	0.7	0.7	—
8	吴井光	2.6	2.16	2.6	2.6	2.6	—

续上表

村民小组	农户姓名	农业税计税面积	水田面积		种植面积		
			原面积	现面积	合计	中稻	小麦和玉米
8	杨俊权	3.3	2.88	3.3	3.3	3.3	—
8	吴敏树	2.6	3.6	2.6	2.6	2.6	—
8	吴跃斗	3.3	2.16	3.3	3.6	3.3	0.3
8	陈家权	3.3	2.88	3.3	3.3	3.3	—
8	陈家凡	2.6	2.88	2.6	2.6	2.6	—
8	杨述领	3.3	2.88	3.3	3.65	3.3	0.35
8	杨春巧	1	2.16	1	1	1	—
8	李国刚	3.5	4.32	3.5	3.75	3.5	0.25
8	杨 勇	3.3	3.6	3.3	3.3	3.3	—
8	吴井雄	2.6	2.6	2.6	2.6	2.6	—
8	吴艳斗	3.3	2.44	3.3	3.3	3.3	—
8	杨干权	1	1.44	1	1.4	1	0.4
9	杨俊凡	1.8	1.7	1.8	1.8	1.8	—
9	吴祥凡	1.8	1.7	1.8	1.8	1.8	—
9	吴祥克	1.8	1.7	1.8	1.8	1.8	—
9	吴永辉	1	0.84	1	1.5	1	0.5
9	吴祥献	1	0.84	1	1.35	1	0.35
9	吴仕克	2.5	2.1	2.5	2.5	2.5	—
9	吴永正	2.8	2.92	2.8	2.8	2.8	—
9	吴祥斌	1.8	2.1	1.8	1.8	1.8	—
9	杨宪雄	1.8	2.1	1.8	2.25	1.8	0.45
9	吴柳山	0.6	1.7	0.6	0.6	0.6	—
9	吴祥正	1.8	1.7	1.8	1.8	1.8	—
10	吴永跃	3.2	3.2	3.2	3.2	3.2	—
10	石立新	1.92	1.92	1.92	1.92	1.92	—
10	杨 时	3.2	3.2	3.2	3.2	3.2	—

村民小组	农户姓名	农业税计税面积	水田面积		种植面积		
			原面积	现面积	合计	中稻	小麦和玉米
10	石志刚	2.6	2.6	2.6	2.6	2.6	—
10	冼光义	2.6	2.6	2.6	3	2.6	0.4
10	吴永锡	2.6	2.6	2.6	2.6	2.6	—
10	杨贯群	3.2	3.2	3.2	3.2	3.2	—
10	石立建	1.8	1.8	1.8	1.8	1.8	—
10	吴永兴	2.6	2.6	2.6	2.6	2.6	—
10	杨春献	1.93	1.93	1.93	1.93	1.93	—
10	杨当	3.9	3.9	3.9	3.9	3.9	—
10	梁军勇	3.2	3.2	3.2	3.2	3.2	—
10	吴道斌	2.6	2.6	2.6	3.05	2.6	0.45
10	石立军	1.4	1.4	1.4	1.85	1.4	0.45
11	杨克	2.4	2.4	2.4	2.9	2.4	0.5
11	吴永明	2.4	2.4	2.4	2.4	2.4	—
11	杨雄	2.4	2.4	2.4	2.4	2.4	—
11	吴军堂	1.8	1.8	1.8	1.8	1.8	—
11	杨秀凡	3.92	4.2	3.92	4.32	3.92	0.4
11	杨俊雄	3	3	3	3	3	—
11	杨仲前	1.8	1.8	1.8	1.8	1.8	—
11	吴平女	1.2	1.2	1.2	1.6	1.2	0.4
11	杨俊朋	2.39	3	2.39	2.39	2.39	—
11	杨能仲	3	3	3	3	3	—
11	吴生发	2.4	2.4	2.4	2.4	2.4	—
11	杨艳勇	2.4	2.4	2.4	2.4	2.4	—
11	杨阿君	2.4	2.4	2.4	2.4	2.4	—
12	杨秀方	1.54	1.54	1.54	1.54	1.54	—
12	吴文海	3	3.5	3	3	3	—

续上表

村民小组	农户姓名	农业税计税面积	水田面积		种植面积		
			原面积	现面积	合计	中稻	小麦和玉米
12	石西琼	2	2	2	2.5	2	0.5
12	石刚勇	0.3	1	0.3	0.3	0.3	—
12	吴祖雄	1.54	1.54	1.54	1.54	1.54	—
12	吴国本	0	0.5	0	0	0	—
12	石腾西	2	2	2	2.45	2	0.45
12	吴友干	2.5	2.5	2.5	2.95	2.5	0.45
12	吴永远	1.2	2	1.2	1.2	1.2	—
12	吴道昌	2	2	2	2	2	—
12	吴友仕	2	2	2	2	2	—
12	杨斌群	2	2.5	2	2	2	—
12	吴兰珍	1.55	1.55	1.55	1.55	1.55	—
12	石腾刚	2.5	2.5	2.5	2.5	2.5	—
12	石勇跃	1.5	1	1.5	1.5	1.5	—
12	吴永顺	1	1.5	1	1	1	—
13	杨朝玉	2.95	2.95	2.95	2.95	2.95	—
13	杨 兵	1.8	1.8	1.8	1.8	1.8	—
13	杨俊领	2.36	2.36	2.36	2.36	2.36	—
13	杨刚细	1.8	1.8	1.8	1.8	1.8	—
13	杨俊举	1.8	1.8	1.8	2	1.8	0.2
13	杨勇仕	1.8	1.8	1.8	1.8	1.8	—
13	杨 挺	1.2	1.2	1.2	1.2	1.2	—
13	杨义刚	2.36	2.36	2.36	2.36	2.36	—
13	杨义丰	2.36	2.36	2.36	2.76	2.36	0.4
13	杨 志	1.2	1.2	1.2	1.2	1.2	—
13	石 雄	3.35	3.55	3.35	3.55	3.35	0.2
13	杨志兵	2.36	2.36	2.36	2.36	2.36	—

续上表

村民小组	农户姓名	农业税计税面积	水田面积		种植面积		
			原面积	现面积	合计	中稻	小麦和玉米
13	吴敏芳	2.4	3.55	2.4	2.9	2.4	0.5
13	吴勇克	2.4	1.2	2.4	2.4	2.4	—
13	石腾田	2.75	2.96	2.75	2.75	2.75	—
14	吴永强	1	1	1	1	1	—
14	杨孝根	1.53	1.53	1.53	1.53	1.53	—
14	吴文政	1	1	1	1	1	—
14	银春柳	1.53	1.53	1.53	1.53	1.53	—
14	吴山云	0.5	0.5	0.5	0.5	0.5	—
14	李建军	2.04	2.04	2.04	2.44	2.04	0.4
14	李雄跃	2.54	2.54	2.54	2.91	2.54	0.37
14	杨孝兵	3.03	3.03	3.03	3.03	3.03	—
14	蒋仕军	2.55	2.55	2.55	2.55	2.55	—
14	吴国光	1	1	1	1	1	—
14	吴宗领	2.04	2.04	2.04	2.39	2.04	0.35
14	吴国院	3.03	3.03	3.03	3.03	3.03	—
14	吴春毛	2.04	2.04	2.04	2.04	2.04	—
14	吴练春	2.52	2.52	2.52	2.52	2.52	—
14	吴永辉	3.53	3.53	3.53	3.98	3.53	0.45
14	吴山斗	1.5	1.5	1.5	1.5	1.5	—
15	吴正军	3.05	3.05	3.05	3.05	3.05	—
15	吴浓姣	1.8	1.8	1.8	2.25	1.8	0.45
15	吴永秀	3.66	3.66	3.66	3.66	3.66	—
15	吴永杰	2.34	2.34	2.34	2.34	2.34	—
15	吴永海	2.7	2.7	2.7	3.1	2.7	0.4
15	杨海源	2.34	2.34	2.34	2.34	2.34	—
15	杨海刚	2.34	2.34	2.34	2.34	2.34	—

续上表

村民小组	农户姓名	农业税计税面积	水田面积		种植面积		
			原面积	现面积	合计	中稻	小麦和玉米
15	杨秀兵	2.34	2.34	2.34	2.69	2.34	0.35
15	吴凡军	3.36	3.36	3.36	3.71	3.36	0.35
15	吴永跃	3.36	3.36	3.36	3.66	3.36	0.3
15	吴国海	2.34	2.34	2.34	2.34	2.34	—
15	吴永权	2.7	2.7	2.7	2.7	2.7	—
15	杨庆美	1.8	1.8	1.8	1.8	1.8	—
16	吴全刚	0.76	0.56	0.76	0.96	0.76	0.2
16	吴国炳	0	1.12	0	0	0	—
16	吴永军	2.95	2.52	2.95	2.95	2.95	—
16	吴国锡	2.2	2.8	2.2	2.6	2.2	0.4
16	吴永芳	2.52	2.52	2.52	2.52	2.52	—
16	吴永克	2.9	2.52	2.9	3.3	2.9	0.4
16	吴国斌	3.08	3.08	3.08	3.58	3.08	0.5
16	杨共海	1.62	1.68	1.62	1.62	1.62	—
16	吴全勇	0.76	0.56	0.76	0.76	0.76	—
16	吴永丰	1.88	1.68	1.88	1.88	1.88	—
16	吴国雄	2.75	2.8	2.75	2.75	2.75	—
16	吴国标	3.15	3.36	3.15	3.15	3.15	—
16	吴友根	1.62	1.68	1.62	1.62	1.62	—
16	吴永仕	1.68	1.68	1.68	1.68	1.68	—
16	吴文兵	2.75	2.8	2.75	2.75	2.75	—
16	吴海雄	1.12	1.12	1.12	1.12	1.12	—
16	吴根仲	2	2.27	2	2	2	—
总计		558.44	566	558.44	585.26	558.44	26.82

统计时间：2014年底。

参考文献

[1] 黄成助等.三江县志(民国三十五年铅印版影印)[M].台湾:成文出版社有限公司,1976.

[2] 尚建国.通道侗族自治县文化志[M].北京:中国戏剧出版社,2012.

[3] 侗族简史编写组.侗族简史[M].北京:民族出版社,2008.

[4] 通道侗族自治县民族宗教事务局.通道侗族自治县民族志[M].北京:民族出版社,2004.

[5] 石若屏.三江侗族自治县民族志[M].南宁:广西人民出版社,1989.

[6] 王胜先.文化与习俗[M].贵阳:贵州民族出版社,1980.

[7] 侗族文学史编写组.侗族文学史[M].贵阳:贵州民族出版社,1988.

[8] 陆科闵.侗族医学[M].贵阳:贵州科技出版社,1992.

[9] 陆中午,吴炳升.侗族文化遗产集成·建筑大观[M].北京:民族出版社,2006.

[10] 陆中午,吴炳升.侗族文化遗产集成·信仰大观[M].北京:民族出版社,2006.

[11] 陆中午,吴炳升.侗族文化遗产集成·建筑大观[M].北京:民族出版社,2006.

[12] 湖南少数民族古籍办公室.侗款[M].长沙:岳麓书社,1988.

[13] 龙耀宏,龙晓宇.侗族大歌·琵琶歌[M].贵阳:贵州人民出版社,1997.

[14] 杨通山,蒙光朝,等.侗族民间爱情故事选[M].南宁:广西人民出版社,1983.

[15] 吴浩,张泽忠.侗族歌谣研究[M].南宁:广西人民出版社.1991.

[16] 黄才贵.女神与泛神:侗族萨玛文化研究[M].贵阳:贵州人民出版社,2006.

[17] 高发元.20世纪中国民族家庭实录[M].昆明:云南人民出版社,2003.

[18] 杨筑慧.中国侗族[M].银川:宁夏人民出版社,2012.

[19] 傅安辉.侗族口传经典[M].北京:民族出版社,2012.

后　记

2014 年，我第一次到坪坦，但匆匆而过，就去了上游的高步。2015 年 5 月，我第二次到坪坦。这次下了车，在村落中走了一遍。这一年的 7 月份，我带着妻子正式进入坪坦进行考察，为这部书的写作搜集材料。去坪坦的第二天，我的小女儿满周岁。不得已，只能在前一天把她送回老家，给爷爷奶奶带着。所以，她的周岁生日我们都错过了。

我们住在杨建唐大叔家里。杨叔一家四口，两个儿子常年在外打工，只有他和石婶在家。白天他基本上不在家，要外出干农活。石婶虽然不下地，但也很少看到人，只有做饭的时候回来。她做菜的手艺还不错，——当然不是侗族风味，纯正的侗族饭菜，估计外面的人没有几个能吃得惯。

白天，我们带着录音笔和相机，在村中到处溜达。遇到有趣的人或者事，就进行访谈、拍照。逛累了，随时回来休息，门都是虚掩的。侗族民风很好，白天都不关门。晚上则回到住处整理资料，或者跟石婶聊天，掌握更多的情况。四周十分安静，而且几乎一片漆黑。

此时游客不多，偶尔会有几个客人过来，问能不能住宿或者吃饭。有一次，几个广东的客人经过时，想吃土鸡。石婶说："这白天怎么抓得到土鸡，都在外面啄食。"其实，只要去村里其他人家借一只或买一只，吃了一顿饭，这几个客人可能就在此住上一晚了。但她很直爽，不知道怎么留住客人。

杨大叔有点内向，平时不怎么说话，但爱笑，非常热情。我问他一些村里的情况，他自己弄不明白的，就带我去找人。不过，因为是第一次自己独立做田野考察，没有经验，经常闹一些笑话。如果预先看一些资料，了解一些情况，调查可能会轻松一点，针对性也会更强。

去的时候，我带了费孝通的《江村经济》。我希望按照他的模式和方法来做。不过，后来发现这样行不通。而且，我的目的不在于调查坪坦的经济活动，而重点在于解读它的文化。由于我待的时间并不太长，于是就不可避免地会留下很多遗憾，比如有大量的婚丧嫁娶、节日节庆等活动都没能碰上。年轻人都外出了，他们对于自己家乡的看法，我也很难掌握。留在村里的老人对情况了解一点，但他们基本上都不会说普通话，沟通起来十分困难。

不过，随后经过妻子的努力，很快就得到了在村里的玩具加工厂工作的吴柳妮的帮助。她的真实年龄是四十岁左右，但是看上去只有三十岁，感觉跟我们没有代沟。而且她外出打工很多年，会说普通话。采访老人的时候，她可以充当翻译。吴柳妮性子不急，说什么都是娓娓道来。

她家才搬到坪坦大寨中不久，老家的房子在山上。那天下午，她请假带我们去看她老家的房子。走了七八里山道，一路上有很多有趣的东西进入眼帘。地稔开着淡紫色的花，匍匐在路边。野生猕猴桃一串一串在藤条上挂着，攀附在灌木丛中。偶尔有些鸟被惊起，扑棱一声飞到远处的树丛中。阳光很好，但山风拂面，泉水叮当，也不觉得很热。路上茅草很深，除了耕作的农民，没有其他人走过。

这种感觉很奇妙，仿佛她带我们去往的是一个神仙居住的地方。

她家的房子为木结构，两层，常年的风吹雨打，带上了一层黑褐色，背靠着大山，对面是一片碧绿的稻田。旁边也有两栋，但是已经破旧不堪了。她说，跟着几个姐姐从小就在这里长大，平时都没有见过什么陌生人。上学要去现在的坪坦乡中心小学，对于一个小姑娘来说，这段路程十分遥远。

这栋房子是她的父亲亲手建起来的。现在，一家人虽然不住在这里了，但并不意味着它完全失去了作用。吴柳妮家的田地还在房子的周围，她的父亲干完农活，中午可以在这里休息和做饭吃。这里仍旧有一些简单的生活用品，包括粮食、锅、农具等。

在村里，通过联姻，几个姓氏之间都有亲戚关系。杨大叔就是吴柳妮的舅舅。有一回，这对舅舅和外甥女带我们去另外一个属于坪坦村的自然村落的亲戚家吃饭，并在那里见到了坪坦最长寿的老太太。她耳朵听不太清楚，我们无法交流，只好默默地祝她继续健康地活着。

回到长沙之后，在书稿的撰写过程中，我仍旧不断地通过微信的方式向吴柳妮了解情况。她的回答总是十分简洁，但给了我很大的帮助。

田野考察获得资料比较费劲，也需要甄别。一个人在村子里生活一辈子，他可能只了解他所了解的一点，而并不了解这个村落的全部。有些有点文化的村民在回答问题的时候，很显然直接或间接借鉴了其他学者的资料或者观点。另外，在村落中，生活虽然简单，但仍旧有分工。而且即使是从事同一行当，他们也各有各的做法，并不完全一致。

最麻烦的事情就是在事物的命名上，当地人有自己的方式。比如，吴柳妮最开始告诉我说，制作泡油茶的糯米饭时，要用到一种红色的植物颜料。但是，她并不知道这种植物的名称。她费了很大力气描绘出来它的样子，我还是不知道她在说什么。后来偶尔在路边经过的时候，她指着一株植物告诉我说，就是这个。我才明白这是美洲商陆。

我知道这本书有很多不足。它不到三十万字，这当然不可能涵盖坪坦村的全部。而且，资料虽然主要是田野考察所得，但实际上在写作过程中，仍旧参考了其他学者的著作。有的时候，这些材料可以纠正村民对我的不恰当的解说；有的时候，它被直接补充到了我的书里面来，因为时间有限，我并没有来得及对坪坦村的每一个细节进行考察。对于他们的成果，我在参考书目中都列了出来，并在此表示深深的感激。

值得指出的是，虽然田野考察是人类学研究的一种重要方法，但并非唯一方法。费雷泽写《金枝》一书时所用的材料，都来自图书馆。本尼迪克特写作《菊与刀》的时候，也并没有去过日本。所以，在使用到某些学者的材料时，我并没有觉得有何不妥。

最后，我更要感谢的是我的导师胡彬彬教授，他给我提供了这个难得的机会，使我第一次主持一个省级重点课题，并对一个侗族村落进行详细考察。感谢我的妻子，书中大量的图片都是她所拍摄的。在考察的日子里，她陪着我共同解决了一些问题。遇到一些我不方便的采访，有她的在场，也变得十分容易了。

怀化市财政局的蒲正刚先生以及通道侗族自治县的几位领导，也对我的考察提供了许多帮助。尤其是蒲正刚先生，几乎为我的考察做了周密的安排。他说："感谢你们传播我们当地的文化。"

其实，是这些文化在感召着我们。所以，最需要感谢的，是世世代代居住在坪坦的那些普通侗族同胞们。没有他们的智慧和勤劳所创造出来的文化，这本书就失去了基本的支撑。

为了能够让读者轻松地阅读它，所以本书没有采用枯燥的学术语言。而且，在形式上，也基本上没有使用研究论文常用的注释。

我只是希望读者通过它，了解坪坦这个村寨，进而了解整个侗族村寨，并以此为基础，对中华大地上散布的那些村落有一个新的认识。

初记于 2016 年 5 月，长沙

2018 年 11 月修改，长沙